同济大学第一附属中学
“双新”实践探索丛书

正向实施

普通高中
新课程新教材实施国家级示范校
课堂变革行动的实践

主编◎张哲人

同济大学出版社
TONGJI UNIVERSITY PRESS
·上海·

内容提要

本书为上海市同济大学第一附属中学作为"普通高中新课程新教材实施国家级示范校"的实践探索成果之一，展示了学校在"教为不教，学为再学"理念指导下的创新性教学实践变革。学校创新了教学模式，重构了教学流程，创设了优质学习情境，探索了新的学习方法，整合了教材内容，以此推动普通高中育人方式的变革，为培养学生的学科核心素养提供了有力保障。

本书的读者对象为普通高中学校各学科教师和教学研究者，本书为学科教师落实"双新"提供思路、模式、工具等多方面的借鉴，为教学研究者探究育人方式变革提供实践案例。

图书在版编目(CIP)数据

正向实施：普通高中新课程新教材实施国家级示范校课堂变革行动的实践/张哲人主编. --上海：同济大学出版社，2024.7

ISBN 978-7-5765-1074-4

Ⅰ. ①正… Ⅱ. ①张… Ⅲ. ①课程设计—教学研究—高中 Ⅳ. ①G632.3

中国国家版本馆 CIP 数据核字(2024)第 103689 号

同济大学第一附属中学"双新"实践探索丛书

正向实施：普通高中新课程新教材实施国家级示范校课堂变革行动的实践

主　编　张哲人

责任编辑　任学敏　**助理编辑**　竺奕辰　**责任校对**　徐春莲　**封面设计**　渲彩轩

出版发行　同济大学出版社　www.tongjipress.com.cn
（地址：上海市四平路 1239 号　邮编：200092　电话：021-65985622）

经　销　全国各地新华书店
排　版　南京文脉图文设计制作有限公司
印　刷　上海颛辉印刷厂有限公司
开　本　710mm×1000mm　1/16
印　张　15.75
字　数　283 000
版　次　2024 年 7 月第 1 版
印　次　2024 年 7 月第 1 次印刷
书　号　ISBN 978-7-5765-1074-4

定　价　78.00 元

前　言

教为不教，学为再学：普通高中高质量育人体系建设的锚点

教和学的质量是决定学校整体教育质量的关键要素，普通高中新课程新教材改革对教和学都提出了新要求和新期待。2020 年，同济大学第一附属中学获评“普通高中新课程新教材实施国家级示范校”，吹响了学校以教和学变革推进学生学科核心素养培育工作的号角。本书围绕学科教学创新性变革、学习方式多元化探索、学科教材整合式应用三个板块，具体展示并总结了学校以全方位、深层次的工作方式变革传统的教和学，为学生的核心素养发展提供了更好的环境和条件。本书整体编写思路由张哲人设计。

一、教为不教：学科教学的创新性变革

教师的教学设计、教学行为为学生学习和学生发展提供服务和支撑。学校以课堂为主阵地，坚持学科导向、强化学科实践、推进跨学科学习，以教学革新为方向，创新了教学模式，重构了教学流程，创设了以任务化、结构化、情境化为特征的课堂样态，将学校的教学质量提上一个新台阶，为学生高质量学习保驾护航。学校在不同学科教学中探讨如何以学科任务、生活任务等为载体设计教学活动，引导学生在发现问题、理解问题和解决问题的过程中建构自我知识结构、提升知识应用能力。在具体教学过程中，学科教师利用学科课程纲要和单元教学规划中的概念谱系图，以大概念和核心概念为牵引形成问题链，并设计相应的教学和学习活动，引导学生思考、探索；为了让学生更好地理解知识，学科教师将复杂的学科问题融入真实生活情境，让学生通过提取、理解与分析情境中的相关信息，激发学习兴趣和求知欲，进而综合运用所学知识和技能来解决问题。

教学创新性变革的目标是让学生获得在思维认知、问题解决、知识整合等方面的高阶能力，让教学成为学生高质量学习的“脚手架”。这样就能实现“教为不教”的教学理念和实践目标。

本部分案例由以下教师提供：高黎菊、胡海侠、王蔚颖、蔡婷、葛芳、王培明、黄珊、杨海燕、王兢、魏毓莹、刘绮、孙凌宇、刘丽、李爱珠、刘林青、李秀丽、田军、陈频、王殿全、叶友军、易雪莲、李冬青、潘青云、王辉、韩余、张蕾。

二、学为再学：新学习方式的多元探索

提升育人质量是学校工作的核心和最终目标。提高学生的学习质量不仅是育人质量的指向之一，而且是学生终身学习与终身发展的支撑。让学生主动学习、学会学习，成为学校探索育人方式变革的目标。学科教师探索教与学的良性互动，在坚持教师主导的前提下，创设了优质学习情境，以真实的问题情境为依托，让学生在自主探究与合作学习中解决“真问题”；教师通过优化作业设计，让学生在完成作业的过程中进行深度思考，激发学生的学习兴趣和学习动力，并通过设计出具有思考性、探究性和创造性的学习任务，培养学生的高阶思维能力；教师以“互相学”为目标，打造课堂学习共同体，引导学生在独立思考的基础上互相倾听，发挥同伴的教育价值。

新学习方式的探索让学生在学习中发挥和发展主体性，让学习不再是学生的任务，而是学生自我发展的需要，助力普通高中从以教学为中心转向以学习为中心，实现育人方式的变革。

本部分案例由以下教师提供：杨帆、冯亚辉、沈旭栋、顾明、赵怡、郑福林、朱晓蕾。

三、教材整合：教与学创新性变革的前提基础

教材是教师教和学生学的主要内容载体，创新性地应用教材进行教学是新课程新教材改革的题中应有之义。学校积极探索学科教材内容整合，以此推动普通高中育人方式变革，为培养学生的学科核心素养提供有力保障。学校以学科核心概念为主线重组教材内容，从而实现学科核心素养与教材内容的有机融合，加强课程内容的结构化特征，在内容设计上体现整体性、一致性和阶段性，让学生的学科核心素养培养有了“施工图”“路线图”。比如，历史学科分别以时空观念、家国情怀、国际视野为主线，打通和融合历史教材的内容。教材整合主要依托“整合点”“联结点”，寻找不同教材内容中的整合点，将相关内容归拢到一起，并利用联结点将内容进行重组，形成新的教学内容。教师依托课程纲要设计、大单元教学设计来实施教材整合，突出了学科大概念教学，学生的学科核心

素养生成效果良好。

教材整合为教师创新教学活动和设计适合学生的学习活动提供了科学、有效的内容载体,也顺应了从“教教材”向“用教材教”的转变,从教材的维度真正落实了建设高质量育人体系的实践目标。

本部分案例由以下教师提供:陈建玲、陈晶灿、陈文婷、陈新幻、王康茜、王伦立、李冬青。

本书凝结着学校教师、教学管理人员的心血,彰显着普通高中新课程新教材实施国家级示范校对于课堂变革行动的实践和探索。敬请广大读者批评指正,以便本书不断完善。

2023 年 12 月

目　录

第二篇 学习方式多元化探索

第三篇 学科教材整合式应用

第一篇

学科教学创新性变革

生物课堂中围绕核心素养的情境设置原则

高黎菊

一、问题提出背景

（一）政策背景

《普通高中生物学课程标准(2017 年版 2020 年修订)》(简称《课标》)明确提到了"生物学学科核心素养是学生在生物学课程学习过程中逐渐发展起来的,在解决真实情境中的实际问题时所表现出来的价值观、必备品格与关键能力,是学生知识、能力、情感态度与价值观的综合体现"。另外,《课标》列明了学业质量标准分级水平,不管是一、二还是三、四级水平,都对学生提出了解决情境问题的相关要求。

（二）实践背景

2020 年,中华人民共和国教育部启动了普通高中新课程新教材(简称"双新")实施国家级示范区及示范校的建设工作,我校获评示范校;沪科版新《生物学》教材也在同一年全面启用。由此可以看出,在"双新"教育改革背景下,教师能引导学生运用生物学知识来分析情境,提出解决方案,以此来培养其科学思维和社会责任等素养,是非常重要的教学评价指标,也是教师在教学中应当着重落实的任务。

二、要解决的问题

从以往的教学经验来看,学生往往过于重视课本知识,还停留在单纯刷题的阶段,运用教材中的知识解决实际问题的能力较弱,因此一旦在考试中遇到新情境,就无从下手,无法学以致用。例如在 2023 年杨浦区高考一模卷中,有一道题考查的内容是如何"鉴定油菜品种感染的根肿菌类别",部分学生具备关于微生物培养的知识,也知道有哪些接种方法,但是无法和实际应用结合起来,不能排列出正确的操作顺序，导致最后这道题的得分率非常低。许多学生对生物这门学科的学习感受是“课上都能听懂，题目却不会做”，陷入了一个学习怪圈，产生了实际与期望之间的较大落差。在高考中，考查学生解决真实情境问题的能力，是一个非常明确的评价内容，如果高中的课堂还是一味强调课本知识，而忽略了与实际情境结合，那就很难达到现在的教学要求了。

情境教学即根据教学的远期目标和近期目标，针对学生的特点，大量运用生活中的实例进行教学。当学生进入情境时，会无意识地形成心理倾向，主动地投入学习活动，从而迅速地对学习焦点的变化作出反应。在情境教育中，学生先产生对教学内容的积极态度，然后被激发出热烈的情绪投入学习活动，最后学生的情感也会不由自主地移到教学情境中的相关对象上，从而逐渐内化学习内容。当情境、教师和学生三者形成良性的多向折射心理场时，学生就会情不自禁地投入学习。

三、生物课堂情境设置的原则

（一）情境设置要符合学生的认知水平

教材必修 1 在讲述“细胞质膜将细胞与生活环境分开”这一功能时，设置的情境是“谷丙转氨酶与肝细胞受损”，许多学生反映他们并不熟悉这个情境。教师可以用戳破蛋黄这一常见情境来替代，因为学生在初中时已经学习过鸡蛋的结构，更加容易接受和理解情境。

（二）让学生自己参与设置的情境

亲身经历的事物往往让人印象更深刻，在必修 1 探究实验“检测生物组织中的还原糖、脂肪和蛋白质”的教学中，教师可以邀请学生分析和探究一杯珍珠奶茶中可能含有哪些物质成分，设计出相关实验表格（表 1）并加以验证。珍珠奶茶在学生中是一款比较受欢迎的饮品，学生通过亲身体验其成分的检测过程，不仅掌握了相关物质的检测方法，还能领悟奶茶含糖量较高，容易导致肥胖。

表 1 “检测生物组织中的还原糖、脂肪和蛋白质”实验表格

奶茶成分	预测	检测试剂	实测结果
珍珠	淀粉	碘液	

（续表）

奶茶成分	预测	检测试剂	实测结果
奶茶	还原糖	班氏试剂	
	蛋白质	双缩脲试剂	
	脂肪	苏丹Ⅳ染色液	

又如选择性必修 1 中人体自主神经之间的作用关系一直是学生容易混淆的内容，在教学中教师可以让学生关注刚吃完午饭时的身体感受，理解自主神经与消化调节系统的关系；还可以请一位学生现场进行波比跳，测量其运动前后的血压变化，让大家分析交感神经兴奋时内脏器官的状态，以加深学生对交感神经与副交感神经拮抗关系的理解。

（三）贯穿整堂课的情境设置效果更好

一个情境一贯到底的课堂，不仅能使教学内容流畅，还能使学生充分体会到思维的递进，并且学习分解处理一个较为复杂的情境。在必修 2“亲代基因传递给子代遵循特定规律”一节中，教师可以设置情境，将学生带入整个发现规律的过程，让他们扮演格雷戈尔・孟德尔（Gregor Johann Mendel），完成实验材料的选取、杂交方法的确定；然后给出杂交实验的数据，让学生根据数据及所学知识来推导假设；最后与孟德尔的假设相比较（图 1），体验孟德尔的心路历程，从中体会科学家的探究乐趣。

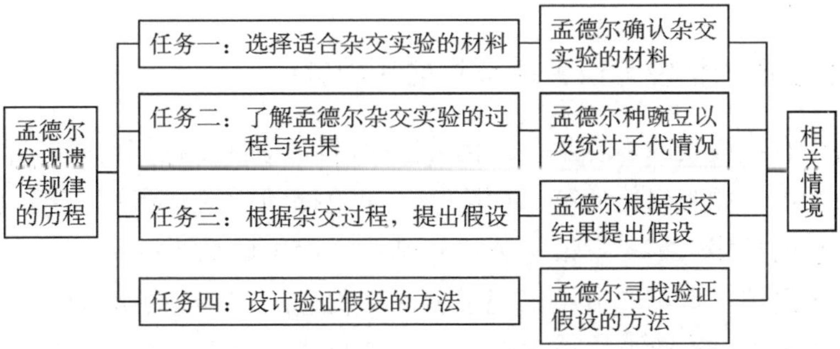

图 1 “亲代基因传递给子代遵循特定规律”情境任务

在“人类遗传病可以预防和检测”的课堂教学中，教师可以设置“帮助某个患遗传病家族（图 2）中的小刚夫妇生出正常孩子”这一情境。首先让学生通过对该家族苯丙酮尿症发病概率的计算，以及近亲（小刚和妹妹）和非近亲（小刚和妻子）孩子发病率的比较，直观得出近亲结婚会提高后代隐性遗传病发病率的结论。然后让学生通过计算发现，对于常染色体显性遗传病（多指症），即使规避近亲结婚，也无法降低其发病率，从而提出遗传病患者以及高风险人群应进行遗传咨询。接着通过模拟诊疗的方式，让学生体验遗传咨询的基本步骤，并且根据实际情境，分析小刚夫妇后代患病的可能性，以及需要做哪些检测来进一步确定后续的预防措施。再继续展开情境，引出问题："咨询后不久，小刚妻子怀孕，并且她已经 36 岁，对于胎儿，又应该做哪些检查呢？"从而引入各种产前诊断方法所对应的检查目的，让学生思考对小刚的孩子应该选用哪些检查项目。

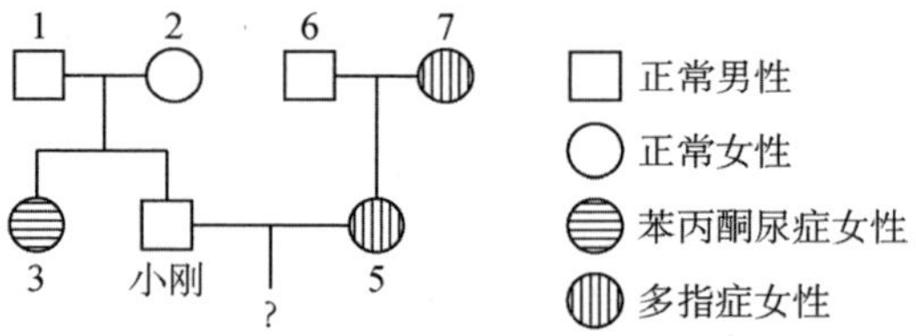

图 2　某患遗传病家族的图谱

最后通过各种手段检测出，"小刚的孩子不患多指症，也不患唐氏综合征，但是是苯丙酮尿症患者"。根据此情境，组织学生讨论："如果你是小刚夫妇，你会如何选择？"最后教师提出可以通过饮食中控制苯丙氨酸的摄入量来控制病情，启发学生遗传病可以通过环境控制和人为干预来防治。通过这样一个完整情境中的问题解决过程，不仅教师完成了教学任务，学生也获得了用已学知识来帮助他人的成就感。

（四）设置的情境可以关联教材前后内容

教材中有些板块的内容是存在相关性的，教师应注重挖掘这些内容，并将其运用在教学中。如必修 1 的第二章第 1 节简单提到"细胞质膜上的受体蛋白具有传递信息的功能"，第三章第 1 节提到细胞质膜上胰岛素受体的识别功能，选择性必修 1 的第三章第 2 节中出现了胰岛素促进组织细胞摄取葡萄糖示意图，教师在教学中就可以将这三个知识点关联起来，将知识带入实际情境，进一步帮助学生加深对细胞质膜功能的理解，以此来解释 2 型糖尿病的发病机理及相关治疗方法。

（五）联系多种情境总结生物学规律

"结构与功能相适应"观念的建立是生物学教学中一个非常重要的目标，教材中涉及这一观念的情境很多，如探究抑制剂是如何抑制酶的作用的，麻醉剂的镇痛原理是什么，器官移植的排异反应是如何产生的，癌细胞为何能躲避T淋巴细胞攻击等。教师可以通过与学生共同分析这些情境，引导学生意识到生物体内许多反应都可以运用相似的原理来解释。

有时两个看似无关的情境也会有共同的本质原理。如选择性必修1中列举了胰岛素调节的结果会抑制胰岛素的分泌这一负反馈过程。而在选择性必修2中，也列举了植物、雪兔和猞猁种群数量的负反馈调节。前一情境解释了反馈调节对维持人体内环境稳定的意义，后一情境呈现了种间关系对维持生态系统相对稳定的作用，教师可以联系这两个看似没有关系的情境，帮助学生理解实际上二者都揭示了生命不管在微观的内环境中，还是在宏观的生态系统中，都是通过类似的机制来维持稳定的。

（六）讲解习题时应更加注重题干情境分析

当今的高考题几乎都是以情境为基础来出题的。当教师分析习题时，应当引导学生更加关注题干资料，认真阅读和分析，从题干中找出关键词，思考其和问题的相关性，再结合已掌握的知识作答。

四、总结与反思

总体来说，不论是在教材里，还是在实际生活中，与生物学相关的真实情境非常多，但是情境设置是否合理，符不符合学生的认知，能否达到预期的效果，还是需要教师认真考虑，反复斟酌的。若是选择情境不当，不仅浪费宝贵的课堂时间，而且不能引起学生的共鸣，还达不到相应的教学目标。教师如果能够认真钻研，寻找适合的情境带入相应的课堂，就一定能够激发学生的学习热情，并且一旦学生适应了这种情境教学，在独立思考和做题时，就能更加关注题干中的情境，运用合适的生物学知识来分析实际情境，提出解决问题的方法。

参考文献

［1］中华人民共和国教育部.普通高中生物学课程标准（2017年版2020年修订）[S].北京：人民教育出版社，2020.

［2］上海市中小学（幼儿园）课程改革委员会.普通高中教科书 生物学 必修1 分子与细胞[M].上海：上海科学技术出版社，2021.

[3] 张建.例谈高中生物学情境教学中的几个误区[J].中学生物教学，2018(Z1)：46-48.
[4] 江媛.核心素养下高中生物学情境教学的探索[J].中学生物教学，2022(6)：21-22.

新教材背景下提高地理实践力的途径

——以《地貌》单元为例

胡海侠

一、问题提出背景

(一) 政策背景

地理教育的价值在于培养学生积极面对并解决人类面临的生态破坏和环境污染等问题的能力。2017年版的《普通高中地理课程标准》(以下简称《课标》)提出了以培养核心素养为教育教学目标,地理实践力成为地理学科四大核心素养之一。2020年修订的《课标》也强调了地理实践力的重要性。地理实践力是一种行动意识和能力,既内化为隐性素质,又外显为具体行为。《课标》提出了针对地理实践力的培养目标:学生能够运用所学知识和地理工具,在室内、野外和社会的真实环境下,通过考察、实验、调查等方式获取地理信息,探索和尝试解决实际问题,具备活动策划、实施等行动能力。

(二) 实践背景

传统教育理念认为地理学科是一门理论性很强的学科,注重地理知识的传授和理解,而忽视了地理实践能力的培养。这种观念在当前的地理教学中仍然普遍存在。这种教育理念必然会限制学生对地理知识的理解和运用,从而影响他们的地理综合素养和地理实践创新能力提升。

教师的教学观念、教学方法、教学能力和教学态度等都会影响学生的地理实践力的培养。教师不注重培养学生的实践能力,没有将地理实践力作为地理学科素养的重要组成部分,就难以通过多种教学方式激发学生学习地理的兴趣和热情,提高学生的课堂参与度和学习自主性。目前,大多数地理教师仍然采用传统的讲授法进行教学,教学方法单一,缺乏多样化的教学手段。这种单一的教学方法很难激发学生的学习兴趣和积极性,不利于地理实践力的培养。

学校的基础设施、教学设备、实践场地和实践经费等条件不足,也使得许多学校难以开展地理实践活动。另外，学生也是影响地理实践力培养的重要因素之一，包括学生已有的地理知识与经验、学习习惯和方法。学生习惯通过传统的读议讲练法学习地理知识，不习惯到复杂的真实世界中去主动探究获取地理知识。

二、要解决的问题

常规地理教学主要通过文字和地图来传递知识，学生通过课堂听讲、地图阅读和题目练习等途径来获取地理知识。常规教学中获得知识的过程相对单一，缺乏直观感受，容易让学生感到枯燥乏味，难以激发学习的兴趣和动力。学生根据静态的文字和地图难以真正理解一些复杂地理现象发生和发展的过程，因此常规地理教学影响学生对地理原理的理解与掌握。

高中地理教学内容与学生的实际生活联系不够紧密。尽管高中地理课程涵盖了许多与生活密切相关的内容，但由于教学进度的限制和课本知识的局限，学生大多在教室里接受理论知识，缺少在真实世界学习地理知识的实践机会，进而难以将所学知识应用到实际生活中，解决身边的地理问题。教师需要通过设计更加多样且具有现实意义的教学活动，帮助学生将所学地理知识转化为地理实践力。

三、地理实践力培养办法

下面以高中地理教材必修一《地貌》单元为例，介绍培养学生地理实践力的方法。

（一）通过实验操作模拟地貌

地理实验对学生地理实践力的培养具有重要意义。地理实验可以增强学生与真实世界的联系。地理实验可以通过控制实验条件，模拟地理环境中的各种因素和地理现象发生过程，从而让学生观察地理现象的发生和变化。通过地理实验，学生可以更好地理解地理现象的发生机制和过程，为地理研究和教学提供有力的支持。同时，这些实验也可以培养学生的观察能力、分析能力、动手能力和实践能力，锻炼学生的科学思维，帮助学生通过实际操作来理解地理概念和原理，从而加深他们对地理知识的理解，激发他们对地理学科的兴趣和热爱。地理实验一般都需要小组合作完成，因此可以培养学生的团队合作精神和沟通能力，这些能力的提高能促进学生的地理实践力培养。

1. “流水地貌”实验

学生准备泥沙、塑料盒、水和水壶等实验器材，将泥沙装入塑料盒并适当加固。将塑料盒一端垫高，使其与地面呈30°～45°夹角，形成一个斜坡，模拟河流上、中、下游的地势落差。从坡面上端浇水，观察不同高度坡面形态的变化，直观感知流水的侵蚀、搬运和堆积作用对流水地貌的影响。在流水地貌实验中，学生改变坡度、泥土类型和水流速度等因素，观察坡面的变化。坡度越大，水流速度越快，上游土壤侵蚀就越严重，下游堆积作用越明显。学生通过实验直观了解各地理要素对流水地貌的影响，进而综合分析流水地貌与人类生产生活的关系。

2. “风成地貌”实验

学生准备沙土、吹风机和塑料盒等实验器材，将沙土装入塑料盒。开启吹风机模拟风吹盒内的沙土，观察记录表面沙土形态的变化。实验中，学生可以通过改变吹风机的风速和风向来观察实际差异，还可以改变沙土的类型或者湿度来模拟不同土壤和不同气候下风成地貌的变化。植被和地形也会对风成地貌的形成产生影响，可根据实际情况考虑是否改变植被和地形这两个影响因素。不同因素组合使风成地貌实验产生不同的结果，在实验中，学生观察、记录并分析风成地貌的成因、分类和影响因素，进而探究风成地貌对人类生产生活的影响。

（二）开展地理研学

地理研学区别于常规地理课堂学习，大大增加了学生在真实世界的直观感受和亲身体验。教师可以组织学生实地考察，让学生亲身体验和观察地理现象及其发生过程，学生可以将理论知识与实际相结合，更好地掌握地理知识。在地理研学中，学生进行各种探究和调查活动，了解地理现象的形成原因、变化过程和影响因素，加深对地理知识的理解和掌握，并培养探究精神和合作意识；学生可以与专业人士进行交流和学习，了解专业领域的知识和技能，获得更多的实践经验和指导；学生还可以进行各种社会实践活动，如环境保护活动、社会调查等，将所学知识应用到实际生活中，加深对环境保护和可持续发展的认识，并培养社会责任感和环保意识。通过实地考察、探究和调查，与专业人士交流，以及社会实践等地理研学活动，学生在真实世界中提升地理实践力。

在我校组织的崇明岛地理研学活动中，学生通过实地考察，获取第一手的地理数据和信息，并运用所学的地理知识和技能，分析河口冲积岛的形成和发育过程，理解河流地貌发育的原理和特点。学生还通过对崇明岛的生态、环境、资源等方面的调查和研究，了解人类活动对自然环境和生态资源的影响，从而树立环保意识和可持续发展的观念，提高社会责任感和公民意识。

南京小汤山因其丰富的地质资源和历史文化资源成为我校重要的研学地点。在小汤山地理研学中，学生通过实地观察和测量，了解该地区的地层、地质构造和岩石类型等信息，巩固岩石与地貌的基础知识。学生使用地质罗盘、GPS（Global Positioning System，全球定位系统）等工具进行精确的测量和定位，并使用显微镜等设备对岩石和化石进行细致的观察和分析。这些探究活动不仅可以培养学生的科学素养和创新精神，还可以提高他们独立思考和解决问题的能力。学生通过对当地地形和地质资源的调查与研究，体会到保护自然环境和资源的重要性。

青岛拥有广阔的海域和绵长的海岸线，以及独特的山地和丘陵地形。在青岛地理研学中，学生可以观察海水的颜色、水温以及潮汐等现象，探究其与海洋生态系统之间的关系，进一步了解海洋生态系统的复杂性和重要性，了解该地区的海岸地貌与气候、水文、植被等地理要素之间的关系。学生可以了解青岛的城市化进程与环境变化的相互影响，认识到城市化对自然环境的影响以及环境保护的重要性。

地理研学对地理实践力的培养具有重要意义。在地理教学中，应该注重实践课程和实践活动的开展，通过地理研学活动为学生提供更多的实践机会，促进学生地理实践力的培养和发展。

（三）信息技术赋能学习

信息技术在地理教学中发挥着重要的作用，它能够提供更加直观、生动的学习情境，提供丰富的学习资源，促进多元化学习，辅助教师进行教学，以及促进互动交流。信息技术在地理教学中的合理使用可以弥补静态文字、地图的局限，将抽象、复杂的地理知识以视频、动画等形式呈现出来，让学生更加容易理解。同时，利用信息技术教学能够激发学生对地理学习的兴趣，提高学生的学习积极性和主动性。教师鼓励学生使用教学软件、PPT（PowerPoint，演示文稿）等工具自己制作生动、形象的地理学习资源，加深学生对地理知识的理解，培养学生的地理实践力。

在《地貌》单元的教学中，教师布置课前任务，要求学生充分利用网络资源，收集有关地貌的图片、视频和模拟动画等多媒体资源，例如风力、河流对土地的侵蚀、搬运和堆积过程的动画演示，让学生直观地了解地貌的形成和变化。在河流冲积扇和冲积三角洲两种地貌的学习中，学生观看两段关于地貌形成的视频，总结冲积扇和冲积三角洲异同点，加深对流水地貌的理解。在此基础上，学生在教师提供的地图上标注两种地貌分布的典型地区，并与在电脑上查询到的真实地貌分布图对比，验证推测，反馈自己对新知识的掌握程度。学生利用信息技术收集、运用地理学习资源，深化对地理原理的认识和理解，大大提升地理实践力。

我校拥有虚拟现实(Virtual Reality，VR)技术设备，利用VR技术模拟真实的地理环境，可以让学生在没有外出实地考察条件的情况下，感受地貌的奇妙之处。教师可以使用GIS(Geographic Information System，地理信息系统)来展示不同地貌特征之间的空间关系，以及地貌与气候、地质等因素的联系，帮助学生理解地貌形成和演化的过程。

在本单元的学习过程中，无论是实验操作，还是实地研学、通过信息技术学习，学生都能直观地认识到地表形态的千姿百态和地貌影响因素的多种多样，体会地貌与人类活动的相互影响，发现人类发展与自然规律的关系，提升解决真实地理问题的能力。

四、总结与反思

学生通过实验、研学实践活动以及信息技术，在真实的情境或仿真情境中获取大量的地貌知识。学生在大自然面前感受地理学科的魅力，不仅有利于地理实践力的培养，还有利于树立尊重自然、与自然和谐共处的理念。学生还通过成果的总结、交流、展示，促进对《地貌》单元知识的深层次思考和自我表达。成果展示不仅包括总结交流、经验共享，还有多种多样的形式，如研学成果手册、研学专题小报、小论文和文创小纪念品。成果展示利于学生在更广的范围内进行分享交流，最大限度体现了新课标对学生地理实践力素养培养的要求。

我校地球生态馆的建设很成熟，有很多地貌的模型。在本单元的教学中，教师还可以充分利用校内地貌模型帮助学生自主学习《地貌》单元部分内容。教师可以事先设计好观察表，明确观察的内容和书写规范，为学生的自主学习提供支架，使学生在直观的模型观察中加深对地貌分类和特征的理解。在单元教学设计中，教师仅仅提供了"流水地貌"和"风成地貌"两个地理小实验的设计思路，可以发动学生集思广益，以学校每年的科技创意节为平台，征集更多的实验设计方案，激发学生的潜力和创造力。

地理实践力的培养途径多种多样，可以组织学生实地考察，考察地点如地质公园、自然保护区等，培养他们的观察能力；举办各类地理知识竞赛、讲座、展览等活动，培养学生的地理思维能力和创新能力。地理教师要在日常的教学中营造良好的地理实践氛围，鼓励学生积极参与各类地理实践活动，培养他们的地理实践力。

参考文献

[1] 中华人民共和国教育部. 普通高中地理课程标准（2017 年版 2020 年修订）[S]. 北京：人民教育出版社，2020.
[2] 付宜红. 2020 年修订版普通高中课程方案及标准的主要变化及有关考虑[J]. 基础教育课程，2020(13)：22-28.

“双新”视域下理实融合构建生物学大概念的教学设计

——以“细胞是生物体结构的基本单位”教学为例

王蔚颖

一、问题提出背景

(一) 政策背景

2021 年起，上海高中生物学教学迎来了全国实施高中新课程新教材(简称“双新”)的时代，这促使高中生物学教师必须主动思考和探索，更新教学理念，升级教学手段，重组教学内容，让生物课堂教学从三维目标向学科核心素养培养目标转变。

(二) 实践背景

在“双新”视域下，生物学教学要为学生搭建大概念、重要概念和次要概念的框架，注重学科知识体系的整体性和关联性，避免知识碎片化和割裂，可淡化背诵和记忆的要求；要依托实验的形式，引导学生树立科学探究精神，锤炼学生的科学思维，使学生在形成正确的生命观念的同时也更清楚肩上的社会责任；要全方位关注学生学科核心素养的培养。

二、要解决的问题

生物学教学欲为学生搭建大概念、注重知识体系的整体性和关联性，其中的难点就是学生虽对生物学基础概念有一定的了解，也能识记基本原理，但是缺乏对生物学微观层面的直观印象和对生态系统宏观层面的理解；生物学教学旨在培养学生的探究精神和学科核心素养，其中的难点在于学生的实验技术欠缺，动手操作经验不足。

三、解决问题的思路和过程

针对上述教学中的瓶颈，可以采用理论授课、实验授课相结合的教学组织模式，理实融合可打破理论课和实验课的界限，让学生在实验中理解基础知识和基本概念，在亲身实践中产生对科学的好奇心，从而帮助教师突破教学难点，达成教学目标。

“双新”视域下的理实融合，包含了教学目标的融合、教学组织的融合和教学内容的融合，其基础是原有教学资源的重新整合。在一节课中，教学目标包含了基础知识目标和与这部分知识相关的实验项目教学目标。为了达成目标，课堂环境需要包含实验必需的一些设备和材料，授课组织形式主要为理论精讲、学生实验项目操作以及讨论与理论归纳。因为理论和实验融合，所以在教学过程中讲授环节需要分开进行，并作精简处理。

（一）解决问题的思路

设计理实融合的课堂教学，必须分为教学内容和学情分析、教学目标制订、理实融合教学实施和教学设计意图阐述四个部分。

（二）解决问题的过程

1. 教学内容和学情分析

“细胞是生物体结构的基本单位”是沪科版高中生物学教材必修 1 的第一章第三节内容，旨在让学生在系统学习高中生物学之前，就能建立对细胞的初印象，也有助于建立生物学中的第一个大概念：细胞是生物体结构与生命活动的基本单位。

在知识方面，学生在初中阶段已能识记较为简单的细胞结构和名称；在能力方面，学生已经具备了一定的逻辑思维能力，但是对细胞缺乏直观的印象，所以如何结合生活经验和对不同切片的观察，让学生能够将不同类型的生物细胞建立关联，归纳总结细胞的结构特点以及细胞和生命的关系，是本节的教学难点。

2. 教学目标制订

结合上述分析，教师制订本节课的教学目标如下：

① 通过对细胞切片标本的微观观察，运用不完全归纳法，得出真核细胞的结构特点，并能够结合材料对比学习原核细胞的结构，能辨析两种细胞的结构差异；

② 能使用显微镜的高倍镜观察切片标本；

③ 通过对材料的学习和分析，能够树立"绿水青山就是金山银山"的理念，养成健康文明的生活方式。

3. 理实融合教学实施

（1）理论、实践一体教学，促进学生做中学。

在这一教学环节中，教师重构了曾经的教学组织形式，在理论讲授中穿插了实验教学活动。学生在实践中，不仅提升了实验能力，还能更加深刻和全面地学习理论知识。学生通过自主探究、做中学来主动达成教学目标，这就是理论、实践一体教学的核心益处。

细胞本身不可被肉眼看见，需要借助显微镜观察。以往的教学中，理论和实验割裂，造成了课上教师只能通过 PPT、视频等资源讲授细胞结构的理论。本节课的教学设计将显微镜引入理论课堂，学生分组共享显微镜和细胞切片标本。

具体课堂设计：在课程导入环节之后，教师对显微镜的高倍镜使用进行简要介绍和指导，然后下发学案。学生以小组为单位自主观察多种单细胞、多细胞的动、植物细胞切片标本，教师巡回指导学生的操作。在这个课堂任务中，学生通过小组合作，自主探索掌握显微镜高倍镜的使用。同时，观察细胞切片标本后，在学案的引导下，记录不同细胞的特征。当然，观察任务存在难易之分，部分细胞形态难以顺利观察到，这为后续原核细胞的知识教学埋下伏笔。

（2）基于不完全归纳，体验科学发现历程。

在这一教学环节中，课堂彻底摆脱了教师讲授、学生被动听讲的传统模式。教师用提问引导学生运用不完全归纳法，根据自己观察到的现象主动思考，自主归纳共性。在一步步的提问、思考、追问、讨论、归纳过程中，既让学生建立了不同类型细胞之间的关系，达成教学目标，又让学生体验到科学发现的历程，科学思维能力得到提升。

具体课堂设计：细胞观察活动结束后，教师引导学生进行组间交流和分享，以不完全归纳法得到真核细胞的结构特征。学生可能对不完全归纳法得到的结论不太确定，此时教师给出学习资料，讲述关于细胞学说建立的科学史故事，使学生有更深刻的体会。在此基础上，在提问、思考、追问、讨论的过程中，教师一步步抛出问题，引导学生从自己的观察结果出发，归纳总结出生物共同的细胞结构中真核细胞的结构特征。教师还可引导学生利用自己总结的细胞结构特征去验证更多单细胞标本，提出"能够进行光合作用、四处运动的眼虫属于动物还是植物"这一问题。这个问题可能会给学生带来巨大的困惑，必修 2 中要重点学习的进化理论能够很好地回答这一问题。

（3）小组讨论，共同搭建生物学大概念。

在这一教学环节中，学生通过讨论交流弥补个人思维的漏洞，在合作中完成“细胞是生物体结构的基本单位”这一生物学大概念的搭建。

具体课堂设计：在归纳出真核细胞结构特点之后，教师引导学生重新观察第一环节未观察到细胞的切片标本。针对新的细胞结构类型，进行小组讨论、问答，得到原核细胞的特征——细胞核没有核膜，并以此特点让学生进一步类比学习，发现真核细胞、原核细胞的相同点和不同点，从而认同二者虽然结构上存在差异，但都具有细胞的一般结构特征。

（4）从生活到科研，提升科学思维和学科核心素养。

新课标关注的是解决真实情境下的问题，本节课设置的情境从日常生活到环境保护，最后到科研热点，在有利于达成社会责任素养培养目标的同时，也有利于“细胞是生物体结构的基本单位”这一生物学大概念的形成。

具体课堂设计：在探索细胞结构特征的过程中，教师不断切换微观世界和宏观世界，以单细胞生物作为微观世界、宏观世界的切换点，以常见的食用藻类发菜、肺炎支原体等生活实例帮助学生生动理解细胞个体和人类生活的关系，树立保护环境、健康生活的意识。与此同时，在课堂最后进一步升华，以科研热点之一——肿瘤细胞的药物研发为主题，提出开放式问题，结束本节课。

4. 教学设计意图阐述

本节课围绕“细胞是生物体结构的基本单位”这个大概念展开，利用显微镜观察，让学生直观感受细胞形态的多样性，感受生物体由细胞所组成。随后让学生通过不完全归纳法归纳出细胞和生物体之间的关系，归纳出真核细胞的基本结构，通过进一步观察归纳出真核细胞和原核细胞的异同点。同时结合“单细胞生物是植物还是动物”这一问题，将细胞的类型和进化理论有机结合，帮助学生构建结构与功能观、进化与适应观等生命观念。

在本节课中，学生宛如亲历科学家探索的历程，切身感受到科学的魅力，始终保持高昂的兴趣，通过细胞的结构功能多样性探讨归纳原核细胞、真核细胞的结构特点。教师带着学生沿着细胞发现和发展的历程进行直观的观察对比和严谨的逻辑推理，从宏观到微观，帮助学生提升科学思维，同时通过引导学生解决真实情境下的健康和生态问题，提升学生的社会责任感。

本节课的设计从单元视角统整教材内容，基于学生认知规律对教材内容进行了整合重组，以更好地调动学生的积极性和主动性：将第二节的探究实验“用高倍镜观察动植物细胞”与本节课的课前活动“显微镜下的细胞”结合，为本节课的理论知识学习做了充分的实践铺垫。

四、总结与反思

本节课通过实验和讨论活动，让学生建立了“细胞是生物体结构的基本单位”这一大概念。同时该概念结合了结构与功能观和进化与适应观两个生命观念，紧扣《普通高中生物学课程标准（2017 年版 2020 年修订）》的改革理念。在科学思维层面，本节课通过不完全归纳法让学生对自己的实验结果有了更加科学系统的梳理，摆脱了单纯的记忆知识。

单元教学设计思路下的课时融合也是这节课的探索成果，实验课和理论课相结合的方式，让学生能够在课堂上有更大的思考空间。但是在实际课堂教学过程中，由于课堂设计是将两节课融合为一节，总体来说课程容量较大，课堂时间有点紧张。希望后期能够对观察任务进行更加细致的难度分级，给学生分组，让所有学生都能参与课堂实验。

参考文献

中华人民共和国教育部. 普通高中生物学课程标准（2017 年版 2020 年修订）[S]. 北京：人民教育出版社，2020.

指向核心素养培育的高中生物实验教学流程设计

——以“叶绿体色素的提取分离及叶绿素含量的测定”为例

蔡　婷

一、问题提出背景

（一）政策背景

《普通高中生物学课程标准（2017 年版 2020 年修订）》（简称《课标》）明确提出在教学中要高度重视实践环节，力求为学生提供更多的动手实践机会；教师要组织好观察、实验等探究性学习活动，以帮助学生增加感性认识，使学生领悟科学研究的方法并习得相关的操作技能。

“叶绿体色素的提取分离及叶绿素含量的测定”是沪科版高中生物学教材必修 1 的第四章第四节“叶绿体将光能转换并储存在糖分子中”的重要内容。本节对应《课标》模块 1“内容要求”中的 2.2.3，即“说明植物细胞的叶绿体从太阳光中捕获能量，这些能量在二氧化碳和水转变为糖与氧气的过程中，转换并储存为糖分子中的化学能”。《课标》在“教学提示”中明确指出，为帮助学生达成对概念 2 的理解，促进学生生物学学科核心素养的提升，应开展“提取和分离叶绿体色素”的教学活动。

（二）实践背景

“叶绿体色素的提取分离及叶绿素含量的测定”这一节主要体现结构与功能观、进化与适应观等生命观念，以及针对特定生物学现象进行观察、提问、实验设计、方案实施和对结果交流与讨论的科学探究能力。因此，在本节高中生物实验课中，教师在结合教材的基础上对实验进行改进与优化，既能落实上述生命观念的建立和科学探究能力的培养，又可以发展学生的科学思维，做到真正从学科核心素养的培育出发，培育学生解决真实情境中实际问题所需的正确价值观、必备品格与关键能力。此外，这一探究实验安排在本节第 1 目“叶绿体是植物光合作用场所”之后，旨在通过实际操作、观察等活动，使学生加深对光合作用色素的感性认识，也为接下来第 2 目“光合作用是物质和能量的转换过程”的学习做铺垫。

二、要解决的问题

改变传统实验课堂的教学模式，变学生“被动接受”和“按部就班地完成实验内容”为“主动实验”和“进行自主设计和探究”，是本文要解决的主要问题。

生物实验是提升学生实践操作能力的重要途径，因此，在设计本节实验课程时应该注重在课堂中留有适当的时间让学生自己进行实验操作，并引导学生掌握正确的实验方法和技巧，一定要避免教师从头到尾讲解或者减少学生实践的时间。

三、解决问题的思路和过程

（一）解决问题的思路

在实验过程中，学生需要运用科学思维和方法对实验结果进行分析和解释，因此，教师在设计课堂实验时应该注意引导学生提出问题、寻找答案，并鼓励他们进行探究性学习。该实验由多名学生合作完成，能够更好地促使学生深入探究。因此，教师应该设计一些需要学生协作完成的具体任务，并引导学生学习分工合作、相互支持、共同进步。

（二）解决问题的过程

基于对需解决问题的剖析，学生在学会叶绿体色素提取分离及色素含量测定方法、能解释造成不同叶片颜色差异的结构基础并阐明生物学意义的基础上，通过小组合作设计并实施实验方案，掌握科学探究的基本思路和方法，提高实践能力、团队合作能力和创新能力，以及通过对实验现象和数据的分析讨论，运用归纳与概括、批判和创造的方法，发展解决问题的科学思维，最终达到培养生物学学科核心素养的目标。具体过程如下。

1. 流程设计

① 创设情境，导入新课主题。从真实情境出发，引起学生对身边自然现象的兴趣和思考，聚焦本节需要研究的两个关键问题。

② 自主学习，掌握原理方法。借助学习资料进行原理和方法的理论学习，

思考分析并得出操作步骤的关键所在。

③ 分工合作，开展实验探究。基于方法的掌握，分组开展实验，在提高动手实践能力的同时，树立团队合作的精神。

④ 分析讨论，对比交流结果。通过组内和组间实验现象与数据的异同点对比，解答本节聚焦的两个关键问题，并提升对实验结果分析讨论及交流展示的能力。

⑤ 总结提升，落实核心素养。在真实情境的再创设中，落实“进化与适应”的生命观念，使学生认识到生物的多样性和统一性，并提升学生基于生物学事实和证据，运用批判性思维等探讨阐释生命现象的科学思维能力。

⑥ 多元评价，指向学习目标。通过学生自评、师生与生生互评、学业质量测评等多元评价途径，全面反馈本节课学习目标的达成情况。

2. 案例展示

教师提出问题：校园中树木的绿色叶片生长状况是否一致？学生观看图片并讨论，发现“有些叶片绿色较深，有些叶片绿色较浅”。教师继续提问：造成叶片颜色差异的原因可能是什么？学生回顾上一节内容并回答“叶绿体中色素的含量不同”。由教师总结叶片颜色的变化与叶绿体中色素的种类及含量密切相关，并提出问题“如何通过实验验证叶片中含有 4 种光合色素，以及如何设计实验探究不同绿叶中色素含量及比例的差异”，来达到在真实情境中导入课程主题的目标。

教师通过任务驱动学生的自主学习。任务一为学习如何从叶片中提取叶绿体色素以及如何将提取出的多种叶绿体色素彼此分离，任务二为以小组为单位学习实验的具体操作步骤，并指出影响实验成败的关键操作及注意事项。学生在具体任务的驱动下有序地进行个人和小组的自主学习活动，即充分阅读教材和学案资料并讨论实验操作的各项步骤对实验现象和结果的影响，以确定本小组交流展示的关键操作步骤和注意事项，最终由小组代表交流发言。该环节中，教师应注重对学生的发言进行客观的点评，在教学现场示范如何使用 2.5 微升移液器枪头在聚酰胺薄膜纸上进行划线。教师的正确示范和实验器材的改进（用 2.5 微升移液器枪头代替玻璃毛细管）均利于“点样”这一教学难点的突破。

学生以小组为单位，合作开展实验探究活动。教师应再次提醒学生在实验过程中须注意安全并巡视指导，及时解答学生的疑问并纠正学生的不规范操作。本环节力争将实验课堂还给学生，鼓励学生自主探究并动手实验，为培养学生的科学思维和科学探究能力创造条件与机会。

在学生自主合作探究并得到实验现象和数据后，教师发布任务，继续驱动学生探讨和交流展示。任务三为比较不同颜色香樟叶片层析结果的异同点，任务四为比较不同颜色香樟叶片色素提取液中各类色素的含量及比例。在对比观察与异同点分析的基础上，学生提高了对实验结果交流与讨论的科学探究能力，也进一步增强了对自然现象的好奇心和求知欲。

为提升学生基于生物学事实和证据，运用批判性思维等方法探讨阐释生命现象的科学思维能力，教师在总结时展示真实植物的生长图片，并提出问题“不同颜色叶片的生长位置有何特征”“如何利用结构与功能观阐释叶片颜色的差异”。在学生观察图片、结合实验探究结果的基础上，引导学生思考回答出“颜色较浅的叶片位于植株顶部或外侧，颜色较深的叶片位于植株下部或内侧。叶片颜色越深，叶绿素含量及比例越高，越有利于叶片对光能的吸收转化”。最后，教师进行总结，即植物不同部位叶片的生长情况有差异是植物长期进化并适应的结果。

3. 教学评价

简单的教学质量评价容易使学生的学习“窄化”和“浅化”，与学科核心素养所要求的方向并不一致，阻碍学生学科核心素养的提升。因此，合理多元的评价方式对学科核心素养的真正“落地”至关重要。本案例的最后部分是基于教学评一致性和多元评价的原则，进行学生的自评、互评（评价量表见表 1）及完成学习评价，将教师的教、学生的学以及各项评价标准统一指向共同的学习目标。

表 1 自评、互评量表

<table>
<tr><th colspan="2" rowspan="2">评价内容</th><th colspan="2">达成情况
（1～10 分，分值越大，满意程度越高）</th></tr>
<tr><th>自评</th><th>互评</th></tr>
<tr><td rowspan="4">实验操作</td><td>移液器使用规范</td><td></td><td></td></tr>
<tr><td>点样细心，位置准确，重复多次</td><td></td><td></td></tr>
<tr><td>层析时点样线不接触层析液</td><td></td><td></td></tr>
<tr><td>正确使用分光光度计</td><td></td><td></td></tr>
<tr><td rowspan="2">实验结果</td><td>分离得到四种颜色的色素带</td><td></td><td></td></tr>
<tr><td>记录吸光度并计算色素浓度</td><td></td><td></td></tr>
<tr><td rowspan="2">实验心得</td><td colspan="3">你认为本实验成功的关键点是什么？</td></tr>
<tr><td colspan="3">通过本实验你有哪些收获？</td></tr>
</table>

学习评价例题：

甲、乙两组同学均采用层析法分离叶绿体色素，得到的结果如图 1 所示。导致乙组结果最可能的原因是（　　）。

A. 色素没有被完全提取出来

B. 所用叶片为黄色的老叶

C. 层析时点样线进入了层析液

D. 点样时没有重复多次

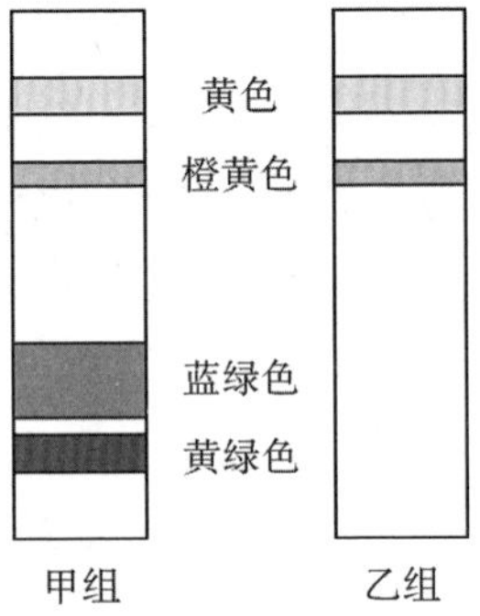

图 1　用层析法分离叶绿体色素

四、总结与反思

高中生物实验教学不能局限于教师讲授实验原理和方法、带领学生进行每一步操作，更不能用模拟演示或观看实验视频替代学生动手实践。教师应本着以学生为主体、以教师为主导的原则，在教学过程中，通过让学生自主学习实验原理和方法、分析讨论实验关键步骤、小组合作实施实验与对比结果，得出实验结论，避免过多地讲解，力求将实验课堂真正还给学生。

实验教学在培育学生学科核心素养方面起着不可替代的重要作用，因此，不仅要积极地为学生创造动手实验的机会，还应该让课堂由教师主讲、主做转变为学生主动、多动。通过真实情境及任务驱动，引导学生思考，激发学生的好奇心和求知欲，使其积极主动地参与实验教学。本案例利用校园植物香樟叶片颜色的多样性，为学生创造一个解决真实问题的情境，引导他们进行实验与分析讨论结果，这在培养学生的科学思维和科学探究能力等学科核心素养方面是有效的做法，也是后续进行实验教学设计时应该不断延续和发展的。

参考文献

[1] 中华人民共和国教育部. 普通高中生物学课程标准（2017 年版 2020 年修订）[S]. 北京：人民教育出版社，2020.

[2] 郝琦蕾，李妙娜. 高中生物实验教学现状的调查研究[J]. 教学与管理，2016(6)：30-34.

[3] 史春艳. 立足学科核心素养提高高中生物教学实效性[J]. 华夏教师，2020(21)：80-81.

[4] 盛勤，冯少娴. 基于生物学学科核心素养的高中生物实验教学策略[J]. 西部素质教育，2020，6(12)：71-72.

运用地理信息技术进行地貌观察

——以观察喀斯特地貌为例

葛　芳

一、问题提出背景

（一）政策背景

在新教材新课程（简称“双新”）背景下，高中地理教学对地理信息技术的应用提出了更高的要求。《普通高中地理课程标准（2017 年版 2020 年修订）》（简称《课标》）强调要帮助学生将理论与实践相结合，提倡开展 GIS 软件上机操作，通过任务驱动教学法等指导学生进行地理信息系统实验，学习掌握相关知识。学习地理信息技术可以促进学生对高中地理及信息技术的掌握，对于丰富学生的地理知识和提高实践能力具有重要意义。地理信息技术能促进高中地理学习的多样化，让抽象的知识变得更加真实、具体；能够引导学生在实际环境中解决真实的地理问题，提升学生的实践能力和地理知识的应用能力，让学生学会学习；同时通过信息技术赋能，提升教师教学效果，为教学带来便利。

（二）实践背景

强调实践性是地貌学习的重要特征，但囿于时间和空间限制，学生往往只能通过书本知识阅读、图片分析等方式进行学习，无法进行实地研究。运用地理信息技术，引导学生从网络上获取空间数据，进行地理制图，分析实际问题，识别并描述地貌，可以加强师生间、生生间的学习互动，提高学生学习效率，同时也可以提升学生的软件应用能力和空间分析能力。

二、要解决的问题

高中地理的部分核心概念较为抽象，且对空间想象能力要求较高，学生往往难以理解，进而给学习带来较大阻力。

运用地理信息技术，可以获取各类陆地信息，并进行空间数据分析，将抽象的地貌学习转变为以直接观察为主的具体化教学，加深学生对地貌形态的理解与认识，提升学生的信息获取能力、软件操作能力和解决实际问题的能力。

三、解决问题的思路和过程

（一）解决问题的思路

具体来看，本案例选取高中地理教材必修 1 第四单元《陆地环境》中的喀斯特地貌部分，从归纳喀斯特地貌的典型分布区，到描述喀斯特地貌的景观特征，再到结合喀斯特地貌特征，运用地理信息技术为 FAST（Five-hundred-meter Aperture Spherical radio Telescope，500 米口径球面射电望远镜，又称“中国天眼”）选址，最后推测 FAST 建设过程中可能遇到的困难，将地理信息技术贯穿其中，帮助学生理解喀斯特地貌景观，同时也提升了学生运用地理信息技术的能力。

（二）解决问题的过程

1. 明确学习内容，确定学习目标

基于《课标》和教材，结合学情，明确学习内容和学习目标。本案例是运用地理信息技术进行地貌观察，对应的《课标》要求是“通过野外观察或运用视频、图像，识别 3～4 种地貌，描述其景观的主要特点”。从《课标》内容来看，学习的重点不在于教师系统地讲授各种地貌类型的成因，而在于教师引导学生观察地貌形态，描述其景观特点。从学情来看，学生长期生活在大城市中，对地貌的观察较少，通过地理信息技术与教学融合的方式，引导学生通过制图、读图的方式识别地貌，并描述地貌的形态特征，可促进学生对地貌知识的理解与掌握，同时也体会到地理信息技术在空间数据分析中的重要作用。

2. 教学案例设计思路

地貌的形态、形成原因及对人类生活的影响是高中地理地貌学习的主要内容，基于此，本案例的设计思路如图 1 所示。

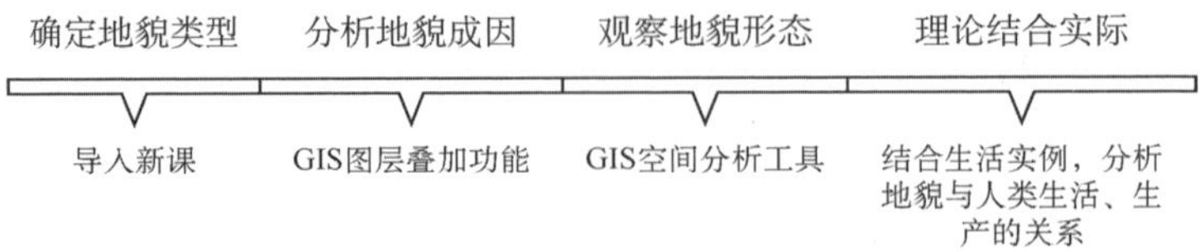

图 1 “运用地理信息技术观察地貌”案例设计思路

3. 教学实例:运用地理信息技术观察喀斯特地貌

本案例的教学流程如图 2 所示。

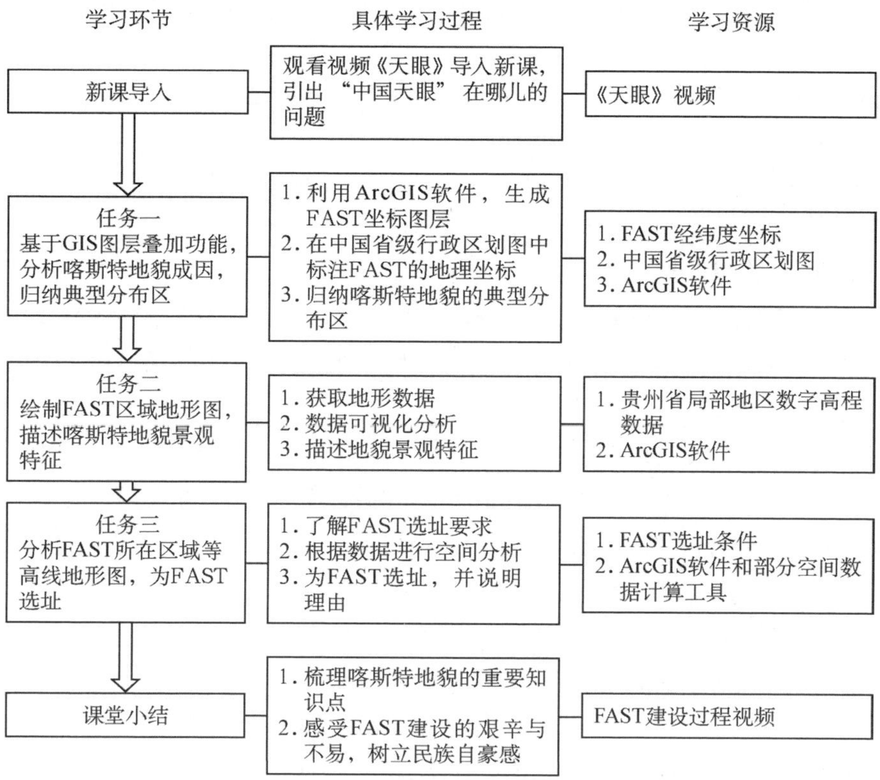

图 2 教学流程图

(1) 任务一:基于 GIS 图层叠加功能,分析喀斯特地貌成因,归纳典型分布区。

步骤一:利用 ArcGIS 软件,生成 FAST 坐标图层。

① 将 FAST 坐标整理在 Excel 文件中,其中“X”为经度,“Y”为纬度,将文件保存为“fastsite. xls”,文件示例如图 3 所示。

NAME	X	Y
FAST	106°86′E	25°65′N

图 3 “fastsite. xls”文件示例

② 打开 ArcGIS 软件,加载“fastsite. xls”,生成点图层,右击点图层,点击“Data”后再点击“Export Data”,获得 FAST 的位置图层文件“fastsite. shp”。

步骤二:在中国省级行政区划图中标注 FAST 的地理坐标。

在 ArcGIS 软件中,加载中国省级行政区划图文件和“fastsite. shp”文件,同时勾选两份文件，进行图层叠加。

步骤三：归纳喀斯特地貌的典型分布区。

结合网络查询所得资料及教材内容，说出 FAST 所在地的省份、地形区及地貌类型。

(2) 任务二：绘制 FAST 区域地形图，描述喀斯特地貌景观特征。

步骤一：获取地形数据。

访问中国科学院计算机网络信息中心运营的“地理空间数据云”网站，获取贵州省局部地区的数字高程数据。

步骤二：数据可视化分析。

① 分层设色：在 ArcGIS 软件中，加载贵州省局部地区数字高程数据，点击软件操作界面中的“Select Color Ramp”，将高值设置为橙色，低值设置为蓝色，可视化表达地形变化特征。

② 绘制等高线：打开 ArcGIS 工具箱，点击“3D Analyst Tools”→“Raster Surface”→“Contour”，输入贵州省局部地区数字高程数据，设置等高距，添加比例尺、指北针、图例等要素，绘制等高线地形图。

步骤三：描述地貌景观特征。

① 根据等高线地形图数据特征，判断该地主要地形是什么。

② 描述该地区地貌的形态特征(位置、形态、大小等)。

(3) 任务三：分析 FAST 所在区域等高线地形图，为 FAST 选址。

步骤一：教师提供 FAST 的选址要求。

FAST 选址要求：

① 洼地几何要求：直径 500 米的洼地，洼地与球冠拟合得好。

② 地质要求：场址稳定性将影响台址安全。

③ 气象要求：洼地所在地区要有利于排水。

④ 无线电环境要求：望远镜台址处不能有任何其他的电波干扰，否则将使 FAST 失去作用。

步骤二：学生运用 ArcGIS 地理空间数据分析工具，在 FAST 所在区域等高线地形图上标注出符合要求的区域，并说明原因。

GIS 空间数据分析：

① 距离测量：在 ArcGIS 软件中，点击距离测量工具，点击“Measure Line”测量点与点间的直线距离。

② 坡度计算：在 ArcGIS 工具箱中，点击“Slope”，获得地形坡度数据。

（4）课后作业。

利用地理信息技术，在中国省级行政区划图上标注所就读高中的地理位置；绘制上海市等高线地形图，描述上海市地貌形态特征。

四、总结与反思

本案例将地理信息技术融入教学，以技术为依托，将空间地形数据可视化表达，使学生对喀斯特地貌的认识更加全面、深刻。在数据分析过程中，学生能够提升数据获取能力、空间分析能力和实践能力。教师还可以依据学生情况，组织学生用地理信息技术绘制贵州省地形图，满足学生的学习需求，激发学生的学习兴趣，增强学生的学习成就感。学生反馈在案例学习过程中，对喀斯特地貌的理解与认识更加具体、深刻，也能够体会到运用地理信息技术严谨制图的魅力。

参考文献

中华人民共和国教育部. 普通高中地理课程标准（2017 年版 2020 年修订）[S]. 北京：人民教育出版社，2020.

学案导学教学模式在高中政治课堂教学中的实施策略

王培明

一、问题提出背景

(一) 政策背景

《普通高中思想政治课程标准(2017 年版 2020 年修订)》提到“普通高中的培养目标是进一步提升学生综合素养,着力发展核心素养,使学生具有理想信念和社会责任感,具有科学文化素养和终身学习能力,具有自主发展能力和沟通合作能力,高中教育任务是促进学生全面而有个性的发展”。

(二) 实践背景

在现实教学实践中,高中政治课堂总是因“满堂灌”被学生抱怨“上课无聊”。为了解决思想政治教学内容固化、形式僵化、路径单一等问题,政治教师应该根据新理念努力转变教学方式,从之前的以课堂灌输知识为主,有意识地转变为教师主导和学生自主学习相结合,师生关系由教师对学生的“居高临下”转变为平等融洽;教师应努力提升学生的自主学习能力、沟通表达能力、合作意识。

二、要解决的问题

捷克著名教育家扬·阿姆斯·夸美纽斯(Jan Amos Komenský)曾说:“找出一种教育方法,使教师因此可以少教,但是学生多学。”在课堂教学中采取什么样的教学策略,才能够实现教师少教、学生多学的教育目的,让学生主动、个性化发展?学案导学模式正能起到这样的作用。它体现了以学生为主体,尊重学生生命价值的教育理念,有助于政治教学的改革,促进学生个性化发展。它对提高课堂有效性,构建和谐的师生关系有积极的促进作用,对个性化教学和学生自主学习能力的培养也有鼓励作用,符合教育发展的潮流。

三、解决问题的思路和过程

如何在教学过程中发挥导学案的价值是学案导学模式研究的核心。学案导学模式的实施是发挥其优势和效用的关键所在。英国课程理论家劳伦斯·斯滕豪斯(Lawrence Stenhouse)认为:“教学是师生共同探讨问题与发展能力的过程。”“师生互动,课堂共学”是学案导学教学模式实施的中心环节。教师依据学生导学案中对自主学习的反馈,设置课堂情境开展教学,进行课堂中的合作探究,引导学生思考,对学生的知识和观念进行系统修正,发挥教师的主导作用和学生的主体作用。笔者从高中政治课堂教学探索中归纳了四个方面的实施策略。

(一)课堂导入,形式多样

课堂导入应以激发学生兴趣为首要原则,努力提高学生的积极性和主动性。课堂导入主要可以采用的策略有问题式导入、情境式导入和学生上课式导入。

1. 问题式导入

问题式导入是学案导学教学模式的特色之一,这里的问题主要是指在导学案的“质疑问难”中学生的问题,即由学生问题导入。如在“法治政府”一课中引用来自学生的“社会是不是可以无政府?”这一问题进行导入,在“建设现代化经济体系”一课中就以学生的问题“中国在经济建设方面究竟缺哪块?为什么丰富的劳动力和对外贸易仍不能使中国经济更上一层楼?”进行导入。这些来自学生的问题不仅能很快地拉近教师与学生的距离,而且在学生与课程中间架起了一座沟通的桥梁。在展示问题的时候教师会把学生的名字显示在问题后面,这对于提问的学生是一种很好的激励。

2. 情境式导入

教育学家哈维尔·罗杰斯(Xavier Roegiers)认为:“学生的能力,需要在一种复杂情境中得到发展,并在复杂情境中得到评估。”情境式导入是政治教学常用的教学策略,这一导入方式有利于激发学生兴趣,创设有利的教学氛围。例如为了引导学生思考如何发展实体经济,就以开设餐厅为情境,设计了“假设你大学毕业若干年之后准备开一家餐厅,请设计一个详细的开店计划,罗列出所需要做的准备”作为课堂的导入,其后又以“请指出其中包含哪些社会生产基本要素”“请你设计一个简短的员工招聘广告并说明理由”“在你的餐厅中有哪些是与土地资源有关系的?”“思考如何在你的餐厅中体现科技的力量”“在餐厅中哪些属于资本?”“请设计你的餐厅名并设计一句广告语”等一系列问题层层推进，使学生思考和理解如何进行供给侧结构性改革，大力发展实体经济。情境式导入把课程内容放置在某一情境中，运用“整体化”策略，提炼一个简约、集中的主题，有利于学生充分地体验知识、能力和情感的生成过程，提升学生的理解能力，也有利于增强政治课堂的实践性和趣味性。

3. 学生上课式导入

学生上课式导入是课堂导入的方式之一，具体设计如下：首先由学生两两自由组合，在完成导学案、自主学习的前提下进行合作，把导学的课程内容放在课上进行交流，能够将导学的内容在全班同学面前进行讲授，担任“小老师”的角色。这种导入方式更重视学生自主学习的质量，能够凸显学生在课堂中的主体性和创造性，发挥学生的多元智能，对于提升学生的理解能力、表达能力、组织能力等都有积极作用。

(二) 合作探究，生生互动

该环节是学案导学教学模式的特色之一，能够让学生对共同存在的问题进行探讨，集思广益，加强学生的合作学习，增强生生互动。

合作探究的问题来源有三：其一，如果在学生完成导学案的过程中发现学生之间对某个问题的认识产生分歧，那么教师可不作正面回答，将分歧点或疑点交给学生讨论；其二，把“质疑问难”环节中学生提出的好问题，交给学生进行讨论；其三，教师在备课中，根据教材的重点和难点，精心设计论题。在合作探究中，应尽量让学生自主解决问题，最大限度地发挥学生的主观能动性，培养学生的思维能力，对学生合作探究过程中提出的有独创性的见解给予肯定和鼓励，以维持学生主动参与的积极性。

在合作探究的过程中，学生之间相互配合、资源共享、分工协作，成立智慧团体，最终形成“生生学习，生生合作”的积极学习方式，也是对学生课前自主学习的一种有益补充。学生间的合作探究满足了学生交流和沟通的需求，使学生学会倾听和认同，在集思广益、交流探讨的过程中，实现学生的社会性发展。

在合作探究的过程中，教师不仅是一个指导者，更是一个合作探究的积极参与者，通过对各个小组的观察指导，了解学生的个体差异，为之后的教师释疑作好准备，开展更高层次的师生共探环节。教师可以将个性化教学和因材施教实施到位，有助于落实课堂的公平和效率。在这个过程中，教师的作用“正如放风筝一样，教师既要让风筝自由飞翔，充分调动学生发言的积极性，在自由激烈的争辩中求得共识；又要牢牢控制手中的线，逐步引导学生深入到问题的本质中去”。

（三）教师启导，师生共探

如果说合作探究主要体现的是学生间的互助合作，那么教师启导则能通过师生交流凸显教师的主导作用。所谓的教师启导，即在教学过程中教师的启发和引导以及必要的释疑解惑，需要教师有专业学科知识和及时把握课堂生成的教学智慧。教师对学生自主学习中已经懂得的知识就不要再重复了，对学生一看就会的知识和学生经过思考或者合作探究能学会的知识也不用再讲了，对讲解后学生也不懂的知识也不需要重复。这个环节最能体现教师的功力，也最能体现教师自身特色。

教师的启导要善于发现代表性问题及学生思维的亮点，特别要及时挖掘学生的多元思维及预设问题之外的生成问题。对于共性问题，教师要进行点拨讲解，使学生豁然开朗；对于思维的多元表现，教师要加以激励引导，三言两语点出妙处，促使学生思维的发散，给学生留下进一步思考的空间。教师启发引导能促使学生学会思考的方法、学会明辨是非的方法、学会解决问题的思想方法，使学生创新思维得到发展，视野更开阔，能力得到提升。

在这个过程中教师仍要注重通过师生间的互动交流达到释疑的目的。教师可以通过设问质疑或反问启示，使学生思维始终处于活跃状态，在比较鉴别中辨认观点，在价值冲突中澄清观点。在这个过程中师生平等地对话，共同参与和构建教学过程，不仅有利于学生知识的学习，而且有利于在师生间形成一种良好的教育情境和精神氛围。

在教师启导后要进行课堂小结，课堂小结既能体现教学过程的完整性，又能为学生复习巩固提供导向，恰如其分的课堂小结还能有效地激发学生的阅读兴趣和求知欲望。教师应在课堂结尾时利用简洁准确的语言、文字、表格或图示将一堂课所学的主要内容、知识结构进行总结归纳。教师做精简的小结有助于学生掌握知识难点和重点，整体把握知识结构，也能帮助学生完成导学案中的“思维导图”。

总之，教师的“善导”是促进学生“善学”的关键。教师的“教”必须致力于“善导”，服务于学生的“善学”。

（四）课堂检测，多元评价

科学地评价学生的学习效果是有效教学的重要条件。为了及时检验和巩固学生的学习成果，在导学案中设置了“课堂检测”这一栏目，学生在课堂利用5分钟当场完成。教师需要了解学生的答题情况，及时地了解教学成效。

在学案导学教学模式的实施过程中，除了要通过课堂检测进行终结性评价，也要关注过程性评价，如对学生在“预习思考”和“课堂检测”中的完成情况进行合理的评价；对学生在自主学习和课堂中提出的好问题，应该大力表扬，在教学中使用学生的问题作为课堂设计；在课堂探究中对学生具有创造性的发言和独到的见解，应该充分肯定。从评价的内容来看，不仅要对学生掌握知识的情况进行评价，如对学生把握导学案中课程重难点的能力和掌握知识的程度进行评价；也要重视对学生的能力、习惯、方法和态度的评价，促进学生全面发展，如对学生在课堂中的语言表达、思维逻辑、学习习惯等进行考评。教师也要坚持评价主体的多元化，既要重视教师的评价，也应该关注学生评价，如在学生中开展“好问题”的评选，可以由学生自己投票选出有价值且感兴趣的问题，在课堂中进行讨论。

评价的方式不仅有打分制，而且应该有表扬、鼓励、奖励等。同时也要尊重学生的个体差异，注重分层评价，对不同基础的学生采用不同的评价标准，通过对学生个体的纵向比较寻找适合学生的评价方式，实现个性化的多元评价，真正调动每名学生的积极性。

学案导学教学模式下对学生的多元评价是促进学生发展和提升教学质量的“促进器”，及时合适的评价能让学生从学习中获得满足感和成就感，也对后续的学习产生信心。

四、总结与反思

在学案导学教学模式探索的过程中，教师应力求从学生的学习需求出发，设计贯穿整个教学过程的整体性导学案，分课前导学、课中助学和课后提升三个环节来实施教学。通过课前的学生自主学习，课堂中的生生、师生互动，注重发挥学生的个人智慧和集体智慧，激发政治课堂活力。

参考文献

[1] 吴铎. 思想政治教育学[M]. 杭州：浙江教育出版社，2001.
[2] 中华人民共和国教育部. 普通高中思想政治课程标准(2017 年版 2020 年修订)[S]. 北京：人民教育出版社，2020.

促进学生深度学习的教学活动设计：情境化、结构化、信息化
——以部编语文教材必修上册第二单元为例

黄　珊

一、问题提出背景

（一）政策背景

"双新"课程改革要求语文学习以培养学生学科核心素养为目的，打破过去单一的知识体系和人文主题的框架，让学生在真实情境中开展学习活动。

部编语文教材必修上册第二单元的选文涉及通讯、评论和古典诗歌三种文体，同时对应了《普通高中语文课程标准（2017 年版 2020 年修订）》（简称《课标》）中"实用性文本阅读与写作任务群"和"文学阅读与写作任务群"两个任务群。《课标》明确提出"教学以社会情境中的学生探究性学习活动为主"。

（二）实践背景

本单元的教学有一个突出的问题——实际学习过程中，本单元被切割为三个文体板块，所选择的文章阅读难度并不大，如果采用常规的分析思路、赏析手法，就不一定能加深学生对不同文体的认识。另外，仅仅是阅读这一种单一的活动形式，使学生停留在文本层面，并不利于学生对劳动产生感性认识，进而深入思考。

二、要解决的问题

第一，单元活动缺少一个与劳动者、劳动实践相关的真实情境。学生对劳动价值的思考，主要依靠教师设计的问题链，但是这些问题都比较抽象，最终难免流于教师自问自答，说教意味比较重。

第二，关于新闻稿篇目的学习活动和关于诗歌篇目的学习活动彼此无关联，

缺少整体的活动。而且部编教材没有设置与较难达成的单元目标和单元任务对应的学习活动，需要教师根据学情进一步细化活动设计。

此外，为了保障本单元的学习活动顺利开展，教学资源需要包括一个人物的多篇新闻通讯、更多劳动者的新闻通讯，以及不同风格的通讯稿，必须突破有限的文本资源。

三、解决问题的思路和过程

(一) 从知识性问题到情境化问题

1. 创设情境，实现逆向设计

第一轮教学并没有挖掘选文中的人物在现实生活情境中的特征，虽然提出了问题作为导向，但是问题的核心还是从语文知识出发，解决问题的目的也只是巩固塑造人物的手法，并没有启发学生进一步开展深度学习（表1）。

表1　三篇人物通讯梳理表(第一轮教学)

篇目	报道对象	典型事件	人物精神	作者立场	特色亮点	动人细节
《喜看稻菽千重浪》						
《心有一团火，温暖众人心》						
《"探界者"钟扬》						

而在第二轮教学中，教师通过创设"评选优秀人物通讯"这一情境，对学生提出了更高的要求，学生必须在阅读和梳理教材中三篇文本的基础上，自行选取角度进行比较，还需要将自己的感性认识沉淀下来，用表格形式表达出来（表2）。

表2　优秀人物通讯的评选标准(第二轮教学)

评价指标	优秀	基本合格	不合格
选择典型事件	1. 事件最能体现人物某一方面特质 2. 比其他同类人物通讯更有特色 3. 比该人物其他通讯更有新意	1. 有事件表现人物特质，但是选材重复 2. 有具体事件来表现人物，但是与同类人物大同小异	没有典型事件
叙述的顺序	1. 总体上是顺叙，兼有倒叙和插叙 2. 震撼的画面放在开头，然后展开顺叙	按照时间顺序	杂乱

(续表)

细节的刻画	契合人物的身份和精神,且有特殊性,令人印象深刻	有细节,但没有新意	没有细节
标题、小标题	1. 文学化地表现人物特点 2. 设置悬念、引人入胜	交代人物的特点	与人物特点无关
……	……	……	……

学生自主设计优秀人物通讯的评选标准有四个具体的学习环节:第一,独立梳理教材中的三篇人物通讯,分小组草拟评选标准初稿;第二,当堂小组交流讨论,形成评选标准第一稿;第三,在新闻媒体上自主搜集人物通讯,丰富完善评价指标,形成第二稿;第四,探讨所选人物的新闻价值,最终形成定稿。

在新闻媒体上,人物通讯是有特定的发表报刊和阅读受众的,所报道的人物也是具有一定时代背景的,这些因素都影响着评选标准的制定。在第二轮教学中,学有余力的学生可以对评价角度的重要性进行排序,如此学生对人物通讯的写作手法会有更为透彻的研究。

2. 情境为桥,连接文本和生活

在第二轮的教学中,学习情境是以"最伟大的劳动者"为主题评选人物通讯,那么除了一些通讯写作技法方面的评价维度外,还要从哪些维度选择更具有新闻价值的人物报道呢?这就是学生在该情境中自然而然生发的问题。学生立足文本中的具体人物,生发出问题链,教师顺势引导学生在合作学习中解决问题。第一轮教学与第二轮教学的问题链比较见表3。

表3 第一轮教学与第二轮教学的问题链比较

第一轮教学 教师设计的问题链	第二轮教学 学生在完成任务过程中生发的问题链
劳动的价值是否具有时代局限性?	生活中很多由劳动者完成的事务和工作即将被高科技手段所代替,如张秉贵的"一把抓"绝技在现代科技手段面前不值一提。这是否意味着他的劳动事迹随着时代发展已经失去价值?
劳动是否具有一些永恒的普世的价值?	袁隆平和钟扬的劳动是相对富有开创性的,张秉贵的劳动是相对平凡质朴的。的确,我们生活中大部分劳动者并没有较强的不可替代性,这是否意味着脑力劳动比体力劳动更伟大?劳动是否具有永恒的"普世价值"?
劳动的价值可以横向比较吗?	袁隆平一生只在杂交水稻领域深耕,而钟扬有植物学家、科普达人、援藏干部、教育专家等多个身份。这是否意味着"斜杠青年"更伟大?

（续表）

第一轮教学 教师设计的问题链	第二轮教学 学生在完成任务过程中生发的问题链
怎样的劳动更有"新闻报道"价值？	《我在故宫修文物》中的劳动者，他们的劳动并不产生实际的经济利益，甚至需要社会投入大量的物力财力支持。修文物和大众的生活相去甚远，这类劳动的价值在何处？

此外，在"最伟大的劳动者"的人物通讯评选过程中，学生除了对课文中的劳动者进行思考，还需要联系自己对社会生活的观察进行思考。这样的学习活动除了让学生阅读教材中的劳动者事迹外，还促使学生调动生活经验并思考劳动的价值，可谓"阅读生活中的劳动"。

（二）从关联性活动到结构化活动

1. 第一轮教学中遇到的困境

其一，在第一轮教学中，笔者梳理了单元目标和单元任务之后，发现二者并没有一一对应，单元目标第 4 点"鉴赏表现劳动的诗歌，体会劳动之美"就没有相应的单元任务。因此在实用性文本的阅读与写作教学之后，要额外增加诗歌鉴赏的教学，但这必定意味着更多的课时投入。

其二，部编教材中没有设置与较难达成的单元目标和单元任务对应的学习活动，也没有提供对应的教学手段。单元任务第 4 点"写作：一位平凡的劳动者"要求挖掘劳动者的时代意义，运用表现人物的艺术手法，体现出劳动之美，这项任务对于高一的学生而言难度较大，且没有具体的子任务。单元目标第 1 点"体会'劳动最光荣、劳动最崇高、劳动最伟大、劳动最美丽'的思想，认识坚守与践行工匠精神在当代的意义与价值"对学生具有挑战性，而与之对应的单元任务并没有具体的子任务，学生无法展开深入的研讨（表 4）。

表 4　部编教材的单元目标与单元任务一览表

部编教材中的单元目标	对应关系	部编教材中的单元任务	
		主任务	子任务
1. 体会"劳动最光荣、劳动最崇高、劳动最伟大、劳动最美丽"的思想，认识坚守与践行工匠精神在当代的意义与价值	↔	1. 围绕劳动所蕴含的品质的价值进行专题研讨	无

（续表）

部编教材中的单元目标	对应关系	部编教材中的单元任务	
		主任务	子任务
2. 学习人物通讯，学会以典型事例和细节表现人物品质的写法 3. 学习新闻评论，理解新闻事实与评论观点之间的关系	↔	2. 探究新闻作品的特点	（1）以表格形式梳理第4课 （2）梳理第5课中的新闻评论 （3）学习第5课提到的选择新闻评论的角度，从第4课中任选一篇作品，考虑可以从哪些角度进行评论
		3. 评选优秀新闻作品	（1）草拟一份优秀新闻评选标准 （2）撰写一份优秀新闻作品推荐书
4. 鉴赏表现劳动的诗歌，体会劳动之美	无	无	无
综合单元目标1～4	↔	4. 写作：一位平凡的劳动者	无

2. 着眼大任务，整合活动

在第二轮的教学中，笔者没有采取简单的目标、任务和教学活动一一对应的活动设计方案，而是以穿插覆盖的方式层层推进，最终指向单元目标的达成（表5）。着眼于最后的单元学习成果来整合单元目标，所有的单元目标形成了有紧密关联的结构。因此，本轮教学中的具体教学环节与单元目标的联系也更紧密。

表5 教学活动设计表（第二轮教学）

教学活动	具体教学环节	课时安排
活动一 制定“最伟大的劳动者”人物通讯评选标准	1. 独立梳理教材中三篇人物通讯；分小组草拟评选标准初稿 2. 当堂交流讨论，形成评选标准第一稿 3. 自主搜集人物通讯，丰富完善评选指标，形成第二稿 4. 探讨所选人物的新闻价值，最终形成定稿	导入与启发1课时 展示探讨1课时
活动二 设计一个“我身边的劳动者”展板	展板要求包含： 1. 一幅人物图片 2. 一个“细节”特写	导入与启发1课时 研究习作1课时 展示探讨1课时

（续表）

教学活动	具体教学环节	课时安排
活动二　设计一个"我身边的劳动者"展板	3. 一个概述人物的标题 4. 三件典型事例的概述 5. 一个揭示人物时代价值的金句（从第5课中摘选）	导入与启发1课时 研究习作1课时 展示探讨1课时
活动三　写一首小诗作为"最伟大的劳动者"颁奖词	1. 学生阅读第6课两首诗词，梳理诗歌的常见表现手法 2. 思考某位劳动者身上所承载的劳动的价值，并且思考哪一种艺术手法能够增强表达效果 3. 选定一个手法，进行创作	理解诗歌1课时 创作指导1课时 展示探讨1课时
活动四　连缀成文	1. 把活动二中的展板内容作为写作提纲的初稿，进一步完善 2. 把活动三中创作的诗词作为亮点，思考将其放在整篇文章中的哪个位置 3. 动笔成文	写作反馈1课时

本单元的学习活动、单元任务和单元目标的关系如图1所示。

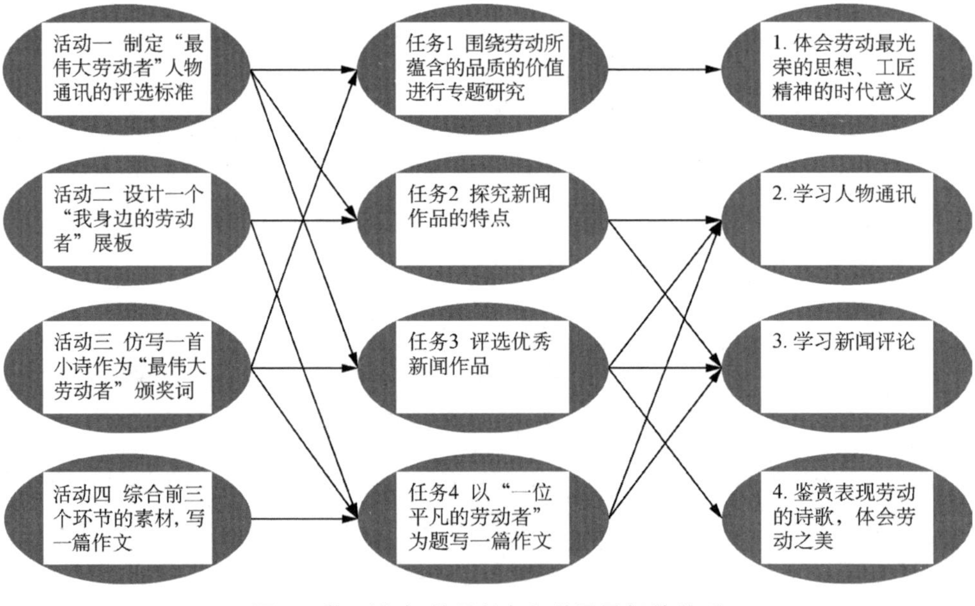

图1　学习活动、单元任务和单元目标的关系

活动一不仅能够引导学生认识劳动者的品质，初步完成第1个任务，而且能够落实第2个任务中的第1个子任务，即梳理课文内容，还能通过细化要求、搭建台阶让学生完成第 3 个任务。活动二不仅可以巩固和检测学生是否掌握人物通讯的基本手法,而且可以落实第 2 个任务中的第 2 个子任务,即梳理新闻评论,还可以为第 4 个任务搭建写作提纲。活动三取代了第一轮教学中常规意义上的诗歌教学,将重点放在诗歌的手法和劳动的价值之间的联系上。因而,活动三引导学生深入落实第 1 个任务,而且为第 4 个写作任务提供了具有文采和思想性的点睛片段。

对于第二轮教学中学生完成的习作的评价标准为:其一,是否挖掘出某位具体的劳动者身上反映出的"劳动价值"? 其二,所运用的手法是否能够突出这种"劳动价值"?

(三) 从传统资源到信息化资源

1. 拓展资源,促进深度研学

如果只是根据教材中提供的三篇人物通讯来完成单元任务"探究新闻作品的特点"和"评选优秀新闻作品",那么探究的结论未免过于片面,也不利于调动学生学习的自主性。因此,在第二轮教学中,学生不仅要梳理教材中的课文以草拟评价标准,还要完成一个环节——自主搜集人物通讯,完善草拟的标准。

下面举出学生探究的结论:《陈英杰　人生一串,好好琢磨》(《南方人物周刊》)的语言风格与人物契合;《南宁宵夜江湖的背后,是无数个小人物》(网易网)选材独特,勾勒了一组人物群像,大多数劳动者的个体形象是模糊的,无数个劳动者共同组成了行业的轮廓,文章见解深刻;《"敦煌的女儿"樊锦诗:"我心归处是敦煌"》(《人民日报》海外版)所选择的典型事例和诗化的语言满足海外侨胞的阅读期待,也能精准地传播"文化寻根"的思想。

2. 聚焦目标,提供切实支架

所谓提供信息化的学习资源,并不等于仅仅提供互联网渠道而不进行关于信息检索的指导。当学生置身于互联网环境中而无从下手的时候,可以给予学生学习支架。最为可行的支架是引导学生将同一个人物的不同通讯进行比较,探究各个通讯的特色及其写作的背景和原因。

例如袁隆平的人物通讯有《争当攀登科学技术高峰的勇士》《永葆本色的科学家》《中国知识分子的杰出代表》《袁隆平千亿身价的社会价值》《手绘袁隆平的"摩登时代"》《地阔几许　心宽几许——记"杂交水稻之父"袁隆平》……这些不同时代的通讯都挖掘出了袁隆平的精神价值,具有时代特色。其中《手绘袁隆平的"摩登时代"》挖掘人物独树一帜的品质,将一向给人严谨质朴印象的袁老幽默可爱的一面呈现出来;《地阔几许　心宽几许——记"杂交水稻之父"袁隆平》记录了袁老童心未泯的小插曲，作为新闻作品能够引起读者阅读兴趣，也突出劳动者自身的独特个性。

四、总结与反思

基于真实生活情境的任务由于与真实生活联系紧密，其复杂性反而是激发学生学习的一大动因。

在教学过程中要设计结构化的活动，所有的活动形成一个学习的链条，为学生完成难度较大的学习任务搭建台阶；一个学习活动可以对应 2～3 个学习任务，既保证任务能够分阶段落实，又不延长学习时间。

本单元活动设计立足于教材，又走向广阔的真实生活，学习资源得以拓展，因此探究的结论就更加丰富和全面，也能满足学生个性化的学习需求。

参考文献

[1] 范飚，郑桂华，程元. 统编版高中语文单元教学指南[M]. 上海：复旦大学出版社，2020.
[2] 王岱. 统编高中语文名师单元教学设计[M]. 济南：山东教育出版社，2022.
[3] 杨九俊. 名师教语文：深度解读与学习设计 高中必修上册[M]. 上海：华东师范大学出版社，2021.

基于文体意识培养的《包身工》跨文体比较阅读策略

杨海燕

一、问题提出背景

（一）政策背景

“双新”背景下，高中部编语文教材采用了“学习任务群”和“人文主题”双线组元的单元编排体例。教学模式从过去对碎片化知识点的过度关注，转向了整合学习情境、内容、方法和资源的大单元教学，强调通过教学资源的整合，提高学生核心素养。《普通高中语文课程标准（2017 年版 2020 年修订）》强调，学习任务所涉及的语言学习素材与运用范例、语文实践的话题与情境、语体与文体等，涵盖了传统语文课程所包含的古今实用类、文学类、论述类等基本语篇类型。在这一要求下，大单元研习任务中往往包含了同一人文主题的多种文体表达，虽不突出单种文体的特征，但更强调文体的整合学习。如教材选择性必修中册第二单元的六篇作品，都反映了中国革命文化，涵盖了散文、报告文学、小说等文体。

（二）实践背景

随着语文课堂转型为任务化、活动化模式，文本边缘化和文体淡化的现象不容忽视。文体，是文本形式的划分，即“文字的体制”“文章的体制”。文体是作品的独特体制和表达方式，也是学生理解人文主题的重要工具。文体长期淡化可能导致学生语感迟钝，阅读能力降低，并因文体意识不强而影响写作。作者在选择文体的过程中，往往已经赋予了作品独特的情感和风格，如同样是展现近代中国革命的进程，散文纪实，小说虚构但不脱离现实。因此，要提高学生对语言文字的感知运用能力以及对文本的理解能力和审美能力，就不能忽视学生文体意识的培养。

二、要解决的问题

《包身工》是夏衍 1936 年发表的一篇报告文学，被选入部编语文教材选择性必修中册的第二单元。这一单元选取了六篇近代中国革命相关作品，包括纪实性较强的散文和报告文学，以及以虚构为主的小说。根据学习任务群的要求以及单元学习任务的提示，“了解纪实作品和虚构作品各自的特点和表现手法”是本单元学习的一大重点。

《包身工》作为报告文学的代表作，在以往的教学中教师往往局限于对其新闻性与文学性的分析，而忽略了对其文体特质的深入探讨。课例尝试将报告文学与小说进行对比，引导学生思考为何作者选择把《包身工》写成报告文学而非小说，明确两种文体的差异，深入探究报告文学的独特性，从而培养学生的文体意识以及批判性思维能力。

三、解决问题的思路和过程

《包身工》的教学共两课时，第一课时引导学生深读文本，了解报告文学兼具新闻性和文学性的特点。第二课时引导学生关注文体特质，通过跨文本比较，实现对报告文学文体的深度把握。本课例为第二课时，教学主要采用文体起点分析和对比分析的方法。

（一）精选比较文本，搭建预习支架

比较阅读是课堂教学中常用的方法，通过两个及以上文本的比较，引导学生发现、辨别、欣赏不同文体的文学作品。探究不同文本的“意义预设”和“价值比照”，既能有效促进对原文本的领悟生成，拓展阅读活动的心理空间，深化阅读体验，也有利于单元教学目标的实现。

为探究相同主题下不同文体的表达区别，本课选取了鲁迅的小说《祝福》作为比较对象。选择的理由主要基于：第一，背景相近，两篇作品的创作年代相近；第二，主旨相近，两篇作品都揭露了当时中国人民所遭受的沉重苦难和中国革命爆发的历史必然性；第三，学情考量，学生在语文教材必修下册学习过《祝福》，以学过的文章为对比对象，可以进行知识迁移。

为通过比较阅读提升学生的思辨能力，本课例遵循结构相似的原则搭建对比框架（表 1）。《包身工》是以写人为主的报告文学，融入了纪事，因此，以学生

相对熟悉的人物、事件和主旨三个维度为对比框架，并通过选材、手法，以及内容指向、表达形式等细分维度，引导学生深入分析《包身工》的文体特点。

表 1 《包身工》与《祝福》的对比框架

	人物		事件		主旨	
	选材	塑造手法	选材	叙述手法	内容指向	表达形式
《祝福》		可虚构	部分真实		泛化	
《包身工》	真实			如实		

(二) 开展文体起点分析，关注作者写作意图

文体起点分析即从课堂起始便抛出文体区别的问题，引导学生以此为思考的起点。这样能直奔主题，有效突出课堂活动的核心。根据相关研究资料，夏衍一开始是想把包身工的悲惨遭遇写成小说的，但是后来却写成了报告文学。结合这一资料，本课将主问题确定为："作者为什么要选用报告文学这一文体来写作《包身工》，而不是小说？"根据活动 1 中提供的背景资料，搭建思考支架。

活动 1：阅读下面夏衍关于《包身工》的回忆，思考作者为什么不选择将包身工的遭遇写成小说。

其实，20 年代后期，我就着手收集包身工素材了，到了 1936 年才完成，前后历时达 10 年之久。1927 年开始，我做过一段时间的工会工作，认识了一些在纱厂工作的朋友和做工人运动的同志，从他们口中，我了解了包身工制度和他们的遭遇，我觉得非把这个地狱揭开不可。为了看到包身工们早出晚归的上下班的生活，我足足打了两个月的"夜工"，每天半夜三点来钟起身，走十几里路到包身工们上班的杨树浦，混身于其中。这两个月，我比较详细地观察到了包身工们非人的生活。我本想写篇小说的，调查结束后，觉得小说不足以反映包身工的境遇，所以，我就把调查到的材料，不带虚构，如实地写成了《包身工》。

教师在课堂提问环节要先隐去作者的想法，引导学生得出"小说具有虚构性，报告文学足够真实"的结论，再出示作者原话，展现作者对两种文体的认识。

(三) 开展文本对比分析，在比较中探究文体特色

比较阅读的核心是遵循不同文体的差异，引导学生展开深度思辨，在对比中深度理解报告文学的文体特征。

首先，分析报告文学和小说在人物、事件处理方式上的区别。报告文学要求

选材真实、如实塑造；小说有真实的成分，但在选材和塑造手法方面都可以适当虚构。从人物塑造的角度来看，小说是观察了解一百个人后加以组合，造出具有这一百个人的某些共同特点的第一百零一个人，即鲁迅常用的“杂取种种人，合成一个”，选材和塑造手法可以夹杂虚构；而报告文学的人物，是观察了解一百个人后，从中选出一个最有典型特点的人来表现。如“芦柴棒”是真实存在的人，可能作者在调查中发现她最能代表包身工的悲惨遭遇，所以重点报道了她。

其次，聚焦主旨表达方式，深化文体区别。同样批判黑暗的旧社会、反映中国革命的必然，两个文本的主旨表达方式并不一样。夏衍在表达对包身工命运的同情、对残酷制度的控诉时，是直抒胸臆、掩饰不住内心愤怒的。可以窥见，报告文学并非不带感情和立场、忠实地记录下所有发生的事情，而是在叙述中融入作者的情感、态度，直接发表议论。相比较而言，小说比较忌讳作者直接跳出来议论，如《祝福》的结尾是含而不露的，“我”似乎有无限的话想说，但又都没有点破，而是留给读者无尽的想象空间。因此，小说中的主旨可以泛化理解，不只是局限于一个时代。

活动2：探究小说和报告文学的区别，理解报告文学的真实性。

提示1（小组交流）：对比鲁迅的小说《祝福》，试归纳报告文学在人物及事件的处理方式上与小说有何区别。

提示2：以两个文本的结尾为例，试分析报告文学在主旨表达方式上与小说有何区别。

根据学习活动中的探讨结果，完成对比分析（表2）。

表2 《包身工》与《祝福》的对比结果（完成）

	人物		事件		主旨	
	选材	塑造手法	选材	叙述手法	内容指向	表达形式
《祝福》	部分真实	可虚构	部分真实	可虚构	泛化	隐匿含蓄
《包身工》	真实	如实	真实	如实	具体	直抒胸臆

（四）以写促读，在写作情境中深化对文体的认识

知识的掌握需要实践检验。经过活动1、2，学生已经基本理解了报告文学和小说的区别，也经过了思辨性阅读的训练。因此，在活动3中，引导学生在改写实践中进一步反思两种文体的区别。思辨性阅读与表达要求学生掌握一定的表达技巧，但是鉴于本课是阅读课而非写作课，前面搭建的支架也均是指向学生

阅读素养的提升，因此本活动的目的在于使学生在实践中进一步感受小说与报告文学的区别，学生在富有想象力、夸张的创作中进一步通过对比感受报告文学的真实性，而非学会写作报告文学。

活动3：如果要将第18自然段中"芦柴棒"挨打的情节改成小说，可以怎么改？

明确：人物——芦柴棒；情节——芦柴棒挨打；环境——冬日，寒风。

丰富：细节、人物经历、内心独白、环境……

四、总结与反思

本课的教学从一开始便抛出主问题，主问题设置直接且深刻，瞬间打破了学生的思维定势。因此从开课伊始，学生就表现出了极大的热情，课堂氛围活跃，在思辨环节给出了令人惊喜的回答，在改写小说环节也展现出了丰富的想象力。笔者反思教学设计和课堂呈现，归纳出以下三个方面的要点。

（一）比较阅读应突出重点

在探究文体特征的过程中，比较阅读为学生搭建了一个更易于理解的框架，除了"入乎其内"让学生进行感受之外，还可以"出乎其外"进行更客观全面的总结，在与小说的对比中让学生更明确报告文学的特点。同时，本课也给予了学生思维方式的启发，即在理解作品主旨时需关注文体，不同文体对同一主题的表达方式有各自的特征。

（二）材料应坚持多元整合

"双新"提倡群文阅读，对比阅读作为群文阅读的一种，须坚持多元整合原则。为深入理解同一人文主题，除大单元内部的文本外，还可跨单元、跨教材进行阅读资源的整合。在比较文本的选取上，除了选择学生已经学过的课文外，还可以适当补充阅读材料，如同样写女工遭遇的小说——郁达夫的《春风沉醉的晚上》等，对比性会更强。

（三）结论可进行补充延展

在比较报告文学和小说的时候，本课程因受限于课时而并未开展分类讨论。如以纪事为主的报告文学，情节事件就相对丰富完整，而小说中也有选取事件片段以展现人物某一侧面的。因此，若后期能优化课例，则可就此进行分类讨论，对两种文体的异同进行细致分析。

总之，学生在阅读中的文体意识影响着阅读写作的习惯与质量，也影响着思维的培育与发展。王荣生教授说："好的阅读教学，往往基于合适的文本解读；不那么好的阅读教学，其原因往往是不顾文体体式，采用了不当的解读方式、阅读方式。"在学生文体意识逐渐淡化的今天，将专业知识内嵌到单元任务中，是引导学生培养文体自觉、进行语文深度学习的关键，是每一堂阅读课都必须思考的重点。

参考文献

[1] 中华人民共和国教育部. 普通高中语文课程标准(2017 年版 2020 年修订)[S]. 北京：人民教育出版社，2020.
[2] 潘新和. "文体""教学文体"及其他[J]. 中学语文教学，2007，(12)：3-6.
[3] 王荣生. 阅读教学教什么[M]. 上海：华东师范大学出版社，2016.

守正创新，力求平衡

——“双新”背景下的古诗文教学初探

王　兢

一、问题提出背景

（一）政策背景

2013年，中华人民共和国教育部启动了普通高中课程标准修订工作。本次修订明确了语文课程性质和语文素养的具体内容。语文课程是一门学习祖国语言文字运用的综合性、实践性课程。工具性和人文性的统一是语文课程的基本特点。在此学科属性界定下，《普通高中语文课程标准（2017年版2020年修订）》（简称《课标》）指出，语文课程有立德树人、增强文化自信的育人功能，有以核心素养为本的深层次课程改革要求，有以任务群为抓手加强实践性、促进学生语文学习方式转变和培养创新人才的要求。教育部提出语文素养由语言建构与运用、思维发展与提升、审美鉴赏与创造、文化传承与理解四个方面构成。

（二）实践背景

在《课标》的指导下，部编新教材不仅增加了古诗文篇目数量，更从结构上改变了单元教学样态，将多篇古文纳为一课，古诗词与现代文体作品一起出现在同一主题单元中。在新教材新课程（简称“双新”）的背后是新教育理念。教学从教师传授转向学生实践习得，从着眼于知识建构转向着眼于能力提升，从课本和课堂延伸到社会生活。新教育理念强调引导学生在真实情境、自主实践活动中积累言语经验，运用祖国语言文字，培养思辨能力，提升思维品质，培育社会主义核心价值观，丰厚文化底蕴。

二、要解决的问题

古诗文教学历来是语文教学的重要部分。传统的古诗文教学是建立在知识结构基石之上的单篇教学，存在不少弊病：课文篇目少，学生进步慢，教学效果差，教师费精力。“少慢差费”的古诗文教学不仅成了教师教学的痛点，而且不能培养学生真正的学习能力。学生既没有学到古诗文的精髓，又不能进行拓展延伸阅读，更谈不上让中华优秀传统文化滋养灵魂，将个体生命融入古诗文所描绘的中华民族生命长河。传统古诗文教学已到达必须改变，以创新求新生的阶段。

三、解决问题的思路和过程

在“双新”教学实践中，笔者有一些收获，也产生了一些困惑以及进一步的思考，概括来说就是“一个原则，两个平衡”。“一个原则”是坚持“守正创新”的原则。“两个平衡”是保持“教研习”之间的平衡和“读思写”之间的平衡。下面笔者将结合教学中的实际案例，具体阐明“一个原则”和“两个平衡”的实施思路。

“双新”背景下的古诗文教学应该遵循一个原则，即温儒敏教授所提出的“守正创新”。对经典篇目进行思辨性阅读，丰富积累背诵篇目即为守正，这是培养语文素养的基础、起点。而创新体现在基于以学生为本的教育理念之上所开展的一系列研习实践，这是语文教学的关键。创新的前提正是要丰富积累背诵篇目。

学习古诗文的起点——背诵记忆，并不是死记硬背，而是在深刻理解的基础上梳理概括诗文脉络，深入体味作者情感思想，在理解基础上的背诵记忆，由此向更高阶的认知前进，这符合现代教育认知理论。根据本杰明・布卢姆(Benjamin Bloom)的学生洛林・W. 安德森(Lorin W. Anderson)编著的《布卢姆教育目标分类学(修订版)》，教育目标是由金字塔的基底起始向塔尖发展的，是由记忆、理解、运用、分析、评价和创造六个层次构成的，前三个层次是低阶认知能力，后三个层次是高阶认知能力。指向高阶认知能力的记忆才是长久有效的记忆。

如何将高阶认知能力的培养落到实处呢？笔者认为，需要重视对古诗文展开思辨理解。《课标》“中华传统文化专题”的“学习目标与内容”提出：“加强理性思考，增进对中华文化核心思想理念和中华人文精神的认识和理解，体会中华文化创造性转化和创新。”要让学生加强理性思考，就要让学生用思辨思维深度学习古诗文，还原历史语境，理解古人的思想情感，并能审视与反观当下，在文化传承与反思中完成个人对现代生活的思考。如詹丹老师所言：“思辨性阅读不是要求阅读者对经典本身作简单的是非判断，也不是对经典的观点仅仅提出一些颠覆性的见解，而是在传承古代优秀文化滋养自身的同时，能够明确意识到现代社会与古代社会的根本差异。”思辨性阅读体现出语文特级教师石修银所说的古诗文教学的三个向度——涵育素养向度、思维寻绎向度、内容把握向度的融合。

创新可以细分为内容、教学方式、评价检测等多方面的创新。比如在内容创新方面，除讲授课本上的古诗文之外，笔者还调动学生的自主学习积极性，让学生编选自己感兴趣的“背诵手册”，达到“自选—自学—自悟”的效果，然后在小组之间和班级之间展示交流学习成果。

在教学方式创新方面，在讲解《劝学》《师说》等经典文言文时，笔者让学生以思维导图的形式梳理文章的内部逻辑结构，借此加深学生对儒家思想的理解。优秀作业如图 1 至图 3 所示。

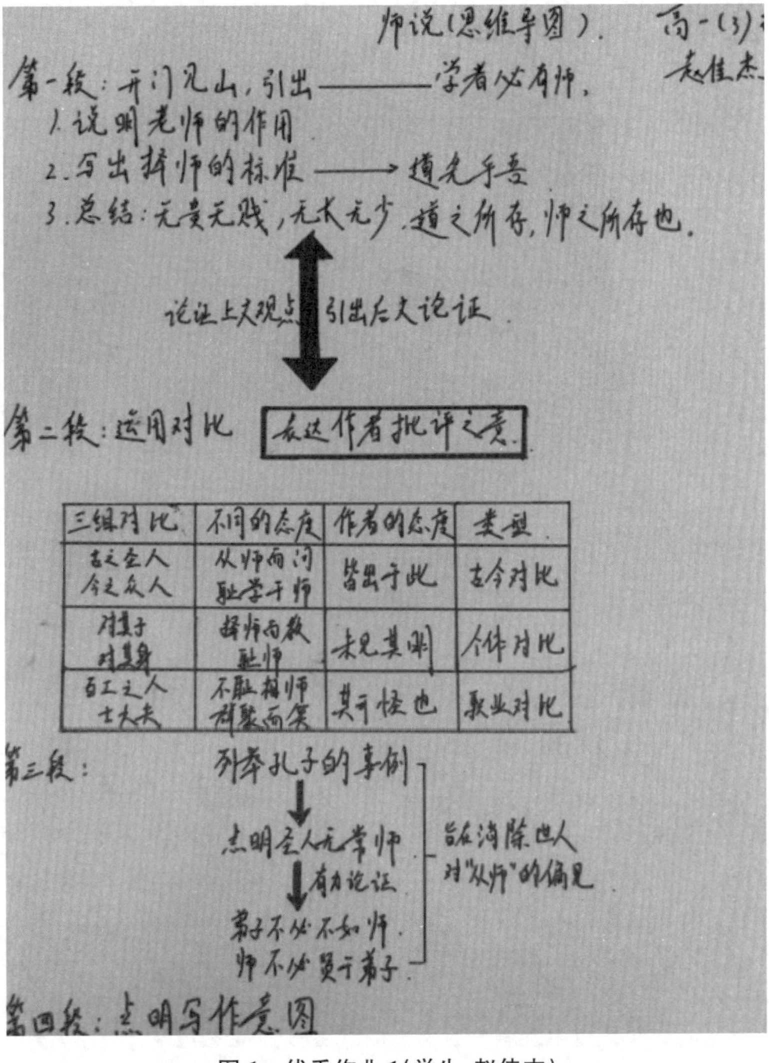

图 1　优秀作业 1(学生：赵佳杰)

点评：将表格形式和思维导图巧妙结合在一起，从内容、手法、作者态度等不同角度分析文章主旨，分析全面，思路清晰。

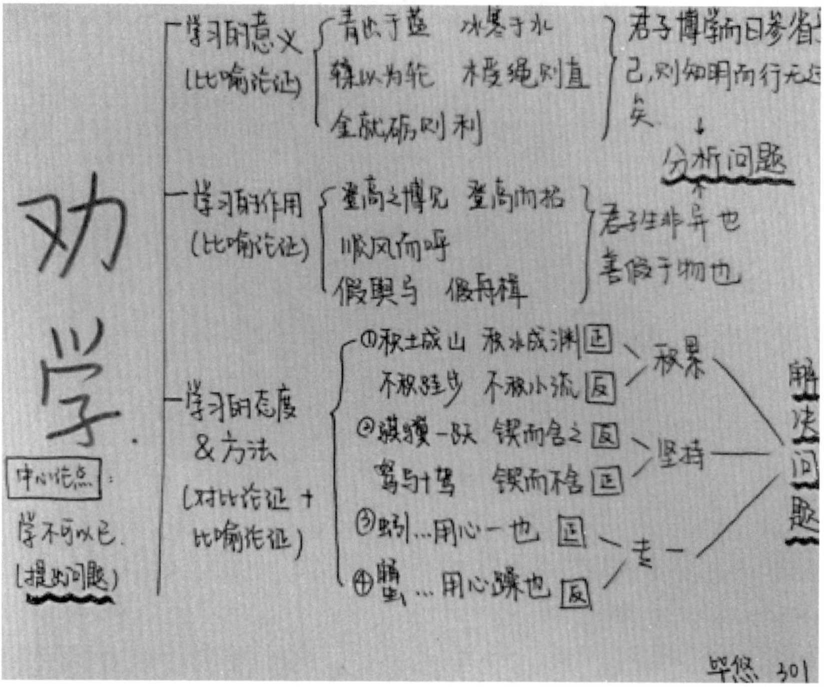

图 2 优秀作业 2(学生：毕悠)

点评：采用框架结构式思维导图，重点突出，内容层次概括精准，提出问题、分析问题、解决问题的论证思路脉络清晰。

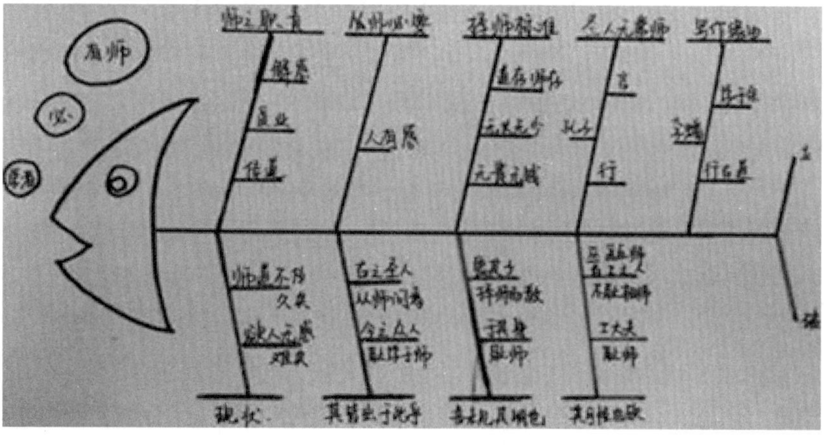

图 3 优秀作业 3(王兢)

点评：采用鱼骨图作为思维导图，形式新颖，重点突出，对比内容鲜明。

另外，本课程打破教师讲析式教学模式，让学生进行小型专题研究。结合部编教材必修上册中《周南·芣苢》《邶风·静女》等《诗经》篇目的学习，笔者在班级中开展“我读《诗经》”的专题研习活动，引导学生确定一个小的研究角度，从《诗经》中自己选取篇目展开研读活动，写作小论文并在班级中交流。学生们对此类研究兴趣盎然，纷纷拟定个性化的研究题目，例如《〈诗经〉两性关系初探》《〈诗经〉中女性形象概说》等。结合部编教材必修上册第一单元的“青春”主题，笔者组织诗词朗诵会。学生打破传统朗诵形式，添加了“中国风”表演、说唱等新元素，使朗诵会精彩纷呈。

本课在评价检测形式上也尝试创新，改变了用纸质试卷考试的单一形式，增加了活动考查、研究考评等多个环节，尝试给出对于学生语文综合能力的多维度评价。

这些创新实践活动应贯穿“整合”思想。《普通高中语文课程标准(2017 年版 2020 年修订)解读》指出，“整合”是学习任务群课堂教学的基本特征，不仅要在课程内容方面整合，还要加强课程实施的整合，通过主题阅读、比较阅读等方式，实现知识与能力、过程与方法、情感态度与价值观的整合，整体提升学生的语文素养；围绕核心素养，整合阅读与鉴赏、表达与交流、梳理与探究，引导学生积极参与丰富多彩的语文实践活动。古诗文教学涉及四个学习任务群：“语言积累、梳理与探究”“文学阅读与写作”“思辨性阅读与表达”“中国传统文化经典研习”。古诗文教学的创新实践活动本质上要实现四个任务群的穿插和交融，构建学生的深度学习过程。这个过程需要教师从教学设计上进行前期架构、在研究过程中给予学生专业指导、在评价过程中建立多维度评价机制。教师要集教研评于一体，围绕课程要求和核心素养培养目标，推进深度学习过程。

在教学实践中，笔者认为除坚持“守正创新”的设计原则之外，还要处理好“两个平衡”。

第一个平衡是指“教研习”之间的平衡。“教”是指对于高一学生，教学中应着眼于为学生打下扎实基础，以学法指导为主，指导学生利用工具书、专业书、网络等多种资源自学，以期实现“教为不教，学为再学”的教学目的。“研”一方面是教师对所教古诗文的单篇研究、大单元框架内的单元贯通研究，以及基于中国文学史的跨单元研究；另一方面是研究学情，根据学生的理解难点确定教学重点，指导学生扎根文本，进而拓展自选篇目，让学生广览经典，引导学生自己深入了解一位大家，钻研一个专题，从中汲取文化养分，启迪人生智慧。“习”是指实践活动，在真实语境中让深度学习真实发生。笔者认为，“教研习”在教学过程中交融式发生，但是根据不同学段特点各有侧重，从课本内容安排上也体现出这一点。高一教材中文言文和古诗词分布在文学阅读、思辨性阅读和实用性阅读等任务群中，是分散的。高二教材中的文言文和古诗词集中在“中华传统文化经典研习”任务群，被安排在先秦诸子、史传文学、古典诗词和古代散文四个单元中。可见，高二教材突出“专题研习”。“学习”与“研习”只有一字之差，但程度不一样，要求自然不同，研习突出了探究性学习、钻研实践的意义。以部编教材选择性必修第一册第二单元为例，涉及《论语》《礼记》《孟子》《老子》《庄子》《墨子》六部著作，这六部作品同属于中国传统文化的源头——先秦诸子文化。本例以“初步认识传统文化之根”为出发点引导研习，凸显专题性和探究性。研习中有任务和问题作为引导。新教材用“学习提示”代替旧教材中的“思考与练习”，用单元研习任务代替了单元学习活动，这些都表明语文教学不单单是设计学习活动，而是以任务驱动来实现研究和探索，达成学习目的。教师教、师生研、学生习，这三者在语文教学过程中融合在一起，力求平衡。

第二个平衡是“读思写”之间的平衡。笔者在指导学生学习古诗文时，注意让学生把从古诗文阅读中锤炼的能力和汲取的养分运用到写作中，直接以鉴赏分析、文学短评、文献综述之类的文体表达出来。选择性必修第一册第二单元的写作专题训练是“审题与立意”。要结合单元中的先秦诸子文章，提出单元研习任务“从本单元课文中选一句，在新时代背景下从新的角度作出辨析或阐释”，即为读思写融合在一起的示范。选择性必修下册第三单元是史传文学，在单元研习任务中突出了思辨性写作任务，即“本单元的两篇史论《过秦论》《五代史伶官传序》分别探讨了秦和后唐灭亡的历史教训，你是否认同作者的观点？他们的论证是否有可商榷之处？结合所学，写一篇短文对两篇文章进行质疑或辩驳”。在教学过程中，笔者还从课文出发，自拟写作的题目让学生练习。例如讲授《师说》一文时，拟定作文题目：“韩愈对老师的定义‘传道受业解惑’在当今是否有改变，请以《今之师说》为题，谈谈你的看法。”学生在写作中必然融合对文本的深入解读和对当下生活的审视思考。要以思促进读，以写落实思，从而实现读思写之间的平衡。

四、总结与反思

在“双新”教学背景下，古诗文教学涉及“语言积累、梳理与探究”“文学阅读与写作”“思辨性阅读与表达”“中华传统文化专题研讨”等多个任务群，标志着课堂教学确立以情境创设与任务解决为设计目标，来凸显以学生为学习主体、以项目学习为教学模式的新形式。

在目前的高中语文教学中，教授古诗文名篇往往还停留在对内容、方法、结构等的阅读鉴赏层面，而怎样从传统阅读转向思辨性阅读，用比较、推断、辨析、评估、论证、质疑、反思等多种阅读方法进入思辨审视的层面，是教学的重点难点。教学重点难点的转移，对于阅读思维的逻辑性和思辨性要求的提高，对平时缺乏思辨意识、批判意识的学生来说，无疑是一个极大的挑战。教师需要在授课中设置深入浅出的问题，搭建好思考路径，推动学生积极思考。

笔者通过以上教学实践中的一些具体案例和初步探索，进一步认识到古诗文教学是文化传承的重要门径，是学生精神世界建构的重要基石，也是实现立德树人目标的重要途径。怎样提升古诗文教学，使之有效、有趣、有力，将是笔者一直思考的课题。

参考文献

[1] 中华人民共和国教育部.普通高中语文课程标准(2017年版2020年修订)[S].北京:人民教育出版社,2020.
[2] 钟启泉,崔允漷.核心素养研究[M].上海:华东师范大学出版社,2018.
[3] 石修银.指向深度学习的传统文化经典阅读——以《劝学(节选)》阅读教学为例[J].福建基础教育研究,2021(2):27-30.
[4] 王宁,巢宗祺.普通高中语文课程标准(2017年版2020年修订)解读[M].北京:高等教育出版社,2020.

“双新”背景下高中英语作文教学初探

魏毓莹

一、问题提出背景

(一) 政策背景

《普通高中英语课程标准(2017年版2020年修订)》(简称《课标》)提出要培养应用型人才,要求教师主要关注学生的语言运用能力和批判性思维能力的培养。《课标》强调学生应具备扎实的英语基础,包括词汇、语法和阅读理解等方面的知识,同时也要有广泛的知识面和敏锐的观察力,以便在写作中能够清晰、准确地表达自己的观点。在听、说、读、看、写五大外语能力中,“写”无疑可以充分体现出学生的语言应用能力。

(二) 实践背景

众所周知,写作对于中国英语学习者而言是一座难以逾越的大山,主要原因有以下两方面。

一是英语写作教学不够系统化。高中写作教学除了根据少部分教材的专门章节之外,主要生发于教师对教材文本的拓展。教师在授课中,很少能腾出完整的教学时间去指导学生写作,即使有时间,也很少系统性讲授写作的方法。在实践过程中,教师往往只是对写作教学浅尝辄止,或是找出一些写作模板,让学生背诵默写一些写作时会用到的好词好句,很少有机会关注学生的写作能力与本身的实际语言水平。

二是英语写作教学应试化趋势严重。高中教师往往从考题中归纳英语写作教学的方向,以考试要求为导向,高效地开展写作教学。许多教师在实践中将作文教学机械地等同于应试技巧的传授,将有血有肉的作文教学变成了生硬的套路背诵。更有甚者,通过给予学生不同类型作文的背诵材料,让学生在机械记忆中学习。

除以上问题之外,写作教学中还有如下问题:学生英语基础参差不齐;教师在作文评改中过于注重语法和词汇的准确性，而忽视了学生的思想表达和语言运用能力；教学缺乏真实的语境和语言材料，学生难以在实践中提高写作能力和水平；等等。

二、要解决的问题

如何更高效地开展写作教学，帮助学生顺畅地表达思想，是本文要着力解决的问题。

语言学习和教学本身具有规律性，第二语言习得（Second-language acquisition，SLA）理论就是阐释该规律的重要理论。著名语言学家罗德·埃利斯（Rod Ellis）撰写的《第二语言习得研究》指出，习得一般指在自然的语言环境中，通过言语交际活动，不知不觉地获得语言的过程，而学习在心理语言学中是指人有意识地、系统性地学习语言的过程。在目前的作文教学中，教师容易忽视英语教学的特点，以汉语的思维开展备课和教学，使得学生用汉语写作的思路和概念去构造英语作文，违背了英语语言学习的规律，不利于学生形成对英语语言学习的正确认识。

因此，作为高中英语教师，如何以习得和学习兼而有之的方式去引导学生的语言学习，形成一种折中的方法，这是英语作文教学中要解决的主要问题。

三、解决问题的思路和过程

笔者根据教学的实际情况，结合习得与学习的过程，将作文教学按入门、进阶和深化三个阶段进行分步设计，力求做到系统性和实践性。

（一）系统入门：以教材文本为本，以突出重点表达来进行语言能力训练

任何一门语言的学习都是为了应用，英语同样如此。在高中英语教学中，阅读和写作是重要程度一致的两大能力，阅读是输入端，写作是输出端，二者相辅相成，缺一不可。因此，教材所提供的适合学生水平的教学素材应当成为教师在写作教学入门阶段的主要借鉴，教师在对教材的文章进行阅读教学之后，应当专门腾出时间进行写作教学。教师要引导学生学会分析作者的写作目的和意图，把合适的文本挑选出来作为作文训练的内容，对文本的结构、主题内涵、写作技巧进行针对性的分析，设计并开展教学，以读促写。

例如：在沪教版英语教材选择性必修 2 的第四单元 *Inspiration* 中有一篇题为 *From Robben Island: the dark years* 的文章，其中有这样一段表述："Time may seem to stand still for those of us in prison, but it didn't stop for those outside. I was reminded of this when I was visited by my mother in the spring of 1968. She had journeyed all the way from the Transkei ... change is gradual, and when one lives in the midst of one's family, one rarely notices differences in them ..."短短的几笔已经将读者带入了那个黑暗的时代。作者开头用了一句判断句：时间对于狱中人来说是停止的，而对于外面的人并非如此。这样的一句话理解起来并不难。教师可以设计一些问题，如："对作者来说时间意味着什么？为什么作者提到时间？"（What does time mean for the author? Why did the author mention time?）这样就能够大大拓宽学生的思路，让学生能够在语言学习的过程中深入体会作者在行文时的种种无奈。在进一步阅读文章的过程中，读者会发现作者自从母亲离世后就开始重新审视年轻时做的决策是否正确，教师可以引导学生关注自身对父母的认识和态度，与文章中作者表达的情感产生共鸣。在对文章有基本的理解之后，通过问题，学生的语言习得将会有较大的提升，教师顺势引导学生关注一些语言表达，如"She had journeyed all the way from ... rarely notices differences in them"等，让学生关注到语块在表达意义时的作用，关注到词类活用，关注到副词 rarely 在表达意义时的作用等，这样的思考与训练的融合将大大有利于学生对文本内容的吸收。

（二）进阶提升：以学生习作为本，以细节批阅丰富表达

在学生的语言学习有了一定的积累以后，教师可以适当地将写作教学的要求拔高，从教材中跳脱出来，更多地以时文、外刊等作为语言输入材料，弥补因为难度限制而造成的教材语言素材广度不足。教师可以从学生的已知知识出发，搭建"脚手架"，帮助学生提高作文水平。例如，在教学过程中讲解一篇关于网课主题的文章时，教师适时地引导学生将网课的优缺点进行归纳，表达观点。

遗憾的是在学生的习作中可以发现，尽管学生已经有了一定的语言素材输入，但仍然在表达方面有欠缺。学生虽能表达意思，但囿于语言能力和优化意识的薄弱，造成语言表述的寡淡，因此笔者以学生的习作为素材进行了修改和习题设计，内容如下。

Original:

Moreover, our eyes must be tired after a whole-day learning. If we keep staring at the phone, this may damage our eyes. It's not good for our health.

Revised:

Too much screen time will <u>definitely</u> harm our <u>precious</u> eyes. I **myself** is a victim. It was the exposure to the screen **that** led to my myopia. My world without glasses is just a blur. **Fortunately**, the practice to be implemented provides a possible remedy to at least stop continuous losses.

不难看出,学生的文本表达与教师提供的修改版文本的表达之间差异显著,原文的表述从学习对眼睛有伤害这一中心意义出发,通过一个 if 从句表达了一种假设情况,最后一句话作为总结,符合中文的叙述逻辑,却与地道英文思维有所差异。教师在学生所提供的文本的基础上,通过简单的填空设计,让学生调用已有的知识,拓宽写作的路径,让学生开始思考写作同样主题的其他方式。

教师提供的修改版文本的第一句话将中心词变成了屏幕时间,通过空格的设置及前期课堂铺垫,让学生们意识到使用副词来加强语气的重要性,从而学会更加有力地表达观点。接下来,修改版文本以自己为例子进行论述,分别用了 myopia, without glass, blur 等精准和多样的表达替代了 damage our eyes 的模糊意义。最后再以不定式作定语,用 continuous losses 中体现的借代手法来传递意义,让读者能够更清晰、生动地理解作者想传递的意义。

在议论文写作教学中,教师往往先引导学生写出论点。论点(topic sentence)容易归纳,但后续的论据(supportive ideas)往往就无法精准地、生动地表达意义。学生的语言水平的不足也是导致无话可写或者表达简单的原因。就这个问题,笔者提出通过反证(disproof),对学生开展思维训练。具体内容如下所示。

Topic sentence: Pets are always our good companions.

Counterargument: Some people may argue that raising pets is too expensive.

Refutation: Actually, little investments create large benefit because a cute pet heals almost every negative emotion.

首先让学生写出一句论点,表达正面的意见,例如"宠物是我们的好伙伴"。然后假设有反方,站在反方立场予以反驳:有的人认为养宠物会耗费财力。之后,再以正方的立场去反驳反方,落实论点:虽然养宠物需要花销,但适当的投入可以创造出巨大的益处,因为可爱的宠物能够治愈各种负面情绪。

英语议论文写作中,学生往往会遇到无话可说的问题。从反方的观点出发,将相反观点中的要素作为素材运用在自己的论述中不仅可以丰富论述角度,还可以体现学生严谨的思维逻辑。

学生在训练的过程中,会逐渐感受到观点的作用和意义,他们的关注点将从写作技能方面进一步转向作文的语言表达、思维逻辑方面。教师的教学关注点也将从作文的应试教学逐渐转向以意义传递为目标的语言习得。激发学生运用已有知识，给学生再度审视作品的机会是教师在本阶段的教学设计关键，也是让学生可写、能写、敢写的“脚手架”。学生关注文本创作的语言特征，通过反复的训练，达成自我反思、自我提升的目的。

（三）内涵深化：以文学语言为本，深化语言本体理解

笔者曾设计以解释（explain）、强化（reinforce）、举例（example）与反证（disproof）等方式进行实践操练的活动，将学生在写作时的常用逻辑予以梳理，并配以学生的范文阐明，不仅直接地让学生从课堂中收获了方法，而且直接地促进了学生的实践，还点出了学生的思路拓展途径。但这样的活动对于学生语言能力的长远发展以及学生写作能力的提升仍然只是杯水车薪，停留在应试层面。对于文学语言的认知和理解应当成为教师个人成长过程中的关注点，只有当教师的语言水平提升后，才能真正作用于学生的语言水平提升。

四、总结与反思

从作文教学角度而言，笔者发现若以“习得”（acquisition）二字作为教学行动指南，提供给学生真实的语言学习环境，让他们在语言的海洋中不知不觉地掌握语言，难度很大。若以“学习”（learning）二字作为行动指南，往往会造就生硬、不自然的语言。因此，笔者构想了以“习得＋学习”的综合教学法去指导学生的作文，能够解决学生写作时语言生硬且无话可写的难题。

总之，写作作为英语语言输出的重要手段，在英语语言学习中扮演着重要角色。教师加大对作文教学的关注在很大程度上会有利于学生英语学科核心素养的培育，学生在构思的过程中，思维能力将得到有效训练；在行文的过程中，语言能力也将得到有效提升。

参考文献

[1] 埃利斯. 第二语言习得研究[M]. 上海：上海外语教育出版社，2000.
[2] 中华人民共和国教育部. 普通高中英语课程标准（2017年版2020年修订）[S]. 北京：人民教育出版社，2020.

“教、学、评一体化”在高中英语写作教学中的实践

——以沪教版英语必修第二册第四单元写作教学为例

刘　绮

一、问题提出背景

（一）政策背景

教学评价是英语课程的重要组成部分，其目的是促进英语学习，提高英语教学，完善课程设计，监控学业质量。《普通高中英语课程标准（2017 年版 2020 年修订）》指出，“基于英语学科核心素养的教学评价应以形成性评价为主并辅以终结性评价……注重评价主体的多元化、评价形式的多样化、评价内容的全面性和评价目标的多维化”，并且首次明确提出教师在教学中要处理好教、学、评一体化的关系，实现以评促教、以评促学。

（二）实践背景

长期以来，虽然不能说教师的教学评价完全游离于教和学之外，但是这一评价过程是无意识的，而且往往会以结果性评价为主，教师对“教、学、评一体化”这一概念并没有很好的认识。与此同时，高中英语课堂教学中，仍存在教学目标不明确、教学活动与教学目标脱离、教学评价与教学目标不一致等现象，从而限制了课堂教学质量的提升和教学评价作用的发挥。

二、要解决的问题

学者王蔷和李亮指出教是以目标为导向，指向学科核心素养的培养；学是为了发展核心素养，与教的内容保持一致；评则是为了促教和促学。三者本质一致，共同指向发展学生的学科核心素养。

通过梳理分析“教、学、评一体化”的定义，笔者认为“教、学、评一体化”是在

明确的目标引领下，通过评价促进教师的教学与学生的学习，最终发展学生学科核心素养的教学理念与方法。这个概念试图将以往分置并行的教师的教授、学生的学习和评价三个环节有机地整合成一个整体。同时，以往在课中和课后只有教师的评价，学生失去了评价的主体地位。这一理念的提出试图将学生纳入评价的过程，通过评价促进学生的学习。

本研究试图通过真实的案例展现教师如何在课堂当中贯彻落实“教、学、评一体化”的理念，以及如何在课后评价环节将教师评价、学生自评和学生互评纳入日常评价体系，并由此促进学生的学习。

三、解决问题的思路和过程

(一) 基于“教、学、评一体化”理念的课堂教学

1. 教学目标的确定

学者李冰、袁睿等指出写作课堂中“教、学、评一体化”的策略首先是教师为写作任务建立学习目标和成功标准。这些目标和标准涉及写作的内容、体裁和语言特征等方面。因此，确定教学目标是落实“教、学、评一体化”最重要的前提。

本次写作的教学目标是由主备教师预先备课，再通过集体备课来确定的。主备教师在备课过程中提出，为了能够让学生在写作过程中有话可说，提升他们“在具体社会情境中运用英语理解和表达意义的能力”可更换一个更为贴合学生现实生活的题目。在讨论过程中，有教师提出可以学校禁止使用手机为话题开展写作。

教育部出台规定，限制学生将手机带入校园，禁止将手机带入课堂。但是，学校本身是市级教育信息化应用标杆学校，学生们以往都将手机作为辅助他们学习的重要工具。政策的出台改变了学生们原本的习惯，在学生间引起了不小的讨论，故备课组在集体备课的过程中基于这个情况，同时考虑到本单元“人与自我”的主题语境，将原本的写作题目“Should students have one more PE class every day?”更改为“Should mobile phones be banned from using at school?”并且确定最终的教学目标为：

① 通过分析范文的内容、语言和格式，了解如何有效阐述自己的观点；

② 用恰当的语言形式在校报上写一篇文章，就“是否应该在校园中禁止使用手机”这一话题阐述自己的观点。

2. 教学的开展

活动 1：Find an appropriate conclusion

这个部分展示了教师如何通过评估学生的课堂反应来及时调整教学方式和

流程。按照教师原本的设计，学生通过自己阅读范文选出正确的结论，并且找到相应的理据（每段的论点句），这一活动就完成了。论点句的学习将会随着课堂而进行，在深入学习 Content 模块时展开。

但是，在实际课堂中，有学生虽然给出了答案，但是无法给出理据。教师根据班级学生的反应，判断他们在掌握这个知识点时有困难，因此将原本后置的内容提前，让学生找出范文中作者的观点，并且深入讲解了每一段的论据，使学生理解全文所要表达的核心观点，最终过渡到三个结论以及选择结论的理由。而当教学推进到 Content 模块，教师则结合了之前的讲解，强化了学生对论点的关注，使学生能够更好地理解文章的论点与结构。

【案例】

T(eacher)：Now next，I would like you to read the four paragraphs and try to find an appropriate conclusion.（找到 A,B,C 中哪一个结论是正确的，如图 1 所示。）

(Reading)

T：Stop here. Please tell me which one better summarizes the writer's argument，A，B or C?

S(tudent)s：C.

T：Why do you think C is the most appropriate one?

S1：...

T：So，let's focus on the arguments.

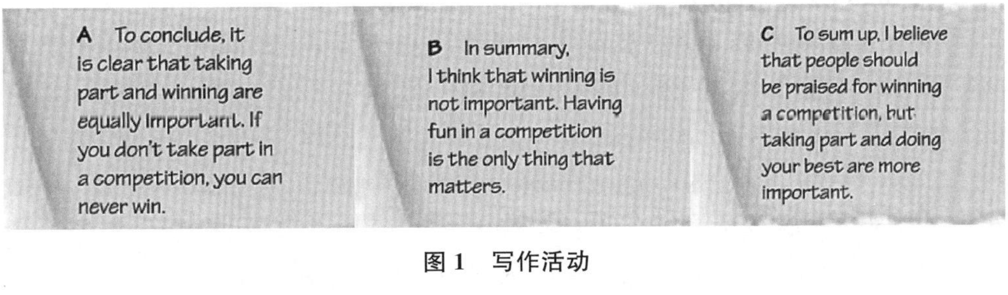

图 1 写作活动

活动 2：Brainstorming and challenging

教师要求学生以小组为单位讨论赞同或者反对手机进校园的理由，过程中需要关注：①所提出的论点是否和主题相关；②这些论点是不是最有趣的；③有没有足够的论据去支持这些论点（图 2）。

在教学时，教师先明确要求，让学生围绕着目标开展讨论。在学生分享观点

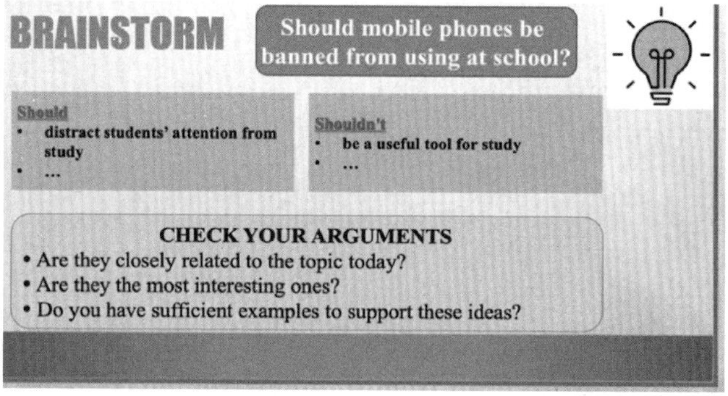

图 2 "头脑风暴"自评检查问题

时，教师会询问观点是否有趣、是否不同，这在一定程度上保证了在目标引领下的教学、学习和评价的一致性。在学生分享小组讨论的结果时，教师会根据评价表中的问题以及学生所表述的内容对学生进行"挑战"。针对一些值得讨论的观点，教师通过"挑战"学生，不仅使其明晰自己的论点，而且促进其他学生思考，在互动的过程中完善学生所提出的论点。考虑到阐述观点是这节课的目标，教师会使用难度较低的、不同的语言来表达学生的观点，帮助学生解决语言表达上的问题，使学生学习正确的表述方式。

【案例】

T：Shouldn't be banned? Any different ideas?

S2：Yes. Students have no spare time to play games on the phone, so there is no need to ban it.

T：So, I just challenge you. At school, your main task is to study.（S2：Yes.）So, why do you use mobile phones?

S2：It can help us to relax.

T：You may choose to play or relax after class.

S3：但我们住校！

T：So it means you are the boarding school students. You have to live on campus. That's why you need mobile phones to do some recreational activities.

活动 3：Classifying and assessment

考虑到本节课的目标是帮助学生能够阐述自己的观点，因此在"头脑风暴"活动中，教师没有在学生呈现观点的过程中做分类的工作，而是将每一个小组的观点都呈现在黑板上，让每一个小组都能够表达自己的观点。

当课程步入尾声，教师让学生"合并同类项"。在以往批改作文的过程中，教师发现学生所呈现的观点往往会有重合的地方。同时，学生往往是想到什么写什么，观点之间的关系也不够明确。因此，教师在评估了班级学生的实际情况后，选择将"合并同类项"这一环节置于教学的总结部分。

在实际总结的过程中，学生依旧是主体。教师在这一过程中起着引导的作用，对学生所合并的各项观点进行检查。这样的合并梳理也能培养学生列提纲的意识，希望学生通过思考与整理构建出更有层次的论证结构，真正做到教学目标中的"有效"阐述自己的观点。

【案例】

T：Some ideas are overlapped. Now let's classify them into different parts. 我们看一下哪些是重合的，把它归在一块。The first one，get information.

S：Get informed of current events.

T：OK，good. Let's put these information-related ideas together.

S：Communicate with friends，teachers or parents easily.

……

(二) 基于"教、学、评一体化"理念的写作评价

1. 评价量表的设计

设计评价量表有以下三个依据。第一，设计评价量表最重要的依据是本单元的教学目标。"有效阐述自己的观点"是本次写作学习的重点，因此笔者不仅在评价量表中设置了相应的条目，而且赋予了更多的分值，以希望引起学生对阐述观点的重视。第二，本单元的范文后附上了三个模块，分别是 Content，Language 和 Editing，笔者将三个模块纳入评价量表的设计之中，并且根据教学目标，将 Editing 删去；同时将原本基于范文的 Guiding Questions 修改为评价量表中的要求，构建了评价量表的主体部分。第三，利用了书后 Self-assessment 模块的 checklist，将"写作前"(Pre-writing)这个环节融入评价，并形成了最终的评价量表(表 1)。

表 1　Assessment checklist for writing(写作评价量表)

Aspects	Checklist	Self-assessment	Peer Review
Pre-writing	I have decided on the purpose of the writing and select ideas before starting the writing (Score：1)		

（续表）

Aspects	Checklist	Self-assessment	Peer Review
Content	I have stated my opinion (Score：1)		
	I have enough arguments to support my opinion (Score：3)		
	I have arguments against the counterarguments (Score：2)		
	I have given some examples (Score：3)		
	I have a conclusion (Score：1)		
Language	I have used proper linking words/phrases to help readers to follow my line of arguments (Score：1)		
	I have no spelling, grammar and punctuation mistakes (Score：2)		
Structure	I have organized the writing in at least three paragraphs (Score：1)		
Sum	Score：15		

表1中包含了学生本人和同学两个评价主体。考虑到以往教师评价所占据的主导地位，笔者在设计时刻意去除了教师评价一栏，教师可在所打印的表格空白部分根据各个单项评价标准对学生作出评价。

2. 以评价标准为指导的写作

教师在完成授课之后，通过布置作业的形式让学生完成写作。和以往不同的是，教师在下发作业本的同时，附上了评价量表。同时，在学生开始写作前，教师明确要求学生以评价量表的各项标准为指导来开展自己的写作。在写作完成后，学生根据自己完成的作文进行自评。

3. 评价活动的开展

教师在初步检查学生的自评成绩以及写作情况后，在课堂上将学生的作文本以及评价量表发还给学生开展互评。互评以小组为单位展开，小组内的成员相互交换作文。教师要求学生在评价量表中对作文打分，同时提出具体的修改意见。

学生们根据评价量表，对标题、内容、单词拼写等一一提出疑问和意见。在评价过程中，小组成员进行了热烈的讨论，作者与评价者的问答不仅加深了彼此对所评作文的认识，而且对作者来说，也知晓了修改方向和具体的修改意见，有利于其完成后续的修改。

教师也会参与到各个组的讨论中，对各个组提出的问题进行回答、指导以及评价，并且对共同存在的问题在全班进行讲解。例如当教师在各组的讨论过程中发现许多学生没有 counterarguments 时，就及时在课堂中提出这个问题，提醒这些学生在修改中进行完善。

在所有人完成评价后，由教师完成最后的评价。在这个过程中，教师一方面检查学生自评和互评的分数，从教师的角度出发为学生的作文打分以及提出更加具体的建议。另一方面，教师在评价作文的过程中总结学生们出现的共通问题，将解决问题作为下一次写作教学中的重要目标，通过评价过程促进自身的教学。

在完成所有评价后，结合教师最后的批改建议，学生再次完善自己的作文，尤其是对语言细节进行修正，最后完成本次的写作练习。学生通过这几轮评价，在不断修改作文的过程中提升自己表达观点的能力，在一定程度上做到了以评促学。

四、总结与反思

在"教、学、评一体化"理念的指导下，教师以沪教版英语必修第二册第四单元写作环节为例，开展了具体的写作教学活动。

本研究在一定程度上将"教、学、评一体化"的理念落实到了具体的教学活动中，并且取得了一定成果。但是，写作能力并不是一蹴而就的，需要教师与学生长时间的共同努力。本研究将视角置于一个班级开展的两个课时的教学中，同时也因受到课时限制而没有让学生进行当堂写作，这使得本研究的成果有一定的局限性。"教、学、评一体化"的理念能否在长时间教学的过程中促进学生写作能力的提高？在这个过程中，它是否能够对其他英语技能的学习起到积极的作用？这些都还是未知数。本文仅是抛砖引玉，希望各位教师和研究者能够更多地参与这个话题的探讨。

参考文献

[1] 中华人民共和国教育部. 普通高中英语课程标准(2017 年版 2020 年修订)[S]. 北京：人民教育出版社，2020.

[2] 邹为诚. 普通高中教科书 英语 必修 第二册[M]. 上海：上海教育出版社，2020.

[3] Icy Lee, Pauline Mak, Rui Eric Yuan. Assessment as learning in primary writing classrooms: An exploratory study[J]. *Studies in Educational Evaluation*, 2019, 62: 72-81.

[4] 崔允漷，夏雪梅．“教—学—评一致性”：意义与含义[J]．中小学管理，2013(1)：4-6．

[5] 王蔷，李亮．推动核心素养背景下英语课堂教—学—评一体化：意义、理论与方法[J]．课程．教材．教法，2019，39(5)：114-120．

基于情境教学法的高中英语语法教学实践

孙凌宇

一、问题提出背景

（一）政策背景

随着新课程新教材（简称“双新”）的改革逐步推进，高中英语教师正在不断转变自己的教学理念，变“英语教学”为“英语教育”，培养学生的学科思维，完成“学科育人”的目标。

在英语学习中，语法占据着极为重要的地位，如果说词汇是英语的基石，那么语法便是英语学习的框架。高中阶段英语语法教学的目标是进一步巩固和扩展学生的语法知识，使学生在具体语境中恰当地运用所学语法知识来理解和表达意义，进一步提高英语语法意识。

《普通高中英语课程标准（2017年版2020年修订）》（简称《课标》）中的语法知识板块特别指出，在教学中教师应重视在语境中呈现新的语法知识，在语境中指导学生观察所学语法的使用场合、表达形式、基本意义和语用功能，并通过课内外和信息化环境下的练习与活动，巩固学生所学语法知识，在语境中帮助学生学会应用语法知识理解和表达意义。

（二）实践背景

语音、词汇、语法是学习英语的三大要素。高中英语语法教学一直存在一些问题，最为典型的便是过于重视词汇学习、淡化语法应用。在传统语法教学活动中，教师多采用机械的方式灌输，学生也只能被动学习，在这种模式下，很容易导致学生出现倦怠感。

语法教学的目的并非让学生死记硬背，而是要活学活用，更好地参与听、说、读、写活动，让语法成为语篇意义建构的重要基础。英语教师要深入了解《课标》所倡导的英语语法教学观，是以语言运用为导向的“形式—意义—使用”三维动态语法观。语法参与传递语篇的基本意义，语法形式的选择取决于具体语境中所表达的语用意义。

二、要解决的问题

在实际教学中，由于启发式语法教学、现场情境教学等方法在课堂上使用得少，学生在课堂学习中处于被动接受的地位，学生学习的主观能动性未能得到充分发挥，出现了教师反复讲，学生反复学，但做题还是反复错的教学现状。教师们普遍都是先对英语语法知识点进行讲解，后提供配套题目让学生进行简单训练，脱离了真实情境，忽视了语法规则和语法使用之间的联系。

情境教学法通过将语法知识融入实际的语境，使理解和记忆语法规则的过程更加直观和生动，从而提高学习效果。情境教学法强调语言的实际运用，通过模拟真实的语境，让学生在实际的交流中使用语法知识，激发学生的学习兴趣，提高他们的学习积极性，从而提高他们的语言运用能力。情境教学法也鼓励学生主动参与真实语境，通过自我探索和实践，提高他们的自主学习能力。教师可以通过小组活动，让学生在合作中学习和使用语法知识，从而进一步提升他们的合作学习能力；鼓励学生在理解和运用语法知识的过程中，发挥自己的创新思维，从而提高他们的创新能力。

三、解决问题的思路和过程

随着课程改革的不断深入，作为高中英语教师，要客观看到学生英语语法学习中的种种问题，找出行之有效的解决对策。本文分析了语法教学的特点，并以此为基础，探讨情境教学法在高中英语语法教学中的具体应用方式。

从《现代汉语词典》(第 7 版)中的解释来看，情境就是具体的景象、情形与境地，是具体的自然环境或者社会环境。英语情境教学，即用各类方式创设出适宜学生开展英语学习的自然与社会环境，促进学生获取新知，并提高他们的听、说、读、写能力。

情境教学法诞生于 20 世纪 20 年代，相较于传统教学法，它强调为学生的学习创设情境、搭建支架，让学生能够在特定的情境中吸收、内化知识，让学生对知识的掌握变得更加牢固，从短期记忆转化为长期记忆。研究显示，情境教学法的应用可以显著提高学生的主观能动性和课堂参与度，有助于学生养成良好的学习习惯，提高他们的学习成绩与综合能力，打造出高效的教学课堂。接下来笔者将通过具体案例来探讨情境教学法在高中英语语法教学过程中的具体运用。

(一) 精心预设内容,落实教学重点

英语语法的教学内容具有可调节空间大的特征,在授课时,要灵活增减内容,有效激活教材中的语法知识,在重点与难点把控上,要以学生实际情况作为出发点,精心预设语法教学相关内容。教师选择的具体情境绝不能是随意的,而应是经过仔细考虑后用心设计或者改编的,这些情境可以包括学生在课堂中学习过的对话文本、学生讨论过的旅游和社交话题,甚至是他们看过的小说和电影片段等。具体情境让枯燥的语法知识不再乏味,学生愿意饶有兴趣地参与进来,只有这样,才能让教师的语法教学游刃有余,提高学生的学习质量。

例 1:Activity——Read a dialogue

在 Read a dialogue 这一教学活动中,笔者将"Only 引导的部分倒装句"作为教学重点和难点。这个句式对于学生而言属于全新的语法结构,难度较高。为此,在教学时,笔者先把学生之前在"空中英语教室"中所阅读过的一段对话进行改编,这段对话的主要内容是 Sam 与 Pauline 分析了空气污染的问题与原因。笔者通过精心预设情境,将语法知识融入其中,让学生自己来学习语法知识。

Sam: Morning, Pauline. Do you get cold? You're wearing a mask today.

Pauline: (Smile.) No, it's foggy outside and the mask is for protection against the fog.

Sam: Do you think it'll work?

Pauline: Sure, only in this way will I feel safe enough.

Sam: I hear our government has put a lot of efforts into air pollution control and so far much process have been made.

Pauline: You're right, but that's far from enough. Many small enterprises are out of control and they are still making our air dirty. Only when all the enterprises become environmentally responsible can we see our clear blue sky again.

Sam: I totally agree with you there. Besides, the soaring number of cars is also the major contributing factor leading to air pollution, due to the heavy carbon emission from the cars.

Pauline: Exactly. I hope more green electric cars can be put into market as soon as possible. Only then can the air quality be improved. But before that, I do recommend you have a 3M mask like mine.

Sam：OK. I'll follow you.

随后，笔者用PPT展示了关于空气污染的一些具体的治理措施，引导学生思考和讨论，鼓励他们提出自己的建议，并用Only倒装句表达出来，在应用的过程中理解和应用语法。通过这个环节，学生明白了当“Only＋副词/介词短语/状语从句”结构置于句首时，句子要用部分倒装，部分倒装的方式是提前部分＋助动词/be动词/情态动词＋主语。

（二）突出生活特征，促使学生主动融入

生活是取之不尽、用之不竭的语言源泉，如果教师能够在生活中挖掘出适宜的语法应用情境，便能够让学生踊跃参与到语言的运用中。同时，为了让语法教学活动变得有趣、生动，在情境的创设上，要突出生活特征，从学生的生活实际出发，让学生在生活化的情境中开展语言实践活动，达到巩固语法知识的目的。实践证实，对于自己听闻、参与过的事物，学生往往都具有浓厚的兴趣，这样的情境教学让教学成效更为理想。

依然以“Only引导的部分倒装句”知识点的讲解为例，为使学生理解基本的知识点，笔者创设了“保护视力”的情境，这个情境是学生日常生活中非常熟悉的话题。学生通过互相分享视力保护小技巧，巩固对于“Only引导的部分倒装句”的把握与应用。

例2：Activity 2——Decipher the pictures

【学习目标】

Students are free to use any of the 3 basic “only” structures to make sentences by reading the given pictures shown to make good habits of eye hygiene.

图1　戴眼镜的男孩

【活动步骤】

Step 1：The teacher shows one picture of a boy（图1）and explains how diligent he is and how less attention is paid to his own eyes，so he is heavily short-sighted now and it's quite inconvenient to have such a pair of glasses on.

Step 2：Students are shown 4 pictures（图2）to help the boy improve his awareness of eye health.

图 2　保护视力的方法

Step 3: Students are asked to use either of the 3 basic "Only" structures to make a sentence accordingly.

Step 4: The teacher makes a simple sample sentence for the students as a reference. Only by seeing in the distance at intervals can the boy's eyes rest for a while, so that he cannot overuse his eyes.

Possible answers:

(1) We should exercise our eyes attentively at school. **Only in this way can** we ensure enough rest for our eyes.

(2) **Only by** staying away from the cellphone **can** we put our eye health into the first place.

(3) Running makes a good habit but it takes time and efforts. We should persist and never give up. **Only then can** we be rewarded with good healthy body, including our eyes.

(If possible, the students can make more suggestions.)

(三) 创设讨论情境，强化学习互动

教学过程是师生交往、共同发展的相互过程，教师应引导学生在体验、实践、参与、探究、合作中掌握语言知识与技能，形成自主学习的能力和有效的学习策

略。小组学习活动的开展适应了社会的发展需求，为学生提供了平等的交流情境，学生可以怀着一颗包容、开放、理解的心，相互学习、互帮互助、共同发展。为了发挥出讨论情境在教学中的作用，作为教师，要从分组、教学方法、教学内容、教学评估等多个方面着手，关注学生的需求和兴趣，从多个角度优化小组学习的质量。在开展小组活动的过程中，教师不能放任自流，而是要发挥调节者、监控者的作用，通过参与讨论、巡视、观察的方式来进行有效管理。在小组活动中，学生往往会出现一些错误理解，教师要用心倾听，帮助他们纠正错误，避免无效讨论。

例3：Activity 3——Make a dialogue

【学习目标】

Students are expected to make a dialogue freely by using 3 key words and applying the 3 basic "Only" structure in the dialogue.

【活动步骤】

Step 1：The teacher shows students a number of keywords that belong to a perfect character. They are：self-confident，persistent，warm-hearted，serious，organized and balanced.

Step 2：The teacher asks the students to single out any 3 key words from above and make a short dialogue. The teacher may hint the students to use any property of the given word，such as self-confidence，seriously，etc.

Step 3：The teacher demonstrates with examples.

A：Hi. Haven't seen you for a while. What's been up with you recently?

B：Well，I've been studying the perfect character，which can lead to a successful life.

A：I'm listening.

B：Some experts say only when you are very confident can you be more willing to face more tough challenges and thus become more successful.

A：I beg to differ. My opinion is that only by doing everything seriously can you see more details，which is one of the most important factors in success.

B：In fact，I think success relies on balancing myself. Only in this way can you feel satisfied in every aspect.

A：Well，I think we have to agree to disagree.

Step 4：The teacher groups the students，then ask them to work in groups, make a dialogue accordingly.

Step 5: The teacher asks several groups to present their dialogue.

四、总结与反思

在高中英语教学中,语法起着至关重要的作用,需要予以高度重视。本文提出的情境教学法,为高中英语语法教学活动的开展提供了一些思路。当然,情境的设计还有多种方式,在日常教学中,教师要潜心研究,为学生提供展示自我的空间,让语法教学做到寓教于乐。在"双新"背景下,教师要不断思考,认真学习,全面提高英语课堂语法教学的质量,促进学生的有效学习和英语学科核心素养的培养与发展。

参考文献

[1] 中华人民共和国教育部. 普通高中英语课程标准(2017年版2020年修订)[S]. 北京:人民教育出版社,2020.
[2] 徐士伟. 情境教学法在职高英语教学中的应用——以《英语(基础模块)》第一册为例[J]. 品牌(下半月),2015(5):219.
[3] 席玮. 全语言教学法在高中英语课堂教学中的应用——兼谈《高中英语》必修2 Unit 4 Lesson 4的课堂设计[J]. 传奇. 传记文学选刊(教学研究),2013(4):49.
[4] 李海. 基于任务型语言教学的新课标高中英语语法PWP教学模式的构建[J]. 英语教师,2012(7):23-26.
[5] 刘佳. 任务型教学法在高中英语语法教学中应用的研究[D]. 青岛:青岛大学,2014.
[6] 杜锐. 基于真实链式情景的高中英语语法教学案例分析与反思[J]. 山东师范大学外国语学院学报(基础英语教育),2015(2):64-68.
[7] 刘芬芬. 新课程改革背景下的高中英语语法教学研究[J]. 英语教师,2019(5):65-67.

"双新"背景下历史课堂教学方式的转变
——以选择性必修一第四课"中国历代变法和改革"为例

刘　丽

一、问题提出背景

(一) 政策背景

2018 年 8 月,中华人民共和国教育部发布了《教育部关于做好普通高中新课程新教材实施工作的指导意见》(教基〔2018〕15 号)。2021 年 9 月起,新课程新教材(简称"双新")教育改革由国家主导,在包括上海在内的 6 个省市全面实施,其基本原则是"育人为本,注重实效。遵循教育规律和学生成长规律,把科学的质量观落实到教育教学全过程,打牢学生成长的共同基础,满足学生不同学习需要,进一步提高学生综合素质,着力发展核心素养"。在"双新"背景下,高中历史学科课程改革的重要内容就是培养学生的历史学科核心素养。学生在学习历史的过程中逐步形成的具有历史学科特征的必备品格和关键能力,是历史知识、能力和方法、情感态度和价值等方面的综合表现,包括唯物史观、时空观念、史料实证、历史解释和家国情怀五个方面。

(二) 实践背景

在"双新"改革之下,作为历史教师,要切实地培养学生的历史学科核心素养,要让学生应对新高考模式下的新要求,要应对新教材中新的课程结构对教学的挑战。因此,教师不仅需要更新教学理念,还需要改变原有的教学方式,甚至要改变原有的教学内容,通过课堂教学的转变,来适应新课程、新教材、新高考带来的教学新需求。

二、要解决的问题

从 2022 年开始,上海历史高考采取了新模式,所有的题目都有主题,通过创设情境，引导学生设计递进的探究步骤，进行史料研读和比较分析，运用史学研究方法，厘清因果逻辑，形成对历史事件客观、辩证的理解和认识。在《普通高中历史课程标准(2017 年版 2020 年修订)》(简称《课标》)中，课程目标从以往注重知识传授，转变为引导学生学习，培养学生学科核心素养，这些对教师每一节课都要落实知识点的传统教学理念提出了新的挑战。因此，教师要转变教育理念，从原有的"知识立意"逐渐向"素养立意"转变，来应对《课标》和新高考的新要求。

2021 年开始，上海全面使用新的部编教材。新教材纲要式的叙述、大跨度的结构、密集的内容，使一线教学面临着有限的课时和大容量的教学内容之间的矛盾。因此，教师应改变原有的教学模式，改变原来教学中过多关注历史细节和史实的模式，逐渐转变为对大线索、大框架、大趋势的把握，以此来应对新教材带来的挑战。

三、解决问题的思路和过程

在新教材使用的过程中，教师应由原来的参考教材转变为充分利用教材。在教学理念上要由"知识立意"向"素养立意"转变，在教学方式上要由关注历史细节转变为揭示历史规律，在教学过程中要逐渐实现由以教师为中心向以学生为主体的转变。

本文以高中历史教材选择性必修一第四课"中国历代变法和改革"为例。

(一) 由参考教材转变为充分利用教材

新课程改革以来，在提倡"用教科书教"的新教材观下，教科书究竟在课堂教学中处于什么地位？虽然，教科书不是学科知识的唯一来源，课堂教学当然要用到教科书以外的各类资源，但是，教科书是学生学习学科知识的主要材料，应在课程结构和课程实施中处于主导的位置。在以往的教学中，教师对教材的运用更多停留在参考层面，但历史新教材是非常严谨且丰富的，它具备了承载信息、启发学生思维、培养学生的价值观、引导学生带着批判的眼光去看待历史和现实问题等功能。教师可以充分地利用新教材中的各个板块(如"学习聚焦""思考点""学思之窗""历史纵横""问题探究""学习拓展")来完善课堂教学。

如以本课为例，教材的"学习聚焦"板块提出"中国自古就有改革的传统。顺应时代潮流的改革推动了生产力的发展，促进了社会进步和民族交融。但改革过程充满了曲折和艰辛"。这一内容虽不属于教材的正文，但对课程主旨的把握和大框架、大趋势的构建，起到了明确的指引作用。又比如"历史纵横"中对历史背景的补充、“思考点”中问题的设置、“学习拓展”中对探究能力的培养，这些都可以充分地利用，使课堂教学更符合“双新”的要求。

（二）由“知识立意”向“素养立意”转变

按照《课标》的新要求、新高考的新需求，教学重心将从重视结果向重视过程转变。要培养学生的思维能力和创新精神，要通过教学活动来实现学生对原理、法则、态度等的把控，要传递正确的价值观，那历史教学就应从知识本位向素养本位转变。因此，在课堂教学中，要逐渐实现由原来的知识传授到学生历史学科核心素养培养的转变，要努力将学生对知识的学习过程转化为发展历史学科核心素养的过程。在历史教学中要培养的核心素养包括唯物史观、时空观念、史料实证、历史解释和家国情怀。

在本课的教学过程中，要逐步落实唯物史观的培养。唯物史观是揭示人类社会历史客观基础的科学历史观和方法论，其中，生产力决定生产关系、经济基础决定上层建筑、社会存在决定社会意识这些理论学生耳熟能详，但学生真正地理解并运用这种史观来解读历史的能力还是比较欠缺的。这就需要教师在课堂中借助实例进行分析，如在“中国历代变法和改革”的教学过程中，通过对战国时期商鞅变法背景的分析，层层设问，来培养学生的唯物史观。

例如，教师问：战国时期各国为何纷纷进行变法？学生答：欲使自身强大。问：当时各国为何都欲求强求富？答：列国纷争，欲在兼并战争中获胜。问：各国之间为何会爆发战争？答：争夺资源，如土地；要开垦荒地，诸侯国之间地理界限就会消失。问：原有的土地国有制——井田制瓦解，不断开垦荒地的根源是什么？答：生产力的发展，生产工具的改进——铁犁、牛耕的出现。在教师层层设问，学生逐步回答的过程中，学生从历史史实中认识到，生产力的发展是推动社会变革（战国时期各国的变法）的根本动力，认识到生产工具的改进（铁犁、牛耕的出现）会促使生产关系发生变化（井田制的瓦解，自耕农、军功地主的出现）。同时，对商鞅变法的影响进行解读，如“废井田，开阡陌”，即土地国有制的废除和土地私有制的形成。相较于集体耕种的井田制，土地私有制更有利于提高生产力。这也能体现“生产力决定生产关系，生产关系对生产力具有能动的反作用”这一唯物史观。通过对本课中提到的所有变法与改革的共性总结，学生能得出“当生产关系不能适应生产力发展的要求时，人们就要变革旧的生产关系，建立新的生产关系，以适应生产力的发展”这一结论。对历史现象根源及共性的探究培养了学生的唯物史观，这将成为学生之后学习和探究历史的核心理论和指导思想。

本课的教学也逐渐落实了家国情怀这一历史学科核心素养的培养。家国情怀的培养是实现历史教育育人功能的重要标志，是历史教学的最高追求。在《课标》中，家国情怀是学习和探究历史应该具有的社会责任和人文情怀。在本课中，教师通过讲解中国古代、近代和现代的重要变法和改革，让学生认识到中国自古就有改革的传统；通过对改革内容的解读，让学生体会中国历代改革的意义与其中所蕴含的中华民族求变、求新的精神；通过对改革背景和结果的解读，让学生认识到改革具有历史必然性，但也是曲折和艰巨的；通过对改革中领导者的处境的介绍，使学生认识到作为改革家，除了要具备创新的精神，还需要有大无畏的牺牲精神，以此培养学生的社会责任意识；通过古今改革的对比，使学生认识到当代成功的改革是建立在之前改革的成功经验和失败教训的基础之上的成果；通过展示改革开放 40 多年的伟大成就，使学生理解新时代全面深化改革开放的必要性，坚定实现中华民族伟大复兴的信心。

(三) 由关注历史细节转变为揭示历史规律

历史教学不仅要教学生学会历史，还要教学生会学历史。“授之以鱼不如授之以渔。”历史教学就是培养学生“初步运用辩证唯物主义和历史唯物主义的基本观点分析历史现象和历史事物的本质，阐述历史发展的规律”的能力。相较于原来的教材，新教材中密集型的专题式内容，使教师在教学中不可能过多地关注历史的碎片、历史的细节，而更多地教导学生形成对历史发展大趋势的把握和对历史规律的认识。

在原来的沪教版教材中，不同时期的改革的背景、内容、影响等在不同的章节都有详细的表述。但是在新教材中，这一课的内容就涉及了中国古代、近代、现代的历次改革，如果每一次改革的史实都有详细解读，那么就算花 4～5 个课时也无法完成相关的教学任务，而只解读内容也无法实现教学目标。因此，在本课的教学设计中，历次改革的内容不是教学的重点，相关的改革内容可直接提供给学生，需要学生探究的是不同时期改革的异同点。比如通过中国古代和近代改革的比较，使学生认识到自古及今，中华民族就有着求变、求新的精神；时代变迁和社会发展是推动中国古代、近代历次改革的内在动力；具有创新精神和大无畏精神的改革家加速了历史发展的进程。又如列举中华人民共和国成立以来的社会主义变革，分析当代社会变革中哪些吸收了以往成功的经验或失败的教训而走向成功，哪些重蹈覆辙而导致失败，使学生认识到当代改革的成功是从历史中汲取了经验和智慧；当代的改革也是在曲折中发展前进的。教师在课堂中弱化变法与改革的具体内容，而强调历次改革的异同，帮助学生从中了解和认识人类历史演进的基本规律。

（四）由以教师为中心的讲解转变为以学生为主体的探究

当前，《课标》更多关注的是学生的成长和学生的学习需求，教师要由知识的传授者逐渐转变为学生学习的引导者和学生发展的促进者，鼓励学生积极主动地参与教学过程，学会主动分析问题和解决问题，激发学生学习历史的兴趣。这就要求在课堂上逐渐完成由以教师教授为主向以学生学习探究为主的转变。

在整堂课中，教师主要起助学的作用，如完成课前资料（相关变法与改革的原始史料）的准备、基础知识（历次变法与改革的内容）的梳理，通过问题引导（变法的原因、影响、异同），实现知识的延伸（历次变法与改革给予的经验与启示、与当下的关联）。而学生是课堂的主体，将教师推送的资源自行进行整合，在资源内建立联系，并在任务的驱动和引领下通过小组讨论的方式解决问题。如在了解历代变法的内容之后，分组从背景、内容、结果、影响、主导者等角度比较其异同，并从中把握历史的规律。学生在自学的前提下，开展以合作为核心的群学、共学。在课堂上，教师对历次改革进行知识梳理、问题引导、课中活动指导，教师是助学者的角色，而学生才是思考、合作、研究、分享的主体。

四、总结与反思

在教师引导学生进行自主学习和合作学习的过程中，学生独立思考和合作解决问题的能力也得到了提高。同时，在素养立意的教学模式下，学生能够更好地理解和分析历史事件和人物，也能培养批判性思维，真正提高历史意识和历史素养。教学模式的转变是一个渐进的过程，需要教师不断更新教学理念和方法，学生也需要适应新的学习方式，因此这是一个需要教师和学生共同努力，经过不断探索和实践去完善的过程。同时，也要注意避免走向另一个极端，即过于强调素养而忽视知识的重要性。知识是基础和前提，没有扎实的知识基础，素养的发展也就无从谈起。因此，在强调素养的同时，也需要重视学生对基本历史知识的掌握和理解。

总之，“双新”对教学提出了新要求、新挑战。高中历史教学应该以新课标为指导，以培养学生学科核心素养为目标，不断摸索、改进和优化，这样才可能有新的突破。

参考文献

[1] 中华人民共和国教育部. 教育部关于做好普通高中新课程新教材实施工作

的指导意见.(https://www.moe.gov.cn/srcsite/Aob/s3732/201808/t20180824_346056.html)

[2] 中华人民共和国教育部.普通高中历史课程标准(2017年版2020年修订)[S].北京:人民教育出版社,2020.

高中物理探究性实验设计的思路研究

李爱珠

一、问题提出背景

（一）政策背景

物理学是一门实验科学，在物理学中，每个概念的建立、每个定律的发现，都有其坚实的实验基础，实验在物理学的发展中有着巨大的意义和推动作用。物理实验有教学实验和科学实验之分，在物理教学中做的物理实验是教学实验，它在物理教学中起到重要的作用。第一，它能培养学生学习物理的兴趣和激发学生的求知欲；第二，它能创设有效掌握知识的学习环境；第三，它能让学生训练科学方法，比如实验归纳法、实验验证法、真实实验与理想实验相结合的方法等；第四，它能培养学生的各种能力，比如实验能力、想象能力、思维能力、组织能力、表达能力等；第五，它能培养学生良好的科学素养。《普通高中物理课程标准（2017 年版 2020 年修订）》（简称《课标》）明确指出：物理学科核心素养主要包括“物理观念”“科学思维”“科学探究”和“科学态度与责任”四个方面。其中“科学探究”是指基于观察和实验提出物理问题、形成猜想和假设、设计实验与制订方案、获取和处理信息、基于证据得出结论并作出解释，以及对科学探究过程和结果进行交流、评估、反思的能力。由此可见探究性实验在高中物理学习中非常重要。

（二）实践背景

《课标》明确要求的探究性实验有“探究弹簧弹力与形变量的关系”“探究两个互成角度的力的合成规律”“探究加速度与物体受力、物体质量的关系”“探究平抛运动的特点”“探究向心力大小与半径、角速度、质量的关系”“探究影响感应电流方向的因素”“探究变压器原、副线圈电压与匝数的关系”“探究等温情况下一定质量气体压强与体积的关系”等，探究性实验在教学实验中占比很高。上海物理新教材改革后为学生创设了探究性学习的条件。首先，《物理实验与活动部分》手册为探究性实验提供可参考的多种测量物理量的方法，学生可以选择其中提供的一种方法或自行设计其他的方法进行物理量测量，学生的探究思维不受限制；其次，上海物理新教材中还引进了数字化信息系统（Digital Information System，DIS）实验器材，利用传感器、数据采集器和电脑，便于采集实验数据和进行实验数据的处理，不仅方便，而且实验的精度也得到提高，从硬件方面为探究性学习提供了保障。

二、要解决的问题

如何让学生在有限的时间里完成这么多的探究性实验并且提高学生实验设计的能力，这一问题一直困扰着教师。基于前面讲述的政策背景和实践背景，本文就“双新”背景下高中物理新教材中探究性实验设计可遵循的一般思路进行研究。

三、解决问题的过程

本文拟通过“探究加速度与物体受力、物体质量的关系”这个具体实验，对探究性实验设计进行详细分析，最后归纳总结出探究性实验设计的一般性思路，为新教材中其他探究性实验设计提供可遵循的依据，从而落实《课标》提出的“科学探究”这一物理学科核心素养的培养。

高中物理新教材必修一第四章第二节“牛顿第二定律”中的学生实验“探究加速度与物体受力、物体质量的关系”，是高中学生第一次用控制变量法完成的完整科学探究物理实验。《课标》对学生的要求是会做“探究加速度与物体受力、物体质量的关系”实验，具体来说就是能明确科学探究实验所要解决的问题，知道制订实验方案的重要性，有控制变量的意识；能表达科学探究的过程和结果。其中“制订实验方案”就是本文要探讨的实验设计，指导学生进行探究性实验设计在物理教学中非常重要。

第一，根据实验的目的，梳理和辨析实验中的各个元素，以及各个实验元素之间可能存在的相互联系。

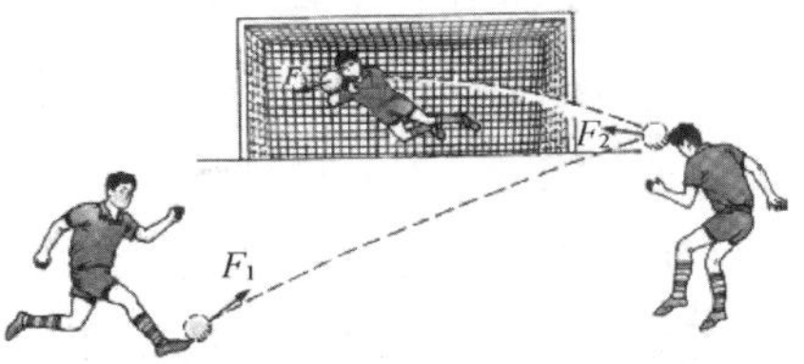

图 1　情境引入

在进行“探究加速度与物体受力、物体质量的关系”实验前通过图 1 所示的情境引入物理学中的一个现象：物体在力的作用下，其运动状态会发生改变，即物体在力的作用下会产生加速度。根据实验目的梳理出该实验中的元素有物体、力、加速度，且加速度是力与物体相互作用的结果。

第二，根据梳理出的各个实验元素，选择满足实验要求的器材，实验原理不同，具体选择的器材也会不同。

在设计"探究加速度与物体受力、物体质量的关系"实验方案时，根据前面梳理的实验元素，思考需要哪些实验器材，以及如何使用这些器材测量物理量，原理是什么。比如：如何给物体提供一个可测量的力？有哪些办法测量物体的加速度？

本文列出 3 个实验器材组。

器材组 1：质量可变且可测的物体。比如小车和数片配重片（或数个砝码）、天平、力学轨道（小车运行的轨道）。

器材组 2：给小车提供力的器材，且拉力大小可测。比如细绳、钩码、定滑轮，用细绳挂钩码，通过定滑轮牵引小车，绳子对小车的拉力近似于钩码的重力（有条件限制）；再比如使斜面倾斜成不同的角度，由重力平行于斜面的分力提供力，且 $F=G\sin\theta$，这样就需要有测量斜面倾斜角度的仪器（比如量角器）、天平，或用力传感器可直接测沿斜面方向的分力大小。

器材组 3：测量加速度的器材。比如分体式位移传感器（DIS 实验系统），可以由获得的 $v-t$ 图像得到加速度大小；或两个光电门和挡光片，挡光片依次通过两个光电门时，计算机会自动记录小车通过两个光电门时的挡光时间 t_1、t_2，并计算得到 v_1、v_2 和 a（加速度）；等等。

第三，组装和构建能呈现实验要求的实验装置（把选择的具体实验器材搭建成一个符合要求的实验装置），且实验元素中的各个物理量都能被测量。

在"探究加速度与物体受力、物体质量的关系"实验方案设计中，要将选择的实验器材进行组装和搭建，使物体能在力的作用下做匀加速直线运动，且物体的加速度和受到的力能进行测量。比如选择前面 3 组器材中的小车和数片配重片、力学轨道、细绳、钩码、定滑轮、分体式位移传感器（DIS 实验系统）等，可搭建如图 2 所示的装置供实验使用。如果选择前面 3 组器材中的其他实验器材，则搭建的实验装置会不完全相同。只要装置合理，能满足实验要求，达到实验目的就可以，搭建方法不唯一。

第四，控制实验条件，为了满足实验的要求或减小实验的误差而采取必要的措施或操作。

在"探究加速度与物体受力、物体质量的关系"实验方案设计中需要控制哪些实验条件呢？比如：连接小车与重物的细绳位于轨道的一段须与轨道保持平行；钩码的质量应小些（即确保钩码的质量远小于小车的质量），这个条件学生可

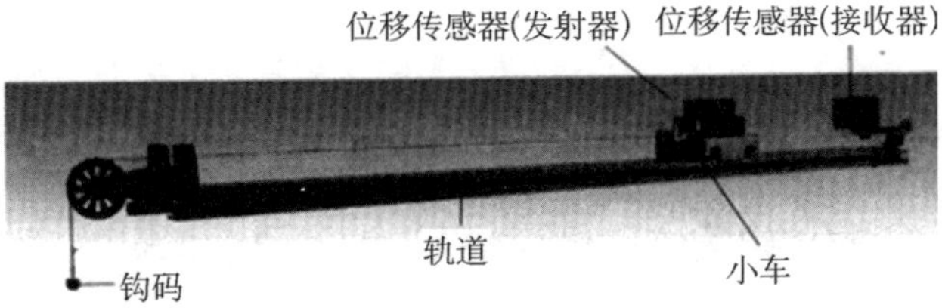

图 2　实验装置

能难以理解，需要教师引导，可以让学生课后先思考、查阅资料等，在理解牛顿第二定律后教师再加以解释。又比如轨道摩擦要足够小，如果阻力较大，可让轨道倾斜，使重力沿斜面的分力等于摩擦力（平衡摩擦力）。

四、总结与反思

本文通过具体实验设计教学案例，逐步说明探究性实验设计要遵循的思路。新教材中有些实验比如“探究向心力大小与半径、角速度、质量的关系”“探究变压器原、副线圈电压与匝数的关系”等，涉及的实验元素直接就写在实验题目上，学生比较容易按照前面归纳的实验设计思路进行实验方案设计，然后进行实验。有些实验比如“探究两个互成角度的力的合成规律”“探究平抛运动的特点”，实验元素不够明确，需要学生自行梳理，如果没有可遵循的思路，就很难很好地完成实验方案设计，然后进行实验，花费的时间也会比较多。总之，探究性实验设计的一般思路能很好地提高实验教学环节的效率，更为重要的是能提高学生实验设计的能力，而且对学生已学的知识能起到很好的复习和巩固作用，在真正意义上达到“授人以渔”的目的。

参考文献

[1] 中华人民共和国教育部. 普通高中物理课程标准（2017 年版 2020 年修订）[S]. 北京：人民教育出版社，2020.
[2] 普通高中教科书 物理 必修 第二册[M]. 上海：上海科学技术出版社，2021.
[3] 普通高中教科书 物理 实验与活动部分 必修[M]. 上海：上海科学技术出版社，2021.
[4] 陶洪. 物理实验论[M]. 南宁：广西教育出版社，1996.
[5] 刘儒德. 探究学习与课堂教学[M]. 北京：人民教育出版社，2005.

以探究式化学实验培养学生证据推理能力

——以“苯的结构与性质”为例

刘林青

一、问题提出背景

(一) 政策背景

新课程与新教材(简称“双新”)中的“新”首先是课程目标之新:从学科“三维目标”的实现转向学科“核心素养”的培育;从强调学生“知识记忆和简单应用”转向强调学生“思维能力和实践能力”的提升。对化学学科而言,证据推理能力是促进学科发展和学生进行化学学习的基本能力,也是高中化学核心素养之一。在“双新”背景下,证据推理能力的培养在高中化学课程目标中占有重要地位。证据推理是在科学学习这个特定的情境下,或是在科学探究过程中,从已有经验、问题情境中识别、转换、形成证据,利用证据进行推理,从而获得结论,解决问题的综合能力表现。

(二) 实践背景

“双新”的落地需要依托新的“教与学”来实现,在实施上仍有亟待改进之处。如教学设计缺乏素养本位,教师在教学设计上仍然不能摆脱“双基”和“三维目标”的束缚。就化学学科而言,教学中尤其缺乏对证据推理能力的重视。化学作为一门中心科学,强调以实验为基础,探究式实验提供了模拟科学探究的环境,有利于学生证据推理能力的发展,受到了广泛的重视。因此深入挖掘化学实验教学的育人功能,促进学生证据推理能力的发展成了落实化学学科核心素养培养的关键举措。

二、要解决的问题

1. 如何设计促进学生证据推理能力发展的学习思路?

本课以芳香烃相关内容的学习为例,通过对苯及苯的同系物结构和性质异同的认识，引导学生理解有机物分子中基团间存在相互作用，建立分析结构和性质的另一角度——基团之间的相互影响。在上海高中化学教材中，有两本教材包含芳香烃相关内容，分别是必修第二册和选择性必修第三册，见表1。

表1　芳香烃相关内容在上海高中化学教材中的分布

学习时段		学习内容	专题要求
高一	必修第二册	煤化工、石油化工；苯的凯库勒式	1
高二	选择性必修第三册	芳香烃的结构与物理性质	1
		苯	2
		苯的同系物	1

通过引导学生设计实验、实施实验、讨论分析得出实验结论，内化知识，形成学习芳香烃的基本思路（图1），培养学生的证据推理能力。本单元的教学内容可紧密结合生产、生活实际，帮助学生了解芳香烃在社会经济发展、提高生活质量等方面的重要作用及其对社会和环境可能造成的影响。

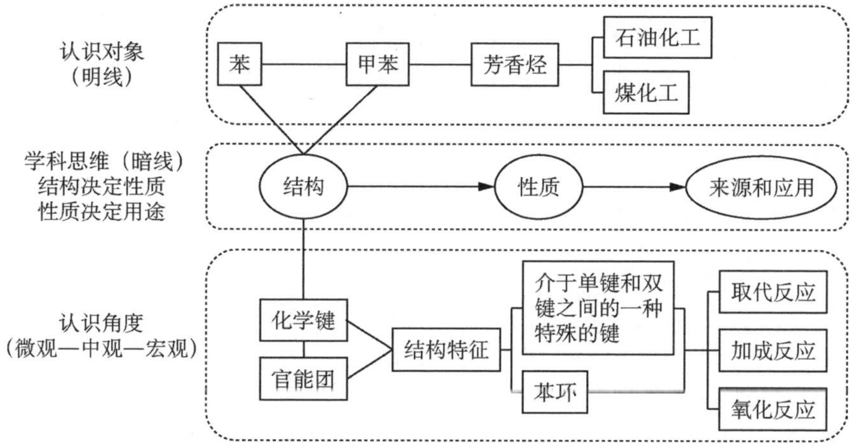

图1　学习芳香烃的基本思路

2. 在"苯的结构与性质"一课中，如何挖掘实验育人功能，促进学生证据推理能力发展？

本单元的知识重点是认识芳香烃的组成和结构特点，了解芳香烃的性质及其在生产、生活中的重要作用。本单元隐含着的学科思想与方法是研究有机物分子结构和性质的一般思路，体现了"物质结构决定性质"的化学学科观念，是培养和发展学生证据推理能力的重要载体。要掌握关于芳香烃分子结构的具体知识，就要认识到这些知识的来源，即要基于哪些证据、经过怎样的推理以及实验过程建立起结构模型，在此基础上形成对物质结构及性质的理论解释等。本单元着重于“证据推理与模型认知”，并通过“宏观辨识与微观探析”“实验探究”等寻找证据，证实真伪，培育和发展学生多方面的核心素养。化学学科核心素养、内容和学习任务之间的关系如图 2 所示。

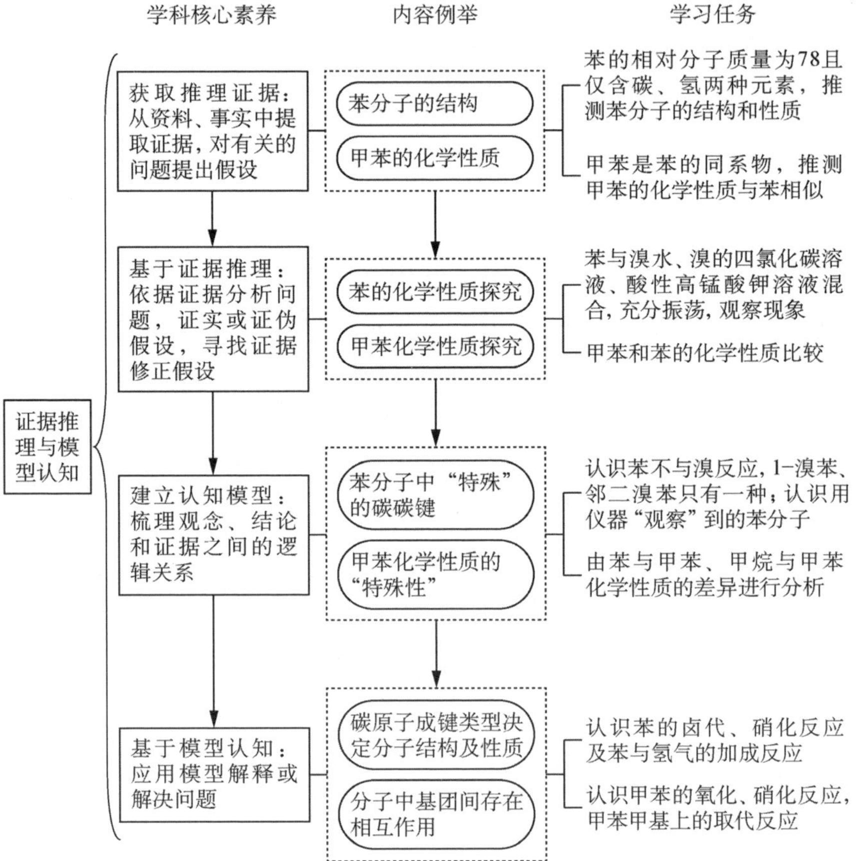

图 2　化学学科核心素养、内容和学习任务之间的关系

三、解决问题的思路和过程

学生在本节课之前学习了基本的化学键理论、化学反应与能量的关系，以及烷烃，烯烃和炔烃，知道碳的四价学说和碳成链学说，掌握链烃中碳碳单键和碳碳双键的反应特性，能够区分有机反应中取代反应和加成反应的区别。

“苯的结构与性质”是沪科版高中化学教材选择性必修第三册《有机化学基础》第二章《烃和卤代烃》中第二节的内容，教学内容主要包括：(1)苯的分子组成和结构;(2)苯的取代反应和加成反应;(3)苯中碳碳键的特征。在探究苯分子结构与性质的过程中,学生根据已知信息提出假设并在教师指导下展开相关研究,获得证据验证假设,对证据进行分析并最终得出结论,学生的证据推理能力得到发展。

科学探究是为了支持自己的主张或信念不断寻找证据的过程,从问题到假设需要推理,并进一步收集证据以验证假设。本案例尝试以“苯的结构与性质”为例,设计探究式实验课堂,探索以探究式化学实验支持学生证据推理能力发展的化学教学方法。设计的教学流程如图 3 所示。

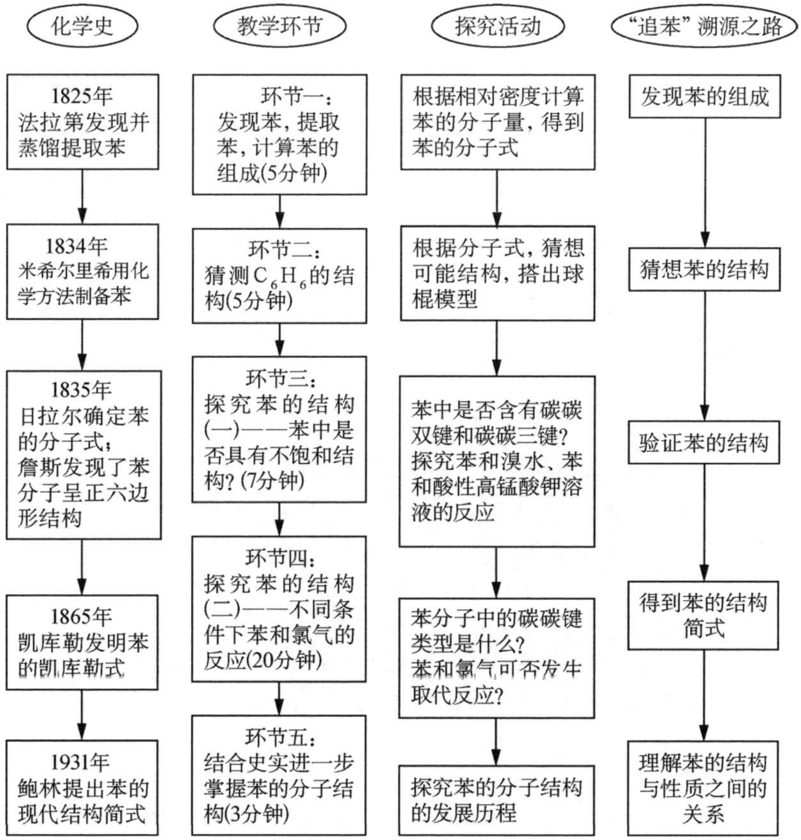

图 3 “苯的结构与性质”的教学流程

(一) 引入情境

(1) 介绍苯的发现史(图 4)。

(2) 以化学史为线索,计算苯的分子组成。

苯的发现史

1825	无色且具有特殊气味的液体，沸点80℃，熔点5.5℃，密度比水小，难溶于水
1834	蒸馏苯甲酸和石灰的混合物得到碳酸钙和苯
1835	发现了苯由 C、H 两种元素组成，含碳量高达92.3%，密度是同温同压下乙炔（C_2H_2）气体的3倍。进而确定了苯的相对分子质量为78，分子式为C_6H_6

图 4　苯的发现史

【设计意图】

以苯的发现史为线索，创设教学情境，让学生跨越时空与科学家“对话”，激发其学习的兴趣。接着，依据科学家思考探究的过程，从计算苯的相对分子质量入手，加深对苯的分子组成的印象，为进一步探究分子结构搭建“最近发展区”。

（二）探究与活动

（1）学生活动 1：推断并画出苯的分子结构，搭建苯的球棍模型（图 5）。

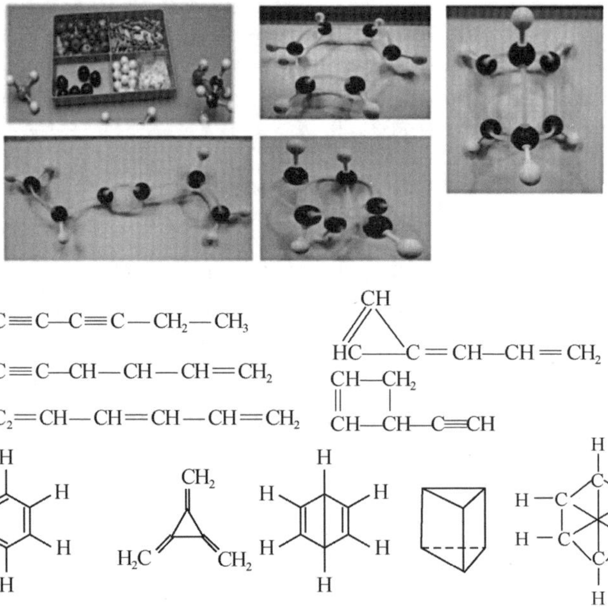

图 5　苯的分子结构与球棍模型

【设计意图】

拓展学生的思维，充分发挥学生的想象力，锻炼学生的空间思维能力、抽象思维能力，把宏观的化学物质符号与微观物质结构模型联系起来，培养“宏观辨识与微观探析”的核心素养。

(2) 学生活动 2：验证苯分子的不饱和性。

探究苯和酸性高锰酸钾溶液、溴水的反应(图 6)。

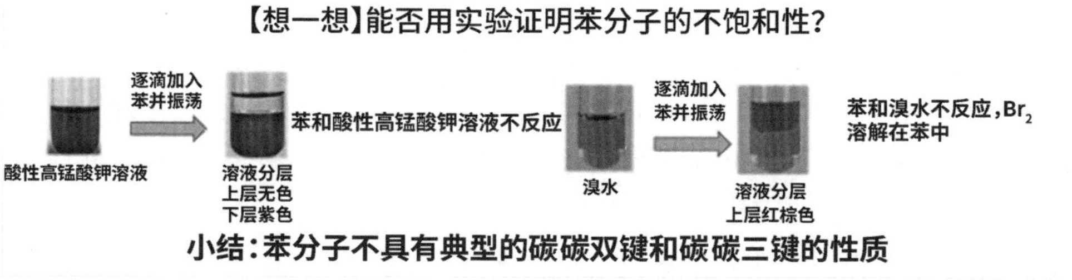

图 6　验证苯分子的不饱和性

【设计意图】

学生自己通过所学知识作出推导并动手实验，培养了学生自主探究、设计实验、推导结论的能力。这种自己独立完成实验的过程，不仅加强了学生的实验操作和实践能力，而且激发了学生的学习兴趣，同时进一步培养了“证据推理”“科学探究”的核心素养。

(3) 学生活动 3：苯和 Cl_2 的加成反应。

实验药品和仪器：氯气、苯饱和溶液、试管、氯气采气袋、气压传感器、数据采集器、导气管。

实验原理：

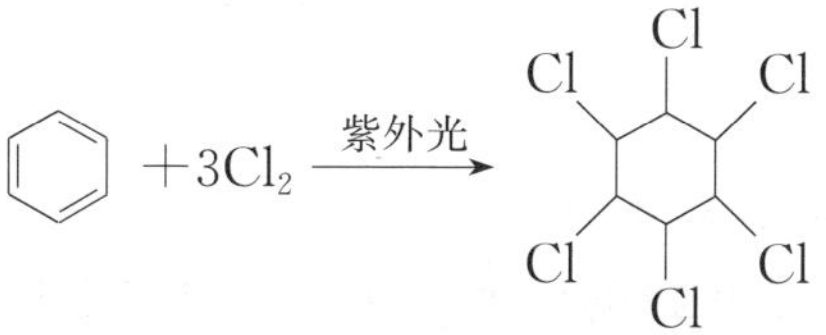

实验步骤：在试管中加入 1 mL 的苯饱和溶液，再用氯气采气袋通入一定量的氯气，试管内气体颜色变黄绿色，停止通入。连接气压传感器，再用紫外光灯照射。

【设计意图】

在分析苯的结构简式时，否定苯的碳碳双键、碳碳三键，让学生在验证苯的取代反应中打破思维定势。通过气压变化的角度发现苯和氯气反应的类型，得出苯中存在不饱和结构的结论。让学生在探究实验中通过观察产物，判断气压变化，进一步培养学生“证据推理”“科学探究”的核心素养。

(4) 学生活动 4：苯和 Cl_2 的取代反应。

实验药品和仪器：氯气、铁丝、苯、四氯化碳、注射器、医用三通阀。

实验原理：

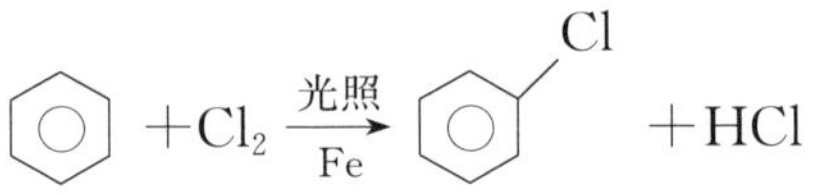

实验步骤：旋转 A，把②中的苯通入①中，苯和氯气在铁催化下充分反应。把①中反应后的液体产物通入②，气体产物通入③。把③中的气体排出，检验 HCl(图 7)。

优点：该装置可以实现苯和氯气光照条件下的反应。既可以在独立的反应装置中实现固液反应，又可以及时分离气液产物，连通洗气装置，分离出 HCl 气体，验证苯和氯气的取代反应。而且整个装置封闭无污染，又是微型实验，能够减弱对师生的健康危害。

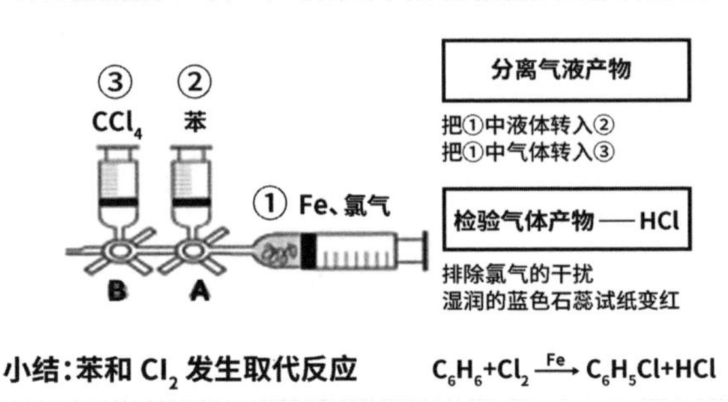

图 7　苯和 Cl_2 的取代反应

【设计意图】

教材中苯和液溴的反应，不具有课堂演示的条件，反应太剧烈且会产生污染和危害。本实验使用一个密封的微型装置，且能够实现取代反应的发生。氯气和苯在铁丝作催化剂的条件下反应，通过检验氯化氢气体证明苯和氯气的取代反应。本实验能让学生在学科学习中树立可持续发展意识和绿色化学观念。

(三) 交流学习收获和感悟

(1) 探究苯分子中碳碳键的类型。

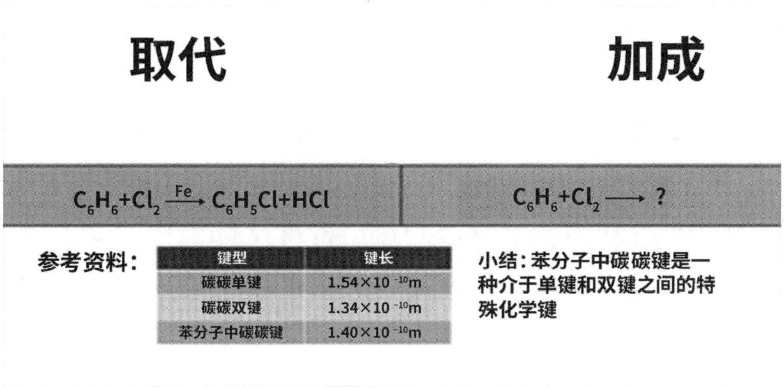

图 8　苯的取代反应和加成反应对照

【设计意图】

学生通过两个实验的对照，掌握了苯可以发生取代反应，也可以发生加成反应，更好地理解了苯中的碳碳键是一种介于单键和双键之间的特殊化学键。结合苯分子中碳碳键、碳碳单键与碳碳双键的键长对照，总结出苯分子中碳碳键的结构特征，从结构上再次验证了性质（图 8）。

（2）探究苯分子的化学性质。

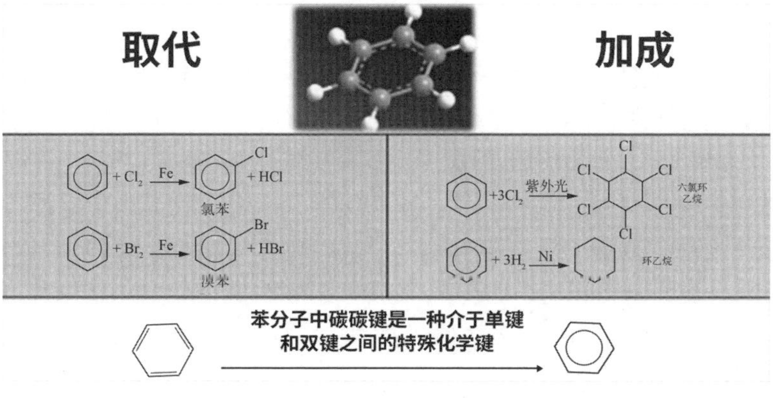

图 9　苯的取代反应和加成反应的化学结构式

【设计意图】

把苯最重要的性质用化学语言表征，揭示苯的取代反应和加成反应的真实情况（图 9）。这样做便于学生记忆掌握，通过不断归纳总结，让学生回顾学习过程，总结推断有机物结构的基本方法：①确定分子组成；②假想可能的结构式；③推测化学性质；④实验验证，得出正确结构式。

四、总结与反思

(一) 探究式化学实验有助于学生的证据推理与科学探究能力发展

学生的证据推理能力需要在科学探究的学习方式中发展。在本课程中，学生聚焦于苯分子结构这一科学问题，首先根据已知提出假设，在验证假设的驱动下通过实验收集证据、分析信息，最后推理得出结论。这是一个高水平的思维过程，学生根据自己的探究很自然地推断出苯分子的特殊结构，提升了证据推理能力。

反思评价是科学探究过程的关键环节。在本课程中，教师引导学生反思与评价自己的探究过程，学生根据新获得的实验证据不断验证已有假设并产生新的猜想。学生渐渐明确科学探究的步骤，掌握科学探究的方法，提升了科学探究的能力。

(二) 手持数字化实验与微型实验效果良好，未来将探索更多用途

在本课程中，学生利用现有设备自主设计实验，并进行手持数字化实验与微型实验，取得了良好的效果。压力传感器的应用可以提供直观的实验数据，促使学生的研究思维从定性向定量转变；微型实验有效降低了潜在污染风险，并为部分危险的课堂实验的开展提供了可能性。未来还要探索更多优质创新实验，为学生证据推理能力的发展提供基础保障。

参考文献

[1] 丁奕，林琦."双新"背景下学科教与学的变革路向[J].上海教育科研，2022(2):82-87.
[2] 罗秀玲，李铭冰，肖信.论"证据推理"素养及其培养[J].课程.教材.教法，2020,40(4):114-119.
[3] 卢晓平，张贤金.重整教学主题挖掘教学素材　培养科学精神——以"苯的结构与性质"教学为例[J].化学教学，2017,(3):58-63.

核心素养导向下的问题引导式教学探究

——以“指数函数的性质”(第一课时)为例

李秀丽

一、问题提出背景

(一) 政策背景

《普通高中数学课程标准(2017 年版 2020 年修订)》提出:“高中数学教学以发展学生数学学科核心素养为导向,创设合适的教学情境,启发学生思考,引导学生把握数学内容的本质。”“基于数学学科核心素养的教学活动应该把握数学的本质,创设合适的教学情境,提出合适的数学问题,引发学生思考与交流,形成和发展数学学科核心素养。”

(二) 实践背景

问题引导式教学是根据教学目标,按照学生的认知水平和认知规律,提出相关问题来揭示概念的本质,为学生搭建认知阶梯,探明概念的内涵与外延。培育学生数学核心素养是一个长期的也是循序渐进的过程,这就要求我们开展课堂教学不是追求形式上的“热闹”,而是要通过有价值的问题引导,不断激发学生的潜能,让学生真正参与问题探究过程,体验知识发生、发展、形成过程,训练其逻辑思维能力。

二、要解决的问题

对指数函数的研究始终贯穿着类比思想,研究进程不是对幂函数的简单复制,它还具有从具体到一般的抽象过程,经历对指数函数定义的理解及对图像与性质的探究学习历程。要让学生掌握研究指数函数的一般方法,培养学生数学抽象的核心素养。

在研究的过程中应当要求学生能够用准确恰当的数学语言描述、表达和证明指数函数的性质，为下一章抽象出一般函数的概念，并利用图像和代数运算研究一般函数的性质奠定基础，同时培养学生逻辑推理的核心素养，加强分类讨论意识。

另外，还要让学生学会应用指数函数的性质解决问题，知道指数函数在生产实际和科技研究中的应用。

三、解决问题的思路和过程

本文是从具体的指数函数的图像入手，让学生通过对图形的观察、讨论、研究，掌握指数函数的性质，能准确地对指数函数的性质进行描述；可以让学生体会利用图像与代数运算是研究函数性质的重要方法，并让学生初步掌握用指数函数的性质解决实际问题。本文的教学设计主要包含以下三类问题：

（1）分析问题：这类问题主要是让学生分析和解决的问题；

（2）探索问题：这类问题主要是激发学生的好奇心和探索精神；

（3）综合问题：这类问题主要是让学生综合运用所学的知识来解决的复杂问题。

课程具体实施过程如下。

（一）观察图像，归纳特征

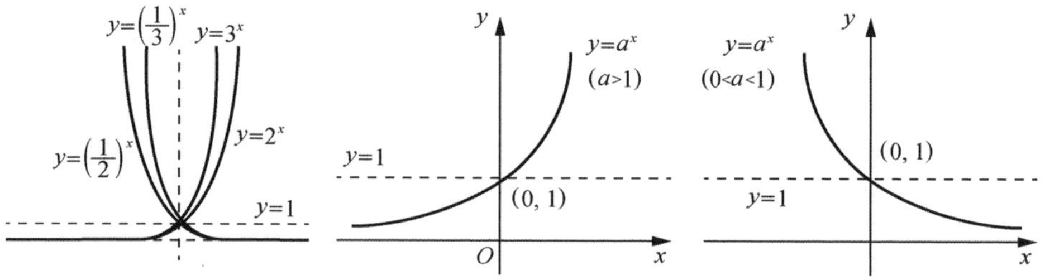

图1　指数函数图像

师：上节课我们学习了指数函数的定义与图像，接下来研究函数的性质，在同一坐标系中作出四个指数函数 $y=2^x$、$y=3^x$、$y=\left(\frac{1}{2}\right)^x$、$y=\left(\frac{1}{3}\right)^x$ 的大致图像，请同学们观察图像，归纳猜测指数函数的图像具有哪些特征。

追问：应该从哪些角度观察？从中获取了哪些信息？

师生活动：从图像的位置、分布、变化趋势、公共点等角度切入观察并获取图像信息，通过几何画板演示，改变底数的大小，观察更多的例子可以发现，指数函数的图像可分为 $a>1$ 和 $0<a<1$ 的情况。

师生总结：

(1) 指数函数过定点(0, 1)。

(2) 当 $a>1$ 时，在第一象限内，图像在直线 $y=1$ 上方，在第二象限内，图像在直线 $y=1$ 下方和 x 轴上方，图像由左至右是上升的；当 $0<a<1$ 时，在第一象限内，图像在直线 $y=1$ 下方和 x 轴上方，在第二象限内，图像在直线 $y=1$ 上方，图像由左至右是下降的。图像在 x 轴上方，无限趋近于 x 轴，与 x 轴没有交点。

(3) 两个指数函数 $y=a^x$ 与 $y=(a^{-1})^x$ ($a>0$ 且 $a\neq 1$) 的图像关于 y 轴对称。

这里根据一部分特例观察得到的结论，对一般情况是否仍然适用，还需要给出严格的代数证明。

【设计意图】

通过描点法绘制函数图像，初步感知指数函数的图像特征，分类讨论，将性质探究细化为共性探究与个性探究，突破难点，由直观想象到几何画板演示验证，产生视觉和思维的共鸣，更有利于对知识的理解。学生在交流合作中，点燃思维的火花，激发学习的潜能。

(二) 代数证明，总结性质

(1) 指数函数 $y=a^x$ ($a>0$ 且 $a\neq 1$) 的图像都经过定点(0, 1)。

师：如何说明图像经过某个点？

生：只需说明点的坐标满足表达式。

(2) 当 $a>1$ 时，在第一象限内，图像在直线 $y=1$ 上方。

师：用代数的方式怎么说明图像在直线 $y=1$ 上方？

生：函数值 a^x 大于 1。

追问：幂 a^x 和 1 如何比较大小？

生：利用幂的基本不等式（当底数大于 1，指数大于 0 时，幂大于 1）。

证明：因为 $a>1$，$x>0$，由幂的基本不等式得 $a^x>1$，即图像在 $y=1$ 上方。

请学生类比完成以下证明：

当 $a>1$ 时，在第二象限内，图像在直线 $y=1$ 下方和 x 轴上方；

当 $0<a<1$ 时，在第一象限内，图像在直线 $y=1$ 下方和 x 轴上方；

当 $0<a<1$ 时，在第二象限内，图像在直线 $y=1$ 上方。

师生总结：指数函数 $y=a^x(a>0$ 且 $a\neq 1)$ 的函数值恒大于 0。

(3) 当 $a>1$ 时，指数函数 $y=a^x$ 的图像由左至右是上升的。

师：用数学语言怎么描述？

生：随着自变量 x 的不断增大，函数值 y 也不断增大。

追问 1：如何用表达式说明随着自变量 x 的不断增大，函数值 y 也不断增大呢？

生：如果 $x_1<x_2$，则 $a^{x_1}<a^{x_2}$（适当提示：自变量 x 不断增大可以用不等式 $x_2>x_1$ 描述）。

追问 2：如何证明 $a^{x_1}<a^{x_2}$ 呢？

追问 3：本质是在研究两个幂的大小关系，前面学习过的知识里有没有可以用于证明的？

生：根据幂的基本不等式，我们可以比较幂和 1 的大小，可以把这个问题转化为幂和 1 比较大小的形式。

证明：因为当 $a>1$ 时，若 $x_1<x_2$，则 $x_2-x_1>0$，从而由幂的基本不等式得 $a^{x_2-x_1}>1$，即 $a^{x_1}<a^{x_2}$。

追问 4：上述 x_1、x_2 的选取是特定的，还是任意的？

生：x_1、x_2 是在 R 上任意选取的。

此时，称指数函数 $y=a^x(a>1)$ 在 R 上是严格增函数，随着 x 的（严格）增大而（严格）增大。

请同学们类比证明：当 $0<a<1$ 时，指数函数 $y=a^x$ 的图像由左至右是下降的。

师生总结：指数函数 $y=a^x(a>1)$ 在 R 上是严格增函数，随着 x 的（严格）增大而（严格）增大；指数函数 $y=a^x(0<a<1)$ 在 R 上是严格减函数，随着 x 的（严格）增大而（严格）减小。

【设计意图】

先归纳图像特征，再进行严格的数学论证，提升了学生的数学抽象和逻辑推理核心素养。类比探究是基于相似知识的高效探究方式，为学生提供一个“探究的场”，使学生在思维碰撞中畅所欲言，并达成统一，发展学生逻辑推理的核心素养。

(4) 证明：指数函数 $y=2^x$ 与 $y=\left(\frac{1}{2}\right)^x$ 的图像关于 y 轴对称。

以上是指数函数自身的图像特征，接下来我们研究底数互为倒数的两个指数函数之间的图像特征，不妨以 $y=2^x$ 与 $y=\left(\frac{1}{2}\right)^x$ 为例。

师：在描点作图的时候我们取了点(1，2)、点(−1，2)、点(2，4)、点(−2，4)，这些点有什么特征？

生：它们关于 y 轴对称，是分别落在这两个函数图像上的点。

追问1：这些点关于 y 轴对称，是不是就能说明函数图像关于 y 轴对称呢？

生：不能。

追问2：怎么才能说明这两个函数的图像关于 y 轴对称？

生：要说明所有点关于 y 轴对称。

追问3：如果点 $(x_0,\ y_0)$ 落在 $y=2^x$ 的图像上，那么它关于 y 轴的对称点是否一定落在 $y=\left(\frac{1}{2}\right)^x$ 的图像上呢？反之，对于 $y=\left(\frac{1}{2}\right)^x$ 图像上任意一点，它的对称点是否落在 $y=2^x$ 图像上呢？

生：是的。

追问4：怎么说明点在图像上？

生：只需说明点的坐标满足表达式。

证：如果 $P(x_0,\ y_0)$ 是 $y=2^x$ 的图像上任意一点，则 $y_0=2^{x_0}$，点 $P(x_0,\ y_0)$ 关于 y 轴的对称点为 $Q(-x_0,\ y_0)$，又 $\left(\frac{1}{2}\right)^{-x_0}=2^{x_0}=y_0$，则点 Q 在 $y=\left(\frac{1}{2}\right)^x$ 图像上。

反之，如果对于 $y=\left(\frac{1}{2}\right)^x$ 图像上任意一点 $M(x_1,\ y_1)$，则 $y_1=\left(\frac{1}{2}\right)^{x_1}$，点 $M(x_1,\ y_1)$ 关于 y 轴的对称点为 $N(-x_1,\ y_1)$，又 $2^{-x_1}=\left(\frac{1}{2}\right)^{x_1}=y_1$，则点 $N(-x_1,\ y_1)$ 在 $y=2^x$ 图像上。

对于具有这种特征的两个函数我们就称其图像是关于 y 轴对称的。

师生总结：事实上，底数互为倒数的两个指数函数 $y=a^x$ 与 $y=(a^{-1})^x(a>0,\ a\neq 1)$ 图像关于 y 轴对称，证明方法与上文一样。先让学生对此有所了解，以后随着学习的不断深入，学生会对两个函数的图像关于某一条直线对称有更深刻的理解。

【设计意图】

通过探究指数函数图像之间的关系，学生对指数函数的图像及性质有更深入的认识，理解知识间内在的联系。证明过程对函数的对称性进行了简单化处理，以两个特殊的函数为例，主要让学生明确对称性是针对两个函数之间的图像特征，如何将对称这一几何属性等价转化为代数形式是关键。证明过程是培养逻辑推理素养的好契机，由于时间限制，本课例进行了简单处理，结尾留有悬念，以调动学生的学习积极性，为其今后更有效地学习打好坚实的基础。

（三）应用性质，解决问题

例 1：利用指数函数的性质，比较下列三组数的大小关系：

（1）$1.7^{2.5}$，1.7^{3}；（2）$\left(\frac{3}{4}\right)^{\frac{1}{6}}$，$\left(\frac{4}{3}\right)^{-\frac{1}{5}}$；（3）$a^{\frac{1}{2}}$，$a^{\frac{1}{3}}$（$a>0$，$a\neq1$）。

例 2：利用指数函数性质求下列不等式的解集：

（1）$3^{x}>\frac{1}{27}$；（2）$a^{x^{2}-2x+3}>a^{6}$（$0<a<1$）。

【设计意图】

培养学生规范书写的习惯，以及逻辑推理能力和分类讨论思想。例 1 旨在应用指数函数的单调性“比较两个数的大小”，进而使学生熟悉指数函数的性质。解决该问题的难点在于要建立用函数的观点解决问题的意识，特别是在解决第（2）小题时，引导学生建立合适的函数模型是解决该问题的关键。例 2 旨在应用指数函数的单调性“解不等式”，学生已经有了例 1 的研究经验，更加得心应手，需要注意规范严谨的表达。

四、总结与反思

对于本节课的每一个环节，从新课的引入、研究过程的梳理、研究思路的确定到实际的探究，不仅自始至终贯穿着类比思想，而且全力促使学生的数学核心素养在解决问题的过程中显化，进而在互动中内化。在“重头戏”——指数函数性质的研究中，学生借助类比等逻辑思维活动沟通幂函数与指数函数的有机联系，完成研究任务，从而亲身经历了研究一个数学对象的基本过程。教师应促使学生进一步领悟研究思路：观察想象、实验探究、概括猜想、证明结论，体会研究过程所蕴含的数形结合思想方法，理解变化中的规律性和不变性是函数性质的基本表现形式，积淀并丰富研究一类函数的数学活动经验。本课程培育学生的数学抽象、数学运算、直观想象、逻辑推理等数学核心素养，使学生逐步形成规范化和一般化思考问题的习惯，养成严谨求实的科学精神，实现课程的育人价值。

参考文献

[1] 中华人民共和国教育部. 普通高中数学课程标准(2017 年版 2020 年修订)[S]. 北京:人民教育出版社,2020.
[2] 普通高中教科书 数学 教学参考资料 必修 第一册[M]. 上海:上海教育出版社,2020.

“双新”引领　实践推进

——IYPT 模式融入高中物理课堂教学的实践初探和思考

田　军

一、问题提出背景

（一）政策背景

中华人民共和国教育部发布的《关于做好普通高中新课程新教材实施工作的指导意见》已全面实施。“新”的核心是一种以学生为中心的教育观，它强调立德树人，强调学科核心素养指向，强调让学习真正地发生。需要在教学内容、教学方法和教学评价上有新的变化，才能更好地适应时代的发展，更好地满足学生的需求，更好地提升教师的专业素养，更好地推动教育教学的发展。

（二）实践背景

IYPT（International Young Physicists’ Tournament，国际青年物理学家竞赛）赛题源于生活中的现象，具有真实性、趣味性、开放性和复杂性的特点，为“双新”背景下的高中物理教学提供了很好的参考和借鉴。许多学校尝试将 IYPT 的比赛形式和内容应用于对极少部分参加 IYPT 竞赛的学生的能力培养方面，不大将其与常规课堂教学融合。根据“双新”在学科素养培养方面的要求，IYPT 模式将更多、更好地融入物理常规课堂教学中，丰富并优化物理教学的方式和内容，惠及更多的学生。同济大学第一附属中学是上海市“双新”示范校，物理教研组有着丰富的 IYPT 社团实践经历，积累了经验，取得了相关的成果，也有了一些思考。

二、要解决的问题

“问题”是教与学真正发生的“触点”，是教与学的灵魂。“双新”背景下的课堂教学需要跳出“教材中心、教师中心、课堂中心”，改变课堂教学只重题目的讲解和方法的传授，学生依赖记和背，善于解题却提不出问题的现状。要解决的问题就是梳理 IYPT 模式中有益于丰富课堂教学的形式、内容，简化 IYPT 赛题中适应学生课后拓展探究的课题，找寻新教材中能融入 IYPT 的切合点，通过实践形成可推广的教学案例和教学资源库。通过关注学生的学习过程，创设与生活关联的、以任务为导向的真实情境，搭建师生之间共同学习、交流展示的平台，实现把教材中具体的知识、方法内化为学生的能力甚至是价值与素养，让学科育人价值真正凸显，学科核心素养真实落地的“双新”理念。

三、解决问题的思路和过程

IYPT 与课堂的融合实践可分为课前、课中和课后三个基本环节。

（一）课前做好梳理、调查和新教材的钻研

首先，梳理 IYPT 的理念、价值。IYPT 是当前主要的高中物理团体性对抗赛事，赛题源于生活中的现象，对于实验有着较高的要求，具有真实性、趣味性、开放性和复杂性等特点，有利于促进学生对物理的学习，提高团结协作、全面分析、获取信息、自主探究、表达、辩论和与人交往的能力。

其次，做好学生问卷的设计、调查和分析。学生是学习的主体，要了解学生对 IYPT 的认知以及对其融入课堂的接受程度。问卷调查对象是高一、高二学生，问卷主要从对高中物理学科的喜爱程度、学习中有无压力、希望有什么样的物理课堂以及对 IYPT 的了解等多方面进行设计和调查。问卷调查数据显示，学生普遍对高中物理学科有兴趣，但也感受到物理知识较为抽象、难以深刻理解等学习上的压力。相较于其他学生，参加过 IYPT 社团的学生，呈现出较高的学习能力和积极性，能感受到物理知识与实际生活的紧密联系。在教学模式上，学生期望能成为学习的主人，在形式多样的课堂上，通过自己习得的物理知识解决生活中的真实问题，表现出较强的理论与实践相结合的愿望。

最后，认真分析新教材，挑选适合融入 IYPT 模式的教学内容，将 IYPT 的相关环节融入教学。包含立足于生活、生产和当代科技等真实情境提出的问题是新教材的特色。通过对新教材的认真学习和分析，确定适合 IYPT 模式的教学内容。根据教学内容划分问题并整理成任务单，学生分为 5～6 人组成的若干小组，认领任务单中的一个问题进行团队研究。所选内容应不受教学进度的限制，具有一定的拓展性和探究性，符合学生的认知和能力。比如对于高一的“自

由落体运动”“共点力平衡的应用”和高二的“太阳能的利用”等内容，均可采用学生分组、课前探究、课上交流辩论的形式进行教学设计，融入 IYPT 形式和内容。教师要全程参与，帮助各小组完善研究方法、指导实验的设计和实施过程，完善课堂交流的方案和内容。

（二）课中搭建好学生交流展示、教师点评归纳的平台

IYPT 最有特色的亮点是以学生为主体，教师只是帮助学生完成课题探究的指导者。课堂上借鉴 IYPT“正、反、评”三方辩论的模式，各小组对课前所认领任务单中的问题，进行三方交流辩论。首先是正方小组就所选问题，交流查找资料的过程、理论分析、实验设计的依据、实验的过程、数据和最后的研究结果，借助多媒体设备，以演讲的形式图文并茂地进行交流展示。反方小组对正方小组汇报过程中出现的错误之处进行指正，就研究中的不足之处与正方进行讨论并提出改进建议。评论方小组则对正反两方的表现进行评价，在肯定双方表现的前提下，针对正反两方有争议的地方提出自己的建议。如果时间允许，各小组可轮流扮演正方、反方和评论方，以体验不同的角色。教师在过程中可作为评论方，在三方进行交流辩论和评价的过程中进行必要的引导，在结束之后对三方表现作出评价，指出其中的优缺点以及实验的优化方案，归纳总结本次课堂教学的重难点内容。

（三）课后简化 IYPT 赛题，融入兴趣拓展，充实长期课题研究

新的《课标》对学生有学期活动要求。IYPT 赛题均源于生活中的现象，可将跟高中物理相关联的，利用高中物理知识可以基本或部分解决的赛题进行简化和改编，按题目解读、实验设计、数据处理、交流汇报和分析小结五个核心板块，组织学有余力的学生分小组进行学期活动探究。学生选择各自的研究课题后，教师同步参与，协助学生制订探究的基本框架与思路，经历完整的科学探究过程。比如，2015 年 IYPT 赛题“马格努斯滑翔机”、2016 年 IYPT 赛题“纸钳子”和“磁力小火车”等都能培养学生的科学思维和探究能力。

在探究过程中可将能力较强的学生组织起来，组建学校 IYPT 社团，提供更多校内外资源，比如学校创新实验室、同济大学实验室、校内外辅导教师等，有计划地进行针对性拓展培训和研究指导，形成校参赛队。学生利用社团课、周末以及寒暑假时间进行集训，完成每年的 IYPT 试题内容，定期进行课题汇报，解决课题研究中的难题，探讨后续的研究思路，进行正方、反方、评论方三方角色的练习，熟悉比赛模式，锻炼个人综合表达能力。学生积极参加各类中学生 IYPT 竞

赛，能提升学科研究的获得感。

四、总结与反思

（一）物理课堂有了变化

IYPT 的融入，丰富了物理课堂教学的形式和内容。以前单一的课堂教学可以变为课前、课中、课后和中短期课题，学生慢慢体会到探究科学并非难事，日常生活中的点点滴滴都是知识，都有着值得探究的地方。在这样的课堂中，学生是主体，有着更多的展示空间。教师引导学生进行相互学习，改变以往以教师评价为主，以作业、考试为主导的评价体系，引入学生间的互评，加大对课堂表现、课题探究等的过程性评价，优化了教学评价体系，体现教、学、评的一致性。

（二）学生有了变化

学生由以前只是在课堂上被动地听、看和记，慢慢变得主动，参与和体验课堂，能从现象中发现问题、提出问题并尝试解决问题。学习的兴趣有了，动力增强了，特别是 IYPT 社员，在活动的过程中树立了正确的物理观念，锻炼了科学思维，培养了科学的态度与责任，团队协作能力也有显著的提升。他们能跟同学们分享个人在 IYPT 社团中的成长经历和心得，并在区级活动中进行交流。

（三）教师有了变化

对新事物的探究让教师们培养了良好的创新意识、实践能力和团队合作精神，在与学生共同探究物理规律的过程中，教师更善于激发学生的创新意识和思维能力。几位优秀的青年教师获得了成长，她们以 IYPT 融入物理课堂的方式开设公开课，在各类教育教学评比中获奖颇丰，正所谓教学相长。

（四）积累了案例和资源库

在基础型课程、拓展型课程以及竞赛类课程的具体教学实践过程中，实践经验、相关课程内容和框架逐步形成；比较成熟的课堂教学实践案例形成，在教学内容、教具、电子资源、文本资料等多方面形成稳定教学资源库，供借鉴交流。

（五）对学科核心素养的理解和研究仍需要加强和深入

在实践中，教师对学科核心素养及有效培养途径的理解和研究还有很大的不足，在理论上要加强学习和深入研究，努力探究 IYPT 模式与高中物理课堂乃至课程融合的有效机制。在课堂教学与 IYPT 相融合的方式、内容和融合的程度上，还要更深、更细地探究和实践。

（六）针对不同学生的分层教学

学生的个人能力有较大的差异，对新事物的接受能力和兴趣不一样，不是所有学生都适应探究性学习，对不同学生的分层教学仍未形成完整的课堂教学方案和课程体系。要积极思考如何让更多的学生都能经历有效的学习过程，并形成与课程配套的完整评价体系，更有效地激发学生对新事物探究的兴趣。

（七）大单元作业设计的探究

目前，物理课堂融入 IYPT 的教学尝试只针对特定章节，没能系统地结合学生的学习进行统筹规划。要根据物理教材的内容，对 IYPT 赛题进行简化和细化，使其更适合广大的学生，并由此形成单元或学期活动，最终形成我校“学期活动库”传承下去。

（八）对 IYPT 与物理课堂融合的设想

在现有基础上进行阶段总结和新的规划。一是对 IYTP 模式进行再优化，使其更加自然和有效地融入高中物理课堂，让更多的学生都有兴趣参与到新的学习方式中；完善现有的课程资源，并在教学中进行实践、反馈和改进，建立 IYPT 与物理课堂、课程相结合的长效机制。二是教师面对新课程和新教材背景下的高中物理教学，应提供新的教学思路，提升创新实践、科研探究的能力，使学生在“双新”背景下，积极激发自身的学习兴趣，更主动更有效地学习，从只为考试选拔而学习到善于学习甚至终身热爱学习，从只会被动接受知识到学会探究并创新。三是要依托学校基于数智技术的“5G＋”科学家-工程师深度学习场，围绕“自由、合作、计划”的理念，发挥信息技术的作用，把教育与生活、课堂与课外、必修与选修学习有机融合，创建师生喜爱，有利于积极参与、自主探究、能力培养的广义物理课堂。这样的物理教学，使教师和学生无论是在课内还是课外，都在兴趣、爱好的激发下，去探究、去尝试，在过程中形成并提升物理学科核心素养，感知物理学科的真、善、美。

参考文献

[1] 徐慧，房颐. IYPT(国际青年物理学家锦标赛)对高中生创新能力培养的作用[J]. 物理教学探讨，2014，32(2)：36-38.

[2] 陈晨.科学探究视角下 IYPT 的过程分析及对高中物理探究式教学的启示[J].物理教学探讨,2015,33(3):12-15.
[3] 李沐东.上海市中学生物理学术竞赛对中学生综合品质的培养[J].物理教学,2015,37(11):2-6.

“双新”背景下高中数学单元-课时教学设计
——以“利用导数研究函数的最值”为例

陈　频

一、问题提出背景

(一) 政策背景

《普通高中数学课程标准(2017 年版 2020 年修订)》在“实施建议”中指出，“教师要以数学学科核心素养为导向，抓住函数、几何与代数、概率与统计、数学建模活动与数学探究活动等内容主线，明晰数学学科核心素养在内容体系形成中表现出的连续性和阶段性，引导学生从整体上把握课程，实现学生数学学科核心素养的形成和发展”。

(二) 实践背景

在“双新”课改实践中，加强对数学整体性的认识，强调以具有整体性的知识单元为载体、从知识的联系性出发进行教学设计并展开课堂教学是课改的显著特点，也是本次课改中切实发挥数学育人功能、转变数学育人方式、落实数学学科核心素养的关键抓手。

二、要解决的问题

长期以来，教师的着力点往往在课时教学，缺乏对教学内容的整体设计和结构化的思考；在应试教育“指挥棒”下的数学教学，以提高高考分数为目标，将数学内容碎片化为知识点，采用“灌输＋记忆”的方式强加给学生，这样不利于学生获得“四基”(基础知识、基本技能、基本思想和基本活动经验)，不利于学生提升“四能”(发现问题的能力、提出问题的能力、分析问题的能力和解决问题的能力)，更不利于发展数学学科核心素养。所以，要全面实现数学育人目标，教学就必须强调数学的整体性、逻辑的连贯性、思想的一致性、方法的普适性、思维的系统性。

三、解决问题的思路和过程

单元教学设计就是教师从一章、一个单元或是一个主题出发，根据章节、单元或主题中不同的知识点，综合利用各种教学形式和教学策略，通过一个阶段的教学，让学生完成对一个相对完整的知识单元的学习和整体的思考。数学单元教学设计需要教师从整体视角来确定单元的教学目标并落实到课堂教学中，在整体理解数学核心内容的基础上，把握知识之间的内在联系，突出教学内容的逻辑主线，通过单元整体建构的方式促进学生开展深度学习，从而培养学生的数学能力，发展数学核心素养。

数学课堂是数学育人的主阵地，学生数学学科核心素养的发展是通过一个个具体课时的教学，在潜移默化中实现的。那么，在课时教学中如何体现从单元到课时的整体教学设计呢？下面笔者将以 2022 年上海市中小学中青年教师教学技能比赛中的沪教版高中数学教科书选择性必修第二册的《导数及其应用》单元-课时教学设计为例谈谈思考。

（一）研读教材，解析单元整体

单元整体教学设计首先要基于教材的知识内容以及学生已有的认知经验，注重把同类研究对象、相似的研究内容整合在一起，形成具有思想一致性的学习单元，从而引导学生在一般观念的统领下，通过对一个个数学对象的研究，逐步形成“研究对象在变，思想方法不变”的切实体验，以此来确立单元整体的教学设计。

1. 单元内容分析

沪教版高中数学选择性必修第二册的《导数及其应用》单元教学是在学生学习了“幂函数、指数函数与对数函数”“函数的概念、性质及应用”和“三角函数”的基础上进行的。导数是微积分的核心内容，也是高中数学的重要内容，导数不仅是研究函数性质的有力工具，而且它与高中数学的许多内容都有密切的联系，为解决高中数学问题提供了新的视野，在高中数学与高等数学之间起着承前启后的衔接作用。

研读教材，我们可以发现《导数及其应用》单元通过物理学中的瞬时速度和曲线上一点的切线斜率引入了导数的概念与其几何意义，然后在学生掌握了基本求导运算的基础上，以导数的应用为主线展开教学，对导数定义的几何解释，使学生理解导数的正负决定了函数的单调性，接着借助具体函数的图像介绍极值的概念及其判断方法，并进一步讨论闭区间上连续函数的最值，这一过程蕴含了从具体到抽象、从特殊到一般和数形结合的思想方法。最后将导数用于二次函数和实际问题的研究，体现了等价转化、函数方程的思想。这些都是培养学生数学抽象、直观想象、逻辑推理、数学建模等素养的载体。

2. 学生情况分析

为了深入了解学生学习《导数及其应用》单元的情况，我们还需要了解学生的认知起点及难点，以及如何根据单元内容进行教学设计。笔者在同济大学第一附属中学执教，该校是一所上海市实验性示范性高中，学生学习数学的积极性较高，归纳概括、分析理解能力较强，并且已经完成了必修教材中函数部分的学习。但是，由于上海高中数学新教材只对极限的相关知识进行简单阐述，拉格朗日中值定理等内容没有进入教材，本单元中的有些定理无法进行严格证明，加之许多结论又比较抽象，学生不容易理解，这些都是本单元的教学难点。

例如“利用导数研究函数单调性”这一内容中的定理，是本单元的教学难点之一。为了突破难点，在教学中要充分利用导数的几何意义，并借助信息技术，组织学生从函数图像出发，直观认识函数的单调性与其导数的关系，探究利用导数研究函数单调性的方法，得出从导数正负直接判断函数单调性的定理。然后，再用一些熟悉的函数对这一定理进行验证。再如“利用导数研究函数的极值”是在“利用导数研究函数单调性”的基础上进行的，由于极值的概念比较抽象，学生可能理解不深刻，教学中需要采用数形结合的方法，通过典型实例，从特殊到一般，归纳概括出极值的概念，使学生直观认识求函数极值的定理。

（二）整体建构，设计课时教学

基于单元内容分析与学生情况分析，在课时教学设计的过程中，可以从单元视角出发，引导学生用联系的观点厘清数学知识与方法的逻辑结构和内在联系，形成知识体系，体会数学知识的连续性与整体性，体现“一以贯之”的数学知识主线和“一脉相承”的数学思想方法。

根据以上单元整体解析，《导数及其应用》单元的课时教学设计可以充分发挥信息技术在绘制函数图像方面的优势，组织学生从函数图像出发，对一些具体的函数进行研究，采用从具体到抽象、由特殊到一般的方法，引导学生归纳概括出相关定理或结论，经历知识的生成与发展过程。下面以本单元中“利用导数研究函数的最值”一课为例，谈谈在单元视角下的课时教学设计。

1. 教学内容

“利用导数研究函数的最值”是前两课内容（利用导数研究函数的单调性和

极值)的自然延续,也是后续两课内容(尤其是“利用导数解决实际问题”)的学习基础。因此,本课内容是单元知识结构中的一个重要环节,也是导数应用价值的一个很好的体现。

2. 教学目标

(1) 借助具体函数的图像,了解函数的最值与极值的关系;

(2) 经历利用导数研究闭区间上连续函数最值的过程,体会数形结合、从特殊到一般、从具体到抽象等数学思想,积累基本数学活动经验;

(3) 在问题解决的过程中,感悟导数在探究连续函数最值中的作用,发展数学抽象、逻辑推理、数学运算、直观想象等核心素养。

3. 教学重难点

教学重点:利用导数研究闭区间上连续函数的最值。

教学难点:含参连续函数在闭区间上最值问题的求解。

4. 教学环节

本单元教学环节如图 1 所示。

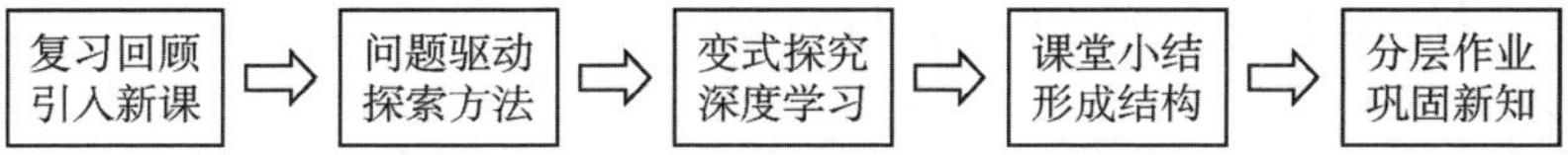

图 1　教学环节

(1) 环节一:复习回顾,引入新课。

【回顾】 已知 $f(x)=\frac{1}{3}x^3-x+2$,求函数 $y=f(x)$ 的单调区间和极值。

解:对函数求导,$f'(x)=x^2-1$。令 $f'(x)=0$,得驻点 $x_1=-1$, $x_2=1$。函数 $y=f(x)$ 的单调区间和极值见表 1。

表 1　$y=f(x)$的单调区间和极值

x	$(-\infty,-1)$	-1	$(-1,1)$	1	$(1,+\infty)$
$f'(x)$	$+$	0	$-$	0	$+$
$f(x)$	Z	极大值$\frac{8}{3}$	1	极小值$\frac{4}{3}$	Z

【定义】 函数 $y=f(x)$ 在 x_0 处的函数值是 $f(x_0)$,对于定义域内任意给定的 x,如果 $f(x)\geqslant f(x_0)$ 都成立,那么 $f(x_0)$ 就叫作函数 $y=f(x)$ 的最小值;如果 $f(x)\leqslant f(x_0)$ 都成立,那么 $f(x_0)$ 就叫作函数 $y=f(x)$ 的最大值。函数的最大值与最小值统称为最值。

【师生活动】带领学生共同回顾上节课问题的同时，可以进一步联想到研究函数的最值，从而引出本节课的课题。

【设计意图】

引导学生用联系的观点思考导数与函数的单调性、极值和最值之间的逻辑关系，同时，为本节课探究函数最值的思维路径与求解方法作好铺垫。

(2) 环节二：问题驱动，探索方法。

问题 1：函数 $f(x)=\frac{1}{3}x^3-x+2$ 在区间 $(-\infty, +\infty)$ 上存在最值吗？

追问 1：函数 $f(x)=\frac{1}{3}x^3-x+2$ 在区间 $(0, 1)$ 上存在最值吗？

追问 2：函数 $f(x)=\frac{1}{3}x^3-x+2$ 在区间 $[0, 3]$ 上存在最值吗？

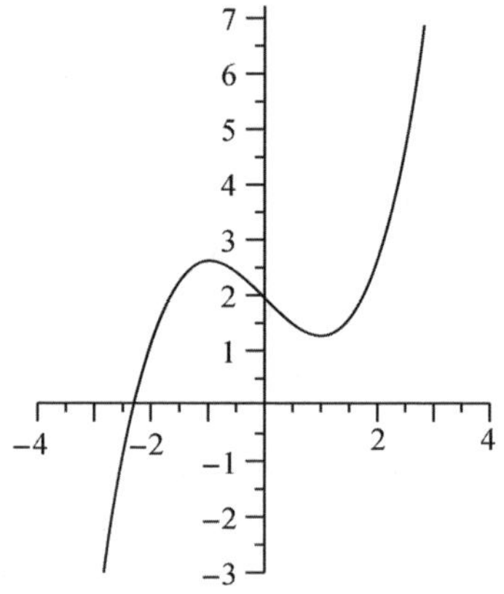

图 2　$f(x)=\frac{1}{3}x^3-x+2$

【小结 1】闭区间上的连续函数，一定存在最大值与最小值。

【例 1】已知 $f(x)=\frac{1}{3}x^3-x+2$，求函数 $y=f(x)$ 在区间 $[0, 3]$ 上的最值。

【师生活动】设置问题 1 及追问，引导学生通过对具体函数图像的观察，得出"闭区间上的连续函数一定存在最值"的结论，然后师生合作探究闭区间上连续函数最值的求解方法。

【设计意图】

将上节课的问题解决作为本节课的思维起点，这就自然形成利用导数的正负确定函数的单调区间，根据函数的单调性求函数的极值，再用函数的极值探究最值的思维路径，初步生成闭区间上连续函数最值的求解方法。

【例 2】已知 $f(x)=\sin x+\frac{1}{2}x$，$x\in[0, 3\pi]$，探究函数 $y=f(x)$ 的极值与最值。

思考：函数 $y=f(x)$ 的极小值就是它的最小值吗？你能借助函数的图像说明吗？

【师生活动】在完成例 1 的基础上，引导学生进一步探究例 2 中函数 $y=\sin x+\frac{1}{2}x$ 的极值，然后组织学生绘制函数的图像，并借助函数的图像探究函数的最值。

【设计意图】

通过对闭区间上单调性发生3次变化的函数的极值与最值的探究，一方面，学生可巩固所学知识；另一方面，学生可发挥信息技术在绘制函数图像方面的优势，借助几何直观探究函数最值，初步认识函数的极值与最值的关系。

问题2：判断下列命题是否正确(表2)，请说明理由。

表2　关于函数的极值与最值命题的判断

函数的极值(局部性质)	函数的最值(整体性质)
连续函数在闭区间上的极大值不会小于它的极小值(不正确)	连续函数在闭区间上的最大值不会小于它的最小值(正确)
连续函数在闭区间上的极大值就是它的最大值(不正确)	连续函数在闭区间上的最大值就是它的极大值(不正确)

【师生活动】通过四个有关函数极值与最值的真假命题判断，组织课堂活动，引导学生结合具体的函数图像对这两个概念进行辨析。

【设计意图】

通过概念辨析，引导学生理解极值是函数的局部性质，最值是函数的整体性质，并归纳出"闭区间上的连续函数的最大(小)值就是极大(小)值或端点处的函数值"这个一般结论，深刻认识函数极值和最值的区别与联系，体会数形结合的思想方法。

【小结2】闭区间上的连续函数的最大值就是它的极大值或端点处的函数值；闭区间上的连续函数的最小值就是它的极小值或端点处的函数值。

问题3：对于闭区间上的连续函数，能否只考虑驻点与区间端点处的函数值，就可以求得函数的最大值与最小值呢?

利用导数研究区间$[a, b]$上连续函数$y=f(x)$的最值的一般步骤：

(1) 求出函数$y=f(x)$在区间(a, b)内的驻点；

(2) 将函数$y=f(x)$在驻点与区间端点处的函数值进行比较。

其中最大的就是函数$y=f(x)$的最大值，最小的就是函数$y=f(x)$的最小值。

【师生活动】通过师生对话，提出能否只考虑驻点与区间端点处的函数值，就可以求得函数最值的问题，学生开展小组讨论，共同交流。

【设计意图】

通过问题驱动，引导学生领悟只需利用函数的驻点与区间的端点就能求得函数最值的一般方法，并进一步概括出研究闭区间上连续函数最值的一般步骤。使学生经历数学知识的产生与发展过程，体会从具体到抽象、从特殊到一般的思想方法，发展直观想象与数学抽象的素养。

(3) 环节三：变式探究，深度学习。

【例 3】 已知 $f(x)=x^2(x-a)$，a 是实数，求函数 $y=f(x)$ 在区间 $[0, 2]$ 上的最小值。

变式 1：已知 $f(x)=x^2(x-a)$，a 是实数，若函数 $y=f(x)$ 在区间 $[0, 2]$ 上的最小值为 $-\frac{1}{2}$，求实数 a 的值。

变式 2：已知 $f(x)=x^2(x-a)$，a 是实数，求函数 $y=f(x)$ 在区间 $[0, 2]$ 上的最大值。

【师生活动】 师生绘制函数的动态图像，结合函数的图像分析讨论，从而进行合理分类。鼓励学生探究问题的变式，引导学生从不同的角度分析、解决问题。

【设计意图】

探究含参连续函数在闭区间上的最值是本节课的难点，需要引导学生理解分类的原因，明确分类的对象和标准，从而分解难点。在此基础上，通过一题多变，引导学生从变中发现不变，从变中寻找规律；通过一题多解，促进学生积极思考、深入探究，提升学生思维的广阔性、灵活性和深刻性，让不同层次的学生都能获得研究的成就感。

(4) 环节四：课堂小结，形成结构。

① 闭区间上连续函数的极值与最值有怎样的关系？

② 利用导数研究闭区间上连续函数的最值的一般步骤是什么？

③ 在本单元的学习中，我们先后利用导数研究了函数的哪些基本性质？

【设计意图】

首先，师生共同总结、提炼课堂学习的重点；然后，从单元视角出发，厘清数学知识与方法的逻辑关系与内在联系，体会数学知识的连续性与整体性；最后，通过结束语“导数是微积分的核心概念，它是深刻把握函数局部与整体性质的重要工具，函数的最值问题又是推动微积分创立的四类问题之一”，感悟导数在研究函数问题中的重要作用和意义。

(5) 环节五：分层作业，巩固新知。

基础练习：

① 求函数 $y=-x^2+6x-1$ 在区间 $[0, 7]$ 上的最大值与最小值。

② 求函数 $y=x^3-3x$ 在区间 $\left[-\frac{3}{2}, 0\right]$ 上的最大值与最小值。

③ 求函数 $y=x-\ln x$ 在区间 $\left[\frac{1}{3}, 3\right]$ 上的最大值与最小值。

④ 求函数 $y=\sin 2x+2\cos x$ 在区间 $[0, 2\pi]$ 上的最大值与最小值。

⑤ 求函数 $y=ax^3-6ax^2+1(a\neq 0)$ 在区间 $[-1, 2]$ 上的最大值与最小值。

能力拓展(选做):

已知函数 $y=ax^3-6ax^2+b(a\neq 0)$ 在区间 $[-1, 2]$ 上的最大值为 3,最小值为 -29,求实数 a, b 的值。

【设计意图】

通过分层作业设计,促进学生主动化、个性化地学习,不同的学生在数学学习上都能得到最佳的发展。

四、总结与反思

"如何求函数的最值"这一核心问题的学习是基本贯穿整个函数大单元的,从对具体函数的最值的研究抽象得到一般函数的最值的概念,随即根据定义,将最值的概念与不等式以及函数的单调性相联系,利用不等式和函数的单调性求函数的最值。经过一段时间的沉淀,在学习导数的教学过程中再次提出"如何求函数的最值"这一核心问题,教师通过对导数定义的几何解释使学生认识到导数的正负性与函数的单调性有着密切的联系,从而再将导数与函数的最值联系起来。

在数学教学实践中,我们认识到"教"必须立足学生现有的知识水平和认知能力,才能促进学生的"学"。课堂上只有启发、引导、激励学生积极参与知识的发现与探究,才能促进学生学会学习、提升思维能力、发展核心素养。数学教学的灵魂是思维发展。因此,本节课采用了如下教学策略:(1)通过单元视角,引入新课课题,启发思考方法;(2)设置适切问题,搭建认知台阶,引导探索方法;(3)借助变式探究,积累活动经验,促进深度学习;(4)通过课堂小结,完善知识结构,提升核心素养。

参考文献

[1] 中华人民共和国教育部. 普通高中数学课程标准(2017 年版 2020 年修

订)[S].北京:人民教育出版社,2020.
[2] 章建跃.数学学科核心素养导向的"单元—课时"教学设计[J].中学数学教学参考,2020(16):6-12.
[3] 上海市教育委员会教学研究室.上海市高中数学学科教学基本要求(试验本)[M].上海:华东师范大学出版社,2021.

“双新”背景下数列课堂教学有效性的探究

——从“用递推方法解决数列问题”谈起

王殿全

一、问题提出背景

（一）政策背景

在“双新”背景下，课堂教学产生了新的课题。数列知识在高考中的重要性十分突出，数列题常在压轴题位置考查代数论证能力。数学高考题对等差、等比数列通项、求和及数列性质灵活运用方面的能力考查要求较高。数列高考题通常都是源于课本，难于课本，所以为了适新求变，提高数列课堂教学的精准性、有效性就显得非常必要。

《普通高中数学课程标准（2017 年版 2020 年修订）》（简称《课标》）指出，逻辑推理主要表现为：掌握推理基本形式和规则，发现问题和提出命题，探索和表述论证过程，理解命题体系，有逻辑地表达与交流。

（二）实践背景

引入知识的背景、情境或者问题要合乎逻辑。问题应自然地蕴含在引入知识的情境之中，是水到渠成的，不是生拉硬扯的。学生在学习知识与技能时不是孤立地完成学习的，而往往是在自己的大脑中建构一个知识与技能的网络，从而完成学习的。

二、要解决的问题

以雪花曲线、谢尔宾斯基三角形、分形树等问题为背景，水到渠成地把学生带到数列问题中，运用学生所学的等差数列、等比数列通项和求和知识等发现问题和提出命题，探索和尝试进行论证，建构一个知识与技能的网络，从而找到解决数列实际问题的方法。

在用等比数列知识解决雪花曲线问题，谢尔宾斯基三角形问题，分形树周长、面积问题的过程中感受递推的思想，激发学生学习数学的热情和兴趣，感受用几何画板软件探究数学问题的新方式。

三、解决问题的思路和过程

（一）选择用PPT展示关于雪花曲线、谢尔宾斯基三角形、分形树的知识

选用PPT能够省时，减少不必要的板书；便于教师、学生互动；能够集中学生的注意力，增强学生对数列应用题的兴趣；能够帮助学生主动根据教学内容去思考并学习，尝到走向成功的喜悦；能够培养学生运用现代信息技术的理念。

（二）选择"几何画板"软件进行教学

通过几何画板的演示，让学生能够在雪花曲线问题、谢尔宾斯基三角形问题、分形树问题等情境中，直观呈现变化发展的动态过程效果图，对各种图形形成感性认识；引导学生用数学的眼光观察图形并探索边数、角、边长、周长、面积等随着项数增加而发生的变化，为学生提出问题、分析问题和探索问题以及解决问题提供了极好的助力；增强学生的感性认识，化抽象的事物为具体的事物，让学生在思考过程中"兴奋"起来；培养学生的探索、观察、推理能力，根据所学的数列知识解决实际应用问题的能力，让学生理解数学的本质。

（三）采用课堂教学进行"有效性的探究"

教师在反复挖掘教材精髓的基础上，尝试在课堂上让学生真正回归学习主体地位。教师把教材中出现的雪花曲线、谢尔宾斯基三角形、分形树等问题归纳起来讲，根据学生现有的认知发展水平、数学知识之间的逻辑联系，有目的、有计划地设计一个个问题情境，引导学生积极探究；为学生的积极参与建构思维环境、提供原动力，并按照数学定理发现的一般程序、规律和方法对学生的数学创造活动进行鼓励、肯定、帮助、引导和评价；激励学生养成良好的探究习惯，激发学生的探究热情和创造性学习动机，鼓励学生探究数列问题的本质；培养学生发现问题和提出问题的能力、猜想与假设的能力、创新思维能力和创造才能，帮助学生认识科学收集实验数据的重要性和在实验中进行分析论证的重要性。学生在探究性学习中打破常规，寻求多角度、多方向思考问题，感知自己的体验和发现，在解决问题的过程中不断发现新问题，找到数列的通性通法。可见，教学有效性的探究是"双新"背景下改革的突破口。

（四）设计“短时间限时检测，自主完整表达”环节

在解决了雪花曲线问题之后，为了检查学生的理解能力、听课态度、计算能力，选择难度适中、题型相似度高的谢尔宾斯基三角形作为限时检测内容，把时间留给学生，增加课上练习的时间，缩短教师的讲授时间，调动学生的内驱力，提高学生学习的积极性，才能事半功倍，提高学习效果。应通过谢尔宾斯基三角形的检测，集中学生的注意力，及时反馈教学成果，加深学生的印象，查漏补缺，形成思维的闭环。

教师在课堂中讲评时，要通过表情、眼神、语言与学生产生共鸣，多一些热情的鼓励，少一些指责批评，及时帮助学生消除紧张情绪，对学习数列困难及缺乏自信心的学生更应做到这一点。要调动学生的积极性，提高课堂效率，让学生积极思考，增加学生学习知识的深度、广度。

（五）设计“趁热打铁，更进一步”环节

在解决了雪花曲线问题，又快速解决了谢尔宾斯基三角形问题后，学生信心满满，又急需找到一道题练练手，证明自己的实力，提升自己的解题信心，因此为了满足学生的需要，再给出分形树问题。这道题让学生有意识、有目的地对本节课探究解决雪花曲线与谢尔宾斯基三角形所运用的数列知识与解题方法进行针对性训练，继续拓展学生的视野，训练数学思维，学生通过一些巧妙的演算方法或数学思想方法，领悟到数列知识的奥妙；这道题鼓励学生运用求异思维，最大限度发挥创造力，教师不急于提供解题方法和答案束缚学生的思维，给学生发挥创新精神和创造力的最大空间。在学生具有扎实的数学基本功的基础上，教师引导学生通过发现、启发、反思等策略来化难为易，解决分形树问题，提高学生的数学抽象、逻辑推理、数学建模、数学运算、直观想象和数据分析等数学素养。

（六）课堂小结

一节课下来，学生头脑里涌进了大量的、零碎的数学量，如边数、角、边长、周长、面积等，特别是边数、角、边长、周长、面积等量在计算时容易混淆。通过课堂小结指导学生将边数、角、边长、周长、面积等数学的量联系起来，使解决数列实际问题的方法更加具有系统性和连贯性，形成解决数列问题的知识结构；促进学生内化知识，引领学生透过现象看本质，找到几个量的内在联系，理清雪花曲线、谢尔宾斯基三角形、分形树问题的解题思路，把握教学重点，巩固新知识，强化记忆；更重要的是，能促使学生带着问题思考，大大地激发了学生学习的热情和积

极性，帮助学生更灵活、更深刻地理解掌握如何用递推方法解决数列问题，丰富自己的知识体系，提高学生运用数列知识解决数列实际问题的能力。

课堂小结是师生之间、生生之间相互交流、合作的过程，既可使学生所学知识得到巩固，使课堂效果得到反馈，又可培养和提高学生的独立思考能力、分析问题的能力以及口头表达能力，更能培养提高学生的实践能力，在这一过程中学生的思维能力也逐步得以提升。课堂小结力求耐人寻味、余味无穷，起到画龙点睛的作用，使学生的思维在本节课教学的基础上再次“飞跃”，是启迪学生智慧的方法，更是一种高效率的学习方法。

总之，利用课堂小结既可以理顺知识、培养学生的学习能力，又能提高学生的思维品质，使教学环节更完整、学生思路更清晰，从而使课堂教学有一个完美的结尾。教师圆满地完成教学任务，学生也能为今后解决其他类型数列问题奠定基础。

四、总结与反思

本节课是从课本上的问题出发，帮助学生找到了数列应用问题的解决方法，提高了课堂教学的有效性。教师要抓住学生在课堂提问、作业、练习测评中暴露出来的问题来巩固课堂教学的有效性。

教师应提升课堂教学的有效性，让学生在学习时集思广益，充分发挥学生整体的智慧和优势；及时适度加以点拨，会起到事半功倍的效果；利用好平时作业、小题精练、阶段反馈数据等对课堂教学的即时反馈，实时改进，使每节课堂的教学都能做到优质高效。

附录 “雪花曲线”教学过程

（一）PPT 展示关于雪花曲线的阅读材料（课本第 132 页的第 2 题和课本第 165 页的第 2 题）

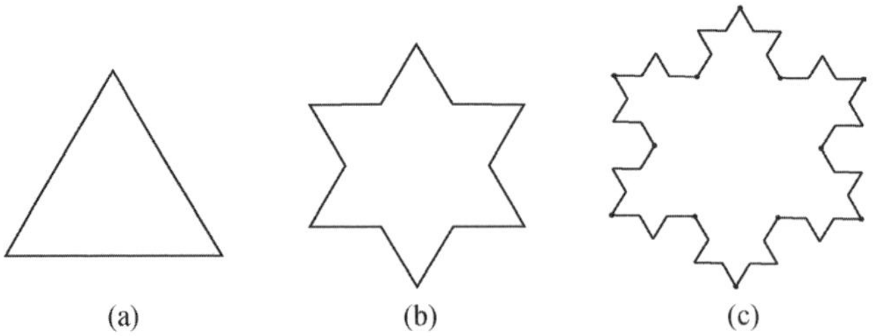

图 1 雪花曲线作图步骤

(1) 将正三角形[图 1(a)]的每边三等分,并以中间的那一条线段为底边向形外作等边三角形,然后去掉底边,得到图 1(b);

(2) 将图 1(b)中的每边三等分,重复上述的作图方法,得到图 1(c);

(3) 再按上述方法无限多次继续作下去,当我们对它无限分割的时候,这时整个图形的边缘看起来就好像是雪花的形状,这也就是它叫作雪花曲线图形的原因。瑞典数学家科克(Koch)于 1904 年画出了此曲线,如图 2 所示,故所得的曲线又称为科克曲线(Koch curve)。

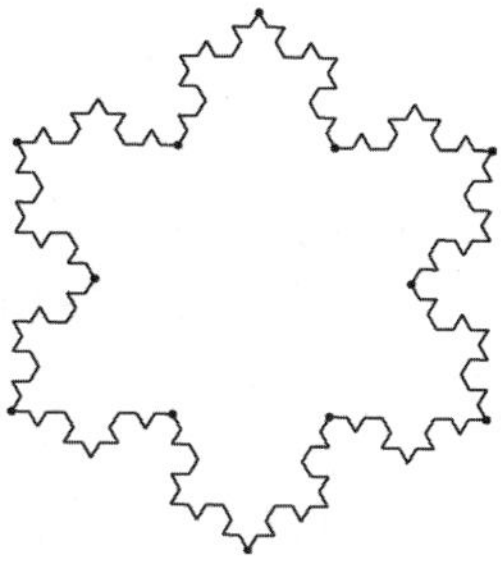

图 2　雪花曲线

(二) 用几何画板迭代功能自己作出雪花曲线随着边数增加的动态演示

引导学生观察雪花曲线每一条边的变化规律,如图 3 所示。

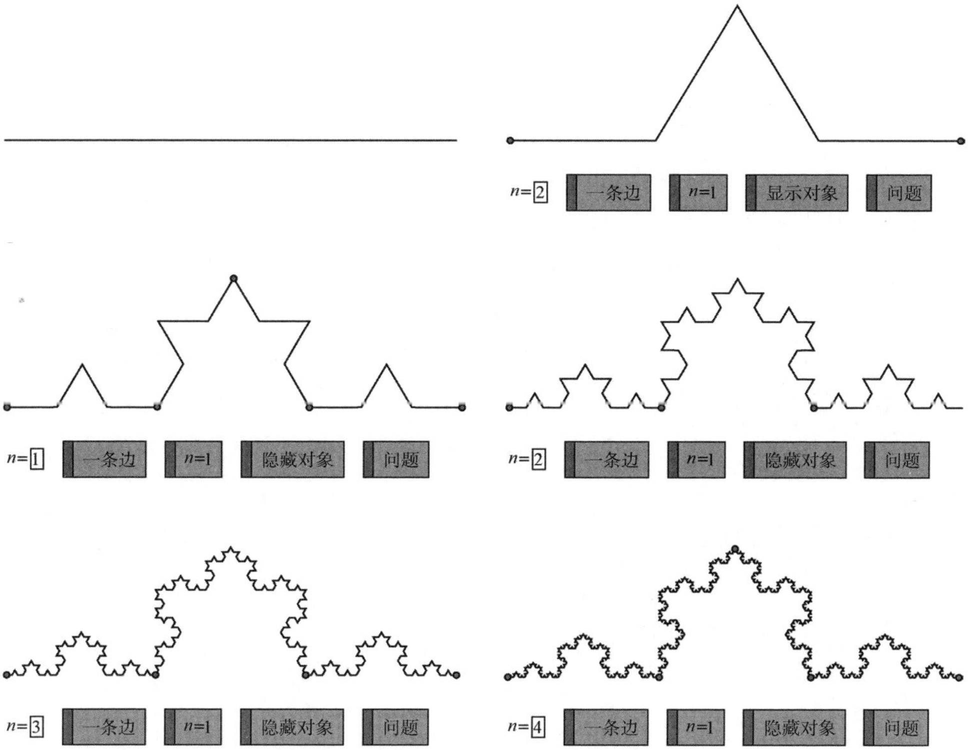

图 3　雪花曲线每一条边的变化

（三）引导学生探究变化的量

随着边数 n 增加，观察在雪花曲线中哪些量随着 n 的变化而变化。

学生通过几何画板的演示，小组讨论得出变化的量有 5 个：(1)图中的边数；(2)图中每条边的长度；(3)图的周长；(4)所围成的面积；(5)周长和面积的极限。

（四）学生提出问题，探讨解决方案

学生通过小组研究，根据本小组的问题，得出 5 个量的解决方案。

(1) 小组 A：归纳边数的变化特征，每个图形中的一条线段在后一个图形中变成四条线段。

解决方案：N_n 的递推公式为 $\begin{cases} N_n = 4N_{n-1}(n \geqslant 2) \\ N_1 = 3 \end{cases}$。其通项公式为 $N_n = 3 \cdot 4^{n-1}$。

(2) 小组 B：归纳边长的变化特征，图形中的每条线段长度在后一个图形中变为原长度的 $\frac{1}{3}$。

解决方案：T_n 的递推公式为 $\begin{cases} T_n = \frac{1}{3}T_{n-1}(n \geqslant 2) \\ T_1 = 1 \end{cases}$。其通项公式为 $T_n = \left(\frac{1}{3}\right)^{n-1}$。

(3) 小组 C：归纳周长等于边数乘以边长，因为 $L_n = N_n \cdot T_n$。

解决方案：L_n 的通项公式为 $L_n = 3 \cdot \left(\frac{4}{3}\right)^{n-1}$。

(4) 小组 D：归纳周长的变化特征，每个图形中的一条线段在后一个图形中变成四条线段，图形中的每条线段长度在后一个图形中变为原长度的 $\frac{1}{3}$，所以后一个图形是前一个图形的 $\frac{4}{3}$ 倍。

解决方案：L_n 的递推公式为 $\begin{cases} L_n = L_{n-1} \cdot \left(\frac{4}{3}\right)(n \geqslant 2) \\ L_1 = 3 \end{cases}$。$L_n$ 的通项公式为 $L_n = 3 \cdot \left(\frac{4}{3}\right)^{n-1}$。

(5) 小组 E：归纳面积的变化特征，图 1(a)中的正三角形的面积记作 S_1，则

$S_1=\frac{\sqrt{3}}{4}$。

当由 M_{n-1} 生成 M_n 时，在 M_{n-1} 的每一条边上多了一个面积为 $T_n^2S_1$ 的小等边三角形，这些小等边三角形的面积之和为 $N_{n-1}T_n^2S_1$，其中 S_1 的面积为$\frac{\sqrt{3}}{4}$(图 4)。

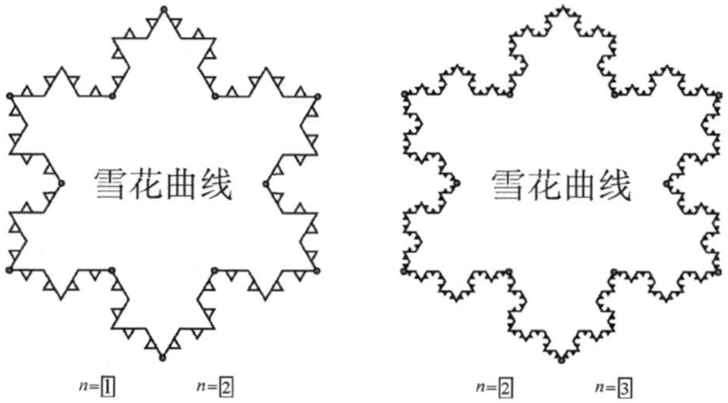

图 4　雪花曲线中的面积变化(学生:徐亚栋)

解决方案:科克雪花曲线面积的递推公式:

$$\begin{cases}S_n=S_{n-1}+N_{n-1}T_n^2S_1 \quad (n\geqslant 2)\\ S_1=\frac{\sqrt{3}}{4}\end{cases}$$

$\because S_n=S_{n-1}+N_{n-1}T_n^2S_1$

$\therefore S_n-S_{n-1}=N_{n-1}T_n^2S_1$

$\therefore S_2-S_1=N_1T_2^2S_1$

$S_3-S_2=N_2T_3^2S_1$

$\therefore S_n-S_{n-1}=N_{n-1}T_n^2S_1$

$\therefore S_n-S_{n-1}=N_{n-1}T_n^2S_1$

$\therefore S_n-S_{n-1}=N_{n-1}T_n^2S_1$

$S_n-S_1=S_1(N_1T_2^2+N_2T_3^2+\cdots+N_{n-1}T_n^2)$。

把 $N_n=3\cdot 4^{n-1}$ 与 $T_n=\left(\frac{1}{3}\right)^{n-1}$ 代入 $N_{n-1}T_n^2=\left(\frac{3}{4}\right)\left(\frac{4}{9}\right)^{n-1}$，

经简化得 $S_n-S_1=\frac{3}{4}\left[\left(\frac{4}{9}\right)+\left(\frac{4}{9}\right)^2+\cdots+\left(\frac{4}{9}\right)^{n-1}\right]S_1=\frac{3}{5}\left[1-\left(\frac{4}{9}\right)^{n-1}\right]S_1$

$\therefore S_n=S_1+\frac{3}{5}\left[1-\left(\frac{4}{9}\right)^{n-1}\right]S_1=\frac{2}{5}\sqrt{3}-\frac{3\sqrt{3}}{20}\left(\frac{4}{9}\right)^{n-1}$

容易验证：$S_1=\frac{\sqrt{3}}{4}$，$S_2=\frac{\sqrt{3}}{3}$ 等。

（6）小组 F：由周长 L_n 和面积 A_n 的表达式可知 $L_n=3\cdot\left(\frac{4}{3}\right)^{n-1}$。当 n 无限增大时，周长和面积也随之无限增大。

解决方案：因为 $\lim\limits_{n\to\infty}\left(\frac{4}{9}\right)^{n-1}=0$，

所以 $\lim\limits_{n\to\infty}A_n=\lim\limits_{n\to\infty}\left[\frac{2}{5}\sqrt{3}-\frac{3\sqrt{3}}{20}\left(\frac{4}{9}\right)^{n-1}\right]=\frac{2\sqrt{3}}{5}-\frac{3\sqrt{3}}{20}\lim\limits_{n\to\infty}\left(\frac{4}{9}\right)^{n-1}=\frac{2\sqrt{3}}{5}$

学生归纳总结：通过观察雪花曲线的形成，发现当 n 无限增大时，雪花曲线边上的折线演变成为曲线。由于科克曲线生成中的每一步操作都会使折线的长度增加，科克曲线边的总长度将趋于无穷大，面积有极限。

教师点拨：是否存在面积无限增大而周长有极限的图形？在周长相同的情况下，面积最大的是圆。要让面积增大，而使周长有限增加，就要保持圆形。假设面积无限大但这个图形周长有极限，那么这个图形就有边界；有边界就可以扩大边界，但这个图形的面积已经无限大，不可以再扩大边界了，以上矛盾。所以不存在面积无限增大而周长有极限的图形。

（五）短时间限时检测，自主完整表达

在小组讨论解决了雪花曲线的问题后，为了检查学生的理解能力、听课态度、计算能力，让学生自己尝试去做以下题目。

（课本第 145 页练习 4.3 中的第 2 题）：先作一个正三角形，挖去一个“中心三角形”（即以原三角形各边的中点为顶点的三角形），然后在剩下的小三角形中又挖去一个“中心三角形”。用黑色三角形代表挖去的面积，那么白三角形为剩下的面积（我们称白三角形为谢尔宾斯基三角形）。

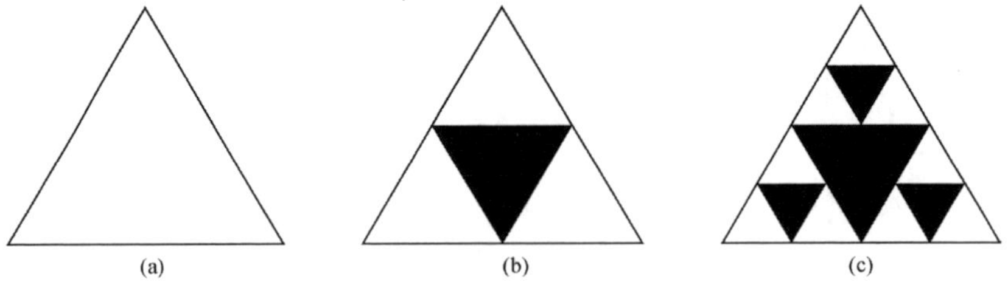

图 5　谢尔宾斯基三角形作图步骤

设图 5(a)中的等边三角形的边长为 1，并分别将图 5 中的图形依次记作

M_1, M_2, M_3。

(1) 求 M_n 的周长 L_n；(2) 求 M_n 剩下的面积 S_n；(3) 求周长和面积的极限。

在学生思考后，请学生分析解题思路并用几何画板演示解题过程。

学生 A 分析：图 5(a)中三角形的边长为 1，它的周长为 $L_1=3$；图 5(b)中白色三角形个数从 1 个变为 3 个，每个三角形的边长是上一个图形的$\frac{1}{2}$，周长 $L_2=3\left(\frac{1}{2}\times 3\right)=\frac{9}{2}=3\times\left(\frac{3}{2}\right)$，也就是后一个图形的三角形周长是前一个三角形周长的$\frac{3}{2}$倍。

学生 B 分析：再观察面积的变化，设图 5(b)中，黑色图形的面积为 $S_1=\frac{\sqrt{3}}{4}$；图 5(c)中，三个小的黑色三角形都与大三角形相似，每个小黑色三角形的边长是大三角形的一半，所以每个小黑色三角形的面积是大三角形的四分之一，$S_2=\frac{3}{4}S_1$。

同理，后一个图形的每个三角形面积是前一个图形的每一个三角形面积的$\frac{3}{4}$。

(六) 趁热打铁，更进一步

如图 6 所示的分形树，第一层是一条线垂直的线段，长度为 1，第二层在第一层线段的前端作两条与该线段成 135°的线段，长度为其一半；第三层按第二层的方法作图至第 n 层，设树的第 n 层的最高点至水平线的距离为 n 层的树形高度。试求：(1)第三层与第四层的树形高度；(2)第 n 层的树形高度 h_n；(3)若树形的高度大于 2，则称分形树"高大"，否则称"矮小"，试判断分形树是"高大"还是"矮小"。

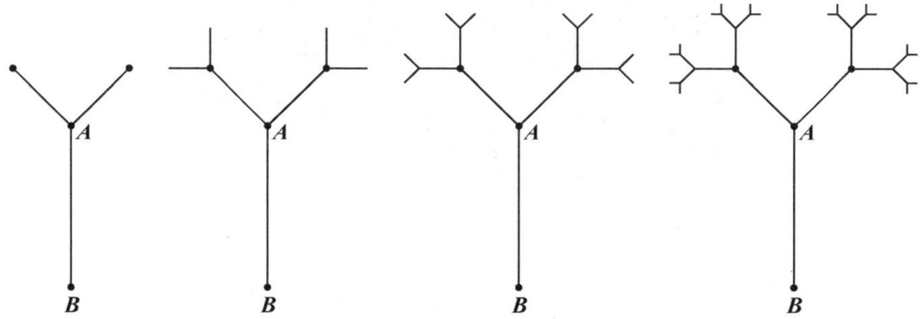

图 6 "分形树"图

学生分析得到：第一层线段的长度为 1，第二层的长度为$\frac{1}{2}$，第 n 层线段的长度为 $\frac{1}{2^{n-1}}$；奇数层的线段长度直接就是第 n 层的树形增加的高度。偶数层的线段长度乘以$\frac{\sqrt{2}}{2}$就是第 n 层的树形增加的高度。

(七) 举一反三

生活中还有许多有趣奇妙的问题，课本第 150 页 A 组第 7 题中的谢尔宾斯基地毯（图 7）、塔形雪花（图 8）、摇曳的毕达哥拉斯树（图 9）等都可以转化为用本节课讲的迭代方法来解决的数学问题。

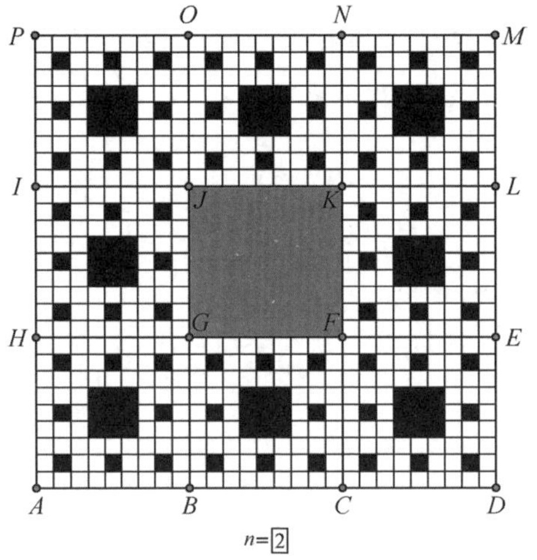

图 7　谢尔宾斯基地毯

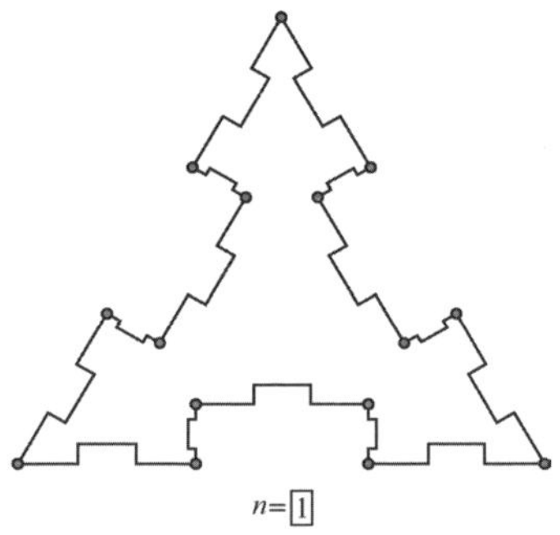

图 8　塔形雪花

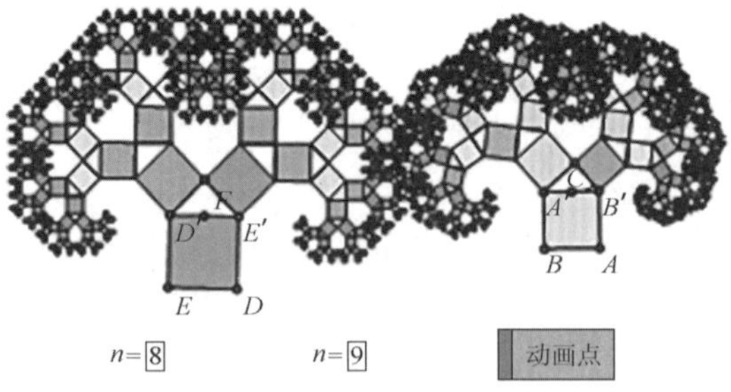

图 9　摇曳的毕达哥拉斯树

参考文献

[1] 中华人民共和国教育部. 普通高中数学课程标准(2017年版2020年修订)[S]. 北京:人民教育出版社,2020.
[2] 普通高中教科书 数学 选择性必修 第一册. 上海:上海教育出版社,2021.

落实“双新”的两个关键环节

——课堂教学与课后训练

叶友军

一、问题提出背景

（一）政策背景

《普通高中数学课程标准（2017 年版 2020 年修订）》（简称《课标》）提出，高中教育要从“知识核心”与“能力立意”向“素养导向”转变，全面发展学生的数学核心素养，落实立德树人根本任务。核心内容就是：“高中数学教学应当使学生在数学学习过程中，逐步形成良好的数学素养，培养学生终身发展和社会发展所需要的关键能力。”

（二）实践背景

如何落实“全面发展学生的数学核心素养”？笔者认为需主抓数学教学两个关键环节，一是课堂教学，二是课后训练。其中课堂教学要从以教师为中心转变为以学生为中心。课后训练要聚焦培养学生的数学抽象、逻辑推理、数学建模、直观想象、数学运算、数据分析六种能力。

二、要解决的问题

中华人民共和国教育部解读《中共中央　国务院关于深化教育教学改革全面提高义务教育质量的意见》时提出，“课堂是教育的主阵地、主渠道，要创新教育教学方式，变单纯的满堂灌填鸭式教育为启发式、互动式、探究式和体验式，让学生在学校、在课堂上学得活一点、实效大一点”。结合我们的实际教学情况，笔者认为传统的数学教学中主要存在两个问题。

问题一：不少高中日常数学课堂，无论是讲授新课还是习题课，经常出现教师把知识的发生、演变，解题过程中需要的审题、分析、书写、表述等都倾囊相授的情形。但课后学生往往感到“听得懂课,但还是不会做题”。主要原因就是学生没有主动动脑、动笔去亲身感受知识的发生、演变,导致对教师讲过的知识与技能理解的程度肤浅,之后很快遗忘。这就是事倍功半的典型实例,为此笔者建议,在学生接触新知识时,教师要站在学生的角度,与学生的思维同步,与知识的发生发展同步。

问题二:教师在备课中缺少对例题、练习题、课后作业的精心科学设计,使学生没有明确哪些是基础知识,不知道如何运用基本技能和基本数学思想方法。特别是例题设计不能锻炼学生的创新思维能力。学生课后做题目总感觉相当困难,慢慢地,其对学习数学产生了畏难和厌学情绪,对学习数学兴趣不大。

上述课堂教学中存在的问题,导致教师在培养高中生逻辑思维、计算、提取信息、规范表述、创新思想等数学核心素养上大打折扣。为此笔者进行了大胆的课堂教学变革。

三、解决问题的思路和过程

为了更好地尊重学生的认知规律,重视其思维体验,促进其思维发展,笔者主要改变两个方面,一是备课时在教学流程上进行精心设计;二是对例题、练习题进行精准设计。

(一) 针对不同的课题设计不同的教学流程

教材必修第一册 2.1(2)“一元二次方程的解集及根与系数的关系”教学流程如图 1 所示。

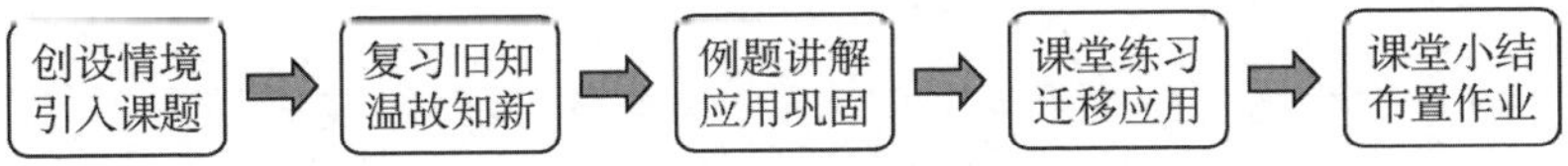

图 1 “一元二次方程的解集及根与系数的关系”教学流程

教材必修第一册 2.1(3)“不等式的性质(第一课时)”教学流程如图 2 所示。

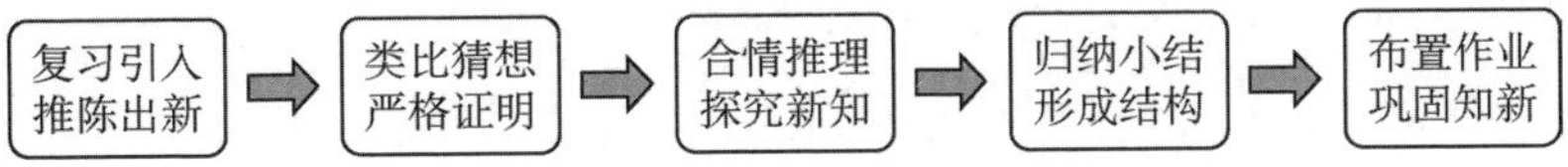

图 2 “不等式的性质(第一课时)”教学流程

教材必修第一册 3.2(1)“对数的定义”教学流程如图 3 所示。

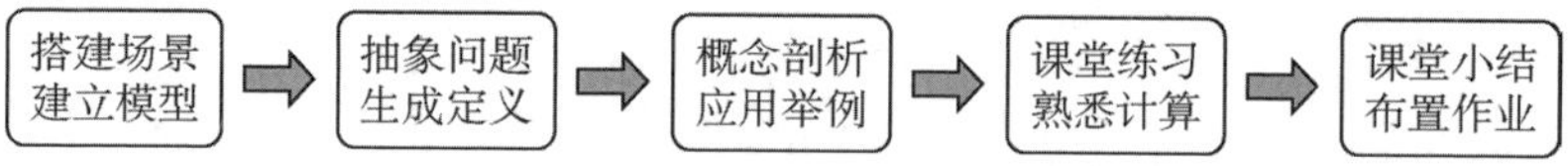

图 3 “对数的定义”教学流程

为设计这些不同的教学流程，教师要在详细阅读教材、《课标》的基础上，分析教学内容适合哪种方法引入课题、如何激发学生的学习兴趣、培养哪些核心素养和如何巩固提高所学知识与技能。

（二）改变上课方式

教师上课由原来的以教师的讲授为主转变为以教师指导学生学习为主；由原来以教师为中心的模式转变为以学生自主阅读为中心的模式，学生自主领会每节课要学习什么。尤其要对课堂讲授的例题进行设计，要突出下面两个方面的特征。

1. 突出基础性、典型性和示范性

例题是连接理论知识与问题的桥梁，示范性强，如解题的思路指导、解题步骤的表达、书写的格式等均有一定的标准要求。在学习教材必修第二册中向量的相关知识与技能时，笔者设计了这样一道题：

已知 A、B 为平面上的两个定点，且 $|\overrightarrow{AB}|=2$，该平面上的动线段 PQ 的端点为 P、Q，满足 $|\overrightarrow{AP}|\leqslant 5$，$\overrightarrow{AP}\cdot\overrightarrow{AB}=6$，$\overrightarrow{AQ}=-2\overrightarrow{AP}$，则动线段 PQ 所形成图形的面积为(B)。

A. 36　　B. 60　　C. 72　　D. 108

教师提出如下问题，请学生思考并回答：

(1) 题目中给出了几个条件？分别是什么？

(2) 你能解读每一个条件吗？能将条件转化为具体的图形吗？

(3) 题目最终要解决什么问题？

学生刚开始对题目提供的四个条件还不清楚，教师不要直接告诉学生，要让学生自己找出来。然后再让学生对每个条件进行分析、解读。

① 已知 A、B 为平面上的两个定点，且 $|\overrightarrow{AB}|=2$；② $|\overrightarrow{AP}|\leqslant 5$；③$\overrightarrow{AP}\cdot\overrightarrow{AB}=6$；④$\overrightarrow{AQ}=-2\overrightarrow{AP}$。

如果学生对每一个条件如何分析，如何形成图形不太清楚，这时教师就要向学生依次解读每一个条件，启发学生进行分析，完成如图 4 所示的画图过程。

当学生经历了由“代数条件”转化为“几何图形”的演变过程后，自然就迅速得出了答案，也体验到了数形结合的思想方法。同时学生也理解了向量知识，打通了代数、三角、几何等知识内容。教师在设计这类题目时，要突出与学生进行

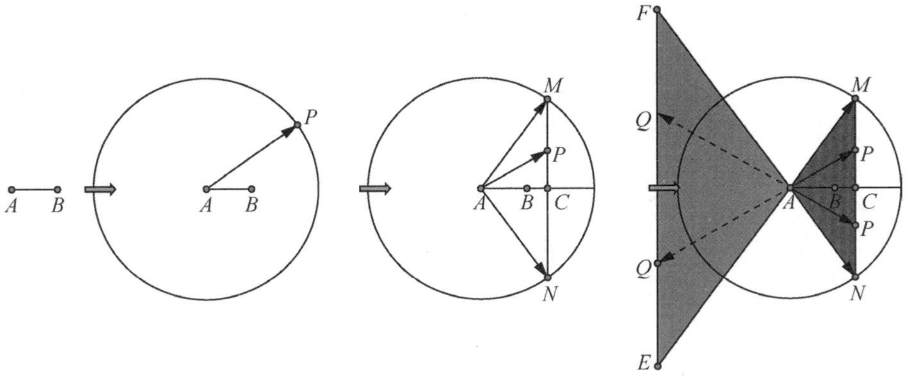

图 4　形成几何图形

合理的互动，一般提出下面几个问题：

（1）你如何审题？题目提供了什么条件？你会分析这些条件吗？

（2）题目要求解什么问题？解决这一问题需要什么条件？

（3）通过对解题过程的体验，你的困难是什么？收获是什么？

2. 突出思维的层次性

比如在讲解二项式定理的知识与技能时，笔者从基础型、中档型、创新型三个层次设计例题，并对学生的完成要求进行了设计。

例 1　（基础型）完成要求：全体学生完成，并回答题目涉及什么知识点、技能点。

（1）已知二项式 $(2x+1)^5$，则展开式中含 x^2 项的系数为________。

（2）$\left(x+\dfrac{1}{x}\right)^n$（$n$ 为正整数）的二项展开式中，若第三项与第五项的系数相等，则展开式中的常数项为________。

例 2　（中档型）完成要求：学生分组完成，并回答二项展开式系数最大如何处理。

已知 $(1+x)^n$ 的展开式中，唯有 x^3 的系数最大，则 $(1+x)^n$ 的系数和为________。

例 3　（创新型）完成要求：请学生阅读完题目，先思考教师设计的下列问题。

已知 $(1+2\,023x)^{100}+(2\,023-x)^{100}=a_0+a_1x+a_2x^2+\cdots+a_{100}x^{100}$，若 $0\leqslant k\leqslant 100$，且 $k\in N$，当 $a_k<0$ 时，则正整数 k 的最大值为________。

（1）本题考查了什么知识点？基础知识有哪些？

（2）a_k 表示什么？如何得到 a_k？

(3) a_k 的符号由什么决定？

(4) 为什么可以求正整数 k 的最大值？

不少学生一看到新颖的题目就不会思考分析，等着教师讲授。为了解决这个问题，教师应结合具体题目为学生解题进行铺垫，引导学生进行思考、分析。在学生回答上述问题的基础上，教师再进行点评和指导，和学生一起进行规范解析，从而形成学习知识与技能的一个闭环过程。

（三）聚焦核心素养，设计课后作业

以前教师在设计课后作业时，比较随意，没有以培养学生的六大核心素养为目的进行设计，学生往往陷入了“题海”，费时费力，效果不佳。为此我们结合《课标》对课后作业进行精准设计，主要突出“四基”（基础知识、基本技能、基本思想和基本活动经验）和创新。

1. 基础题

为了接近学生基本能力的最近发展区，有必要设计基础练习。基础练习要聚焦各章节的概念、定义、公式、性质、运算法则、图像等进行设计。解题步骤尽量简洁。这种题很受学生欢迎，例如为高三学生设计每日 5 分钟的限时训练。

(1) 若复数 z 满足 $\frac{z}{1+i}=i$（i 为虚数单位），则 z 的共轭复数为________。

命题目标：考查复数运算和概念。

(2) 在 $(x-1)^6$ 二项展开式中，x^4 项的系数为________。

命题目标：考查二项式定理展开式、通项公式和基本运算。

(3)在 $\triangle ABC$ 中，若 $BC=2$，$\angle A=45^\circ$，$\angle B=30^\circ$，则 $AC=$________。

命题目标：考查正弦定理和特殊角的三角值。

(4) 在等差数列 $\{a_n\}$ 中，$a_n=n+c$，S_n 是数列 $\{a_n\}$ 的前 n 项和，若 $S_7<0$，则 c 的取值范围是________。

命题目标：考查等差数列的概念和公式。

(5) 已知实数 a、b 满足 $ab=1$，则 $4a^2+9b^2$ 的最小值为________。

命题目标：考查“均值不等式”的理解和灵活运用。

2. 能力拓展题

为了培养学生的创新思维能力，有必要设计源于教材又高于教材的创新型题目，对学生进行发散思维、创新思维能力的培养。比如在高三二轮复习阶段，设计每周的能力拓展。

(1) 如图 5 所示，公园欲建设一段斜坡，坡面与水平面所成的角为 θ，斜坡

顶点距水平地面的垂直高度为 4 米，游客沿着斜坡向上每走 1 米，消耗的体力为 $(1.025-\cos\theta)$，要使游客从斜坡底走到斜坡顶端所消耗的总体力最小，则 $\theta=$________。

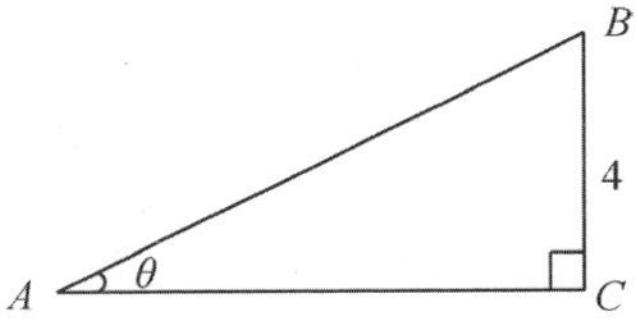

图 5　能力拓展第(1)题

命题目标：考查考生对教材例题进行创新改编的能力。

(2) 如图 6 所示，已知正方形展区 $ABCD$ 边长为 1.2 千米，E 距 AB 和 AD 的距离都为 0.2 千米，F 距 BC 和 CD 的距离都为 0.4 千米，若有一个圆形跑道经过 E、F 两点，且与 AD 只有一个交点，则圆形跑道的周长为________(精确到 0.01 千米)。

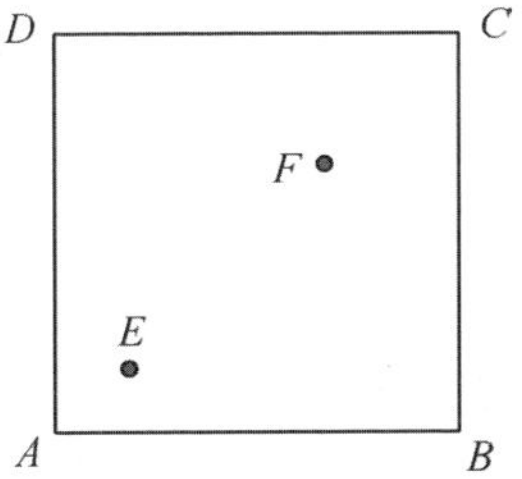

图 6　能力拓展第(2)题

命题目标：考查考生的数学建模能力。

学生在做这些题目时，明显感受到试题设计新颖，解题方法多样，思维挑战性强。这样的题目也能较好地激发出学生求知的欲望和热情。

通过转变高中数学教学模式，我们主要让学生在课前、课中、课后愿意主动参与，通过学生主动阅读、思考、动笔、动脑，把培养学生数学核心素养、激发学生的求知欲这一目标真正落地。

四、总结与反思

随着新课标、新教材、新高考的陆续实施，通过教学改进提升学生的数学核心素养已然成为业界共识，也是摆在高中数学教师面前的一项挑战。既要全面领会新课标，又要合理使用好新教材。使用新教材后，笔者进一步反思，认为当前高中数学教学还需要在以下六个方面进行改进和提升。

(1) 高中数学新教材各章节内容的编写还有待调整和改进，各章节的教学顺序有待进一步优化。

(2) 上海市高中数学新教材中各章节配备的练习题大都是基础型题目，缺少指向高阶思维和创新能力的题目，教师在备课时要适当增加习题方面的设计。

(3) 结合高中生的生活设计数学问题，突出培养数学建模能力和运用数学知识与技能解决问题的能力。

(4) 学生的数学学习存在被动、机械学习现象，缺乏主动性和内驱力。应进一步跟进调研成因和探索培养学生数学核心素养的各种教学方式。

（5）教师的教学设计、教学手段还不够多样，要加强与现代信息技术深度融合，比如建立各章节题库，突出基础型、高阶思维型、创新能力型题目。教师在运用现代信息技术方面的能力还比较欠缺，比如在录制教学视频以及使用教学软件制作课件以增强学生学习的兴趣方面还有很大的提升空间。

（6）避免把"刷题"作为提升能力的唯一方法，要把培养学生的各项核心素养摆在核心位置。

总之，培养高中生数学核心素养的关键在于需要从教师的教和学生的学两方面入手，当学生对教师的教产生了极大的兴趣时，学生学习数学的积极性就被调动起来了。

参考文献

[1] 中华人民共和国教育部. 普通高中数学课程标准（2017 年版 2020 年修订）[S]. 北京：人民教育出版社，2020.

[2] 新闻办就《关于深化教育教学改革全面提高义务教育质量的意见》有关情况举行发布会，https://www.gov.cn/xinwen/2019-07/09/content_5407628.htm.

跨学科项目化学习案例

——“实验室艺术微改造”

易雪莲　李冬青　潘青云　王　辉　韩　余

一、问题提出背景

(一) 政策背景

“跨学科”教学是符合新时代对于新人才的要求、是体现当今世界 STEAM 教育[①]理念的典型教育模式，也是符合国家“双新”教育改革方向的教学方式。跨学科教学以一个学科为中心，选择一个中心主题，运用多个学科知识，对这个中心进行设计。它能打破学科之间的壁垒，促进各学科知识的优化与整合，培养学生跨学科思维和解决问题的能力。

(二) 实践背景

本课程以“‘学生主参与，教师次引导’的师生融合方式共同改造实验室环境”为具体的教学活动，来实现“有理想、有修养、有爱心”这一学校育人目标。整体课程实施将锻炼学生综合性、独创性设计思维和创新能力，真正培养学生乐于助人、敢于担当、善于合作的良好品质。本课程涉及多个学科核心素养，如：艺术核心素养——审美判断、创意实践，工程技术核心素养——工程思维、创新设计、物化能力，信息技术核心素养——数字化学习与创新等素养。

二、要解决的问题

学校拥有智能钢琴创新实验室、低碳实验室、创意机械工作坊等 16 个创新

① STEAM 教育代表由科学（science）、技术（technology）、工程（engineering）、艺术（arts）和数学（mathematics）等多学科共同构成的跨领域课程。

实验室。虽然实验室数量多，种类齐全，设备先进，但在教学实施过程中学生对实验室的利用率不高。同时，由第三方公司设计装修的实验室多侧重于单一环境的设计，缺少人性化教学理念体现。比如，室内区域划分不明确，不利于学生展开互动讨论等合作学习，导致学生学习的积极性不足。如何最大程度发挥实验室的功能，使实验室成为更专业更个性化的学习场所、如何提供学生沉浸式的学习体验、如何利用创新实验室培养学生的创新精神等核心素养，是本文要解决的问题。

三、解决问题的思路和过程

（一）解决问题的思路

“实验室艺术微改造”可提升学生审美意识、知识融合、设计创造、实践操作等方面的工程创意素养。“微改造”项目的需求调研、方案设计、可行性研判等实践学习，可使学生形成综合性设计思维与独创性设计思维。“微改造”项目的施工改造、项目结算、成果发布等实践学习，可提升学生的沟通、合作能力，以及问题解决能力，并使学生成长为乐于助人、敢于担当、勇于创新、身心健康的时代新人。

（二）解决问题的过程

1. 设计问卷，了解诉求

真实情境一：就创意机械工作坊而言，实验室的内部环境不够温馨。学生提出：希望实验室里有一个可以供学生边设计边探讨的小空间，最好采光好一点。

真实情境二：智能钢琴创新实验室具备丰富的乐器，是艺术氛围浓厚的地方。学生提出：教室只有两个前置音箱，没有后置音箱。对于一个专业的音乐专用教室来说，音响的缺省一定会导致视听感受的削弱。

设计针对“实验室艺术微改造”的问卷，通过对相关信息的统计和分析（图 1），我们发现：学生对自主学习空间有很强的渴望，希望实验室是一个专业性强、宽松的、有自主性的、适于沉浸学习的、具有学术氛围感的地方。我校的创新实验室在环境与营造良好体验感方面有明显的不足。

2. 创设情境，整体布局

基于问卷反映出的情况，笔者把“学习空间设计”和“教室环境配置”确定为本课程的两个核心驱动问题。“学习空间设计”是对教室进行分隔，使空间灵活多变，满足层次丰富的学习需求。“教室环境配置”则是利用具有一定风格的软装产品来装饰教室空间，达到调节心理的效果，营造沉浸式的学习氛围。

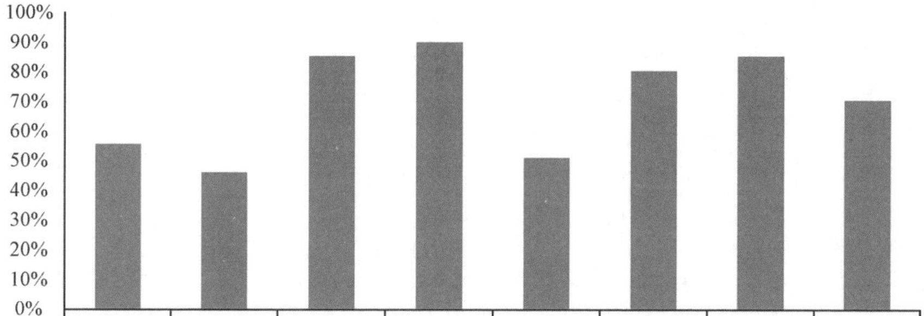

	实验室未达到温馨体验	实验室功能划分不明确	实验室布局对学习很重要	希望实验室提供自主学习空间	在实验室体验学术氛围	对实验室色彩与空间布局的需求	对实验室缓冲区的需求	实验室环境的解压作用
■比例	55%	45%	85%	90%	50%	80%	85%	70%

图 1　针对“实验室艺术微改造”的学生问卷数据分析

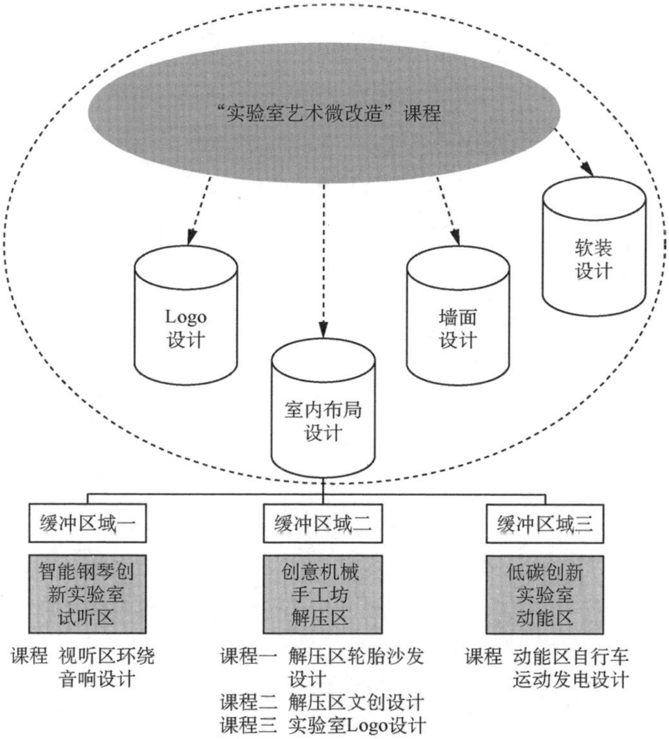

图 2　“实验室艺术微改造”课程架构

本课程结合艺术、劳动技术和信息技术，依据核心驱动问题，以“实验室艺术微改造”为课程的显性目标，用跨学科教学方式开发四门单元课程——Logo 设计、室内布局设计、墙面设计和软装设计(图 2)。围绕“改造”这一富有自主性和创意性的主题开展跨学科创新教学。本案例以“室内布局设计”中的“缓冲区域二”为例,详细阐述解压区轮胎沙发设计、解压区文创设计与实验室 Logo 设计,采用大单元模式,由浅入深地从手工艺术阶段到技术赋能阶段,再逐渐过渡到人工智能阶段的创作设计。

3. 师生共创,共同实施

设计前期由学生头脑风暴产生方案,教师参与对比方案。挑选最优方案后,对设计与制作进行课程化编排,开发系列设计课程并完成制作,最终成果以产品发布会的形式展现。

以下为部分课程案例,呈现单元化课程实施过程。

单元一 手工艺术阶段

(1) 单元主题:创意机械工作坊解压区——空间屏风设计(文创产品)。

(2) 涉及学科(领域):艺术设计、手工艺术、劳动技术。

本单元要重点培养的学科核心素养见表 1。

表 1 手工艺术阶段要培养的学科核心素养

学科	美术	劳动技术
核心素养	美术表现	图样表达
说明	教室空间改造设计方案以及解压区文创产品的材料选择、外观造型、色彩图案和制作方法确定之后,用草图的方式加以呈现	
核心素养	创意实践	创新设计、物化能力
说明	设计制作真实的解压区文创产品,在设计思维理论方法的指导下,进行整体构思、创意设计、方案对比、分步实施、手工缝制、物化呈现,并还原到真实环境中进行展示和检测,不断反思优化设计方案,为下一步学习积累经验	

(3) 课程实施:本单元课程实施过程分为三个步骤。

① 提出问题、定义需求、确定方案。

实地考察 B416 教室,确定活动的核心问题:如何合理改造教室空间,增添新的功能并使其具有一定审美风格?

学生头脑风暴后提出“屏风”和“垂帘”方案。

“屏风”方案是将屏风放置于地面,自由分割空间,但缺乏稳定性。而“垂帘”方案则是从天花板垂下一根木棍,用线将其与墙面的两侧挂钩连接,将扎染作品挂在木棍上,形成空间分离。经过分组讨论,最终一致确定用可折叠、可移动的屏风能灵活方便地分隔、改造教室空间。此外,确定选材、工艺、制作、审美风格等细节要点,并加入手工蓝染这一传统民间工艺形式,完成制作。

② 领取任务、创意设计、发展思维。

学生以小组为单位自主选择、领取任务。根据任务，以学习单的形式记录创意设计的思维发展过程，过程包含：预想的造型图案、扎染方法、实际产生的图案效果以及反思与分析。

③ 发布产品、还原场景、检测实效。

在产品发布活动中，各小组将屏风布与屏风的组合、抱枕、坐垫、桌布和其他小物件等还原为教室的真实场景，供展示评价。

各小组交流创作过程，分享创作心得。邀请师生体验新教室空间，听取意见，优化设计方案，为后续学习积累经验。

单元二　技术赋能阶段

（1）单元主题：创意机械工作坊解压区——轮胎沙发设计。

（2）涉及领域：劳动技术、艺术、信息技术。

本单元要重点培养的学科核心素养见表 2。

表 2　技术赋能阶段要培养的学科核心素养

学科	美术	劳动技术
核心素养	审美判断	工程思维、物化能力
说明	对解压区轮胎沙发的材料选择、色彩搭配，以及运用电脑绘图技术设计、调整尺寸、手工制作、物化结果等学习步骤，进行详细的过程记录，完成学科核心素养的实施	

（3）课程实施：本单元课程实施过程分为五个步骤。

① 教师带领学生实地考察创意机械工作坊需要改造的“休闲角”，确定轮胎沙发和茶几制作的基本方向。

② 通过自行查阅资料和与相关老师沟通，用草图结合文本的方式制订方案。

③ 对轮胎沙发和茶几的外形、色彩等用电脑动画形式制作出 3D（3-dimension，三维）视觉效果，并加以完善与优化。

④ 学生分组，完成选材、制作、评价、改进、完善这一系列步骤。

⑤ 用电脑完成设计（图 3），进行实物制作。

单元三　人工智能阶段

（1）单元主题：实验室 Logo 设计。

（2）涉及学科：劳动技术、美术、信息技术。

本单元要重点培养的学科核心素养见表 3。

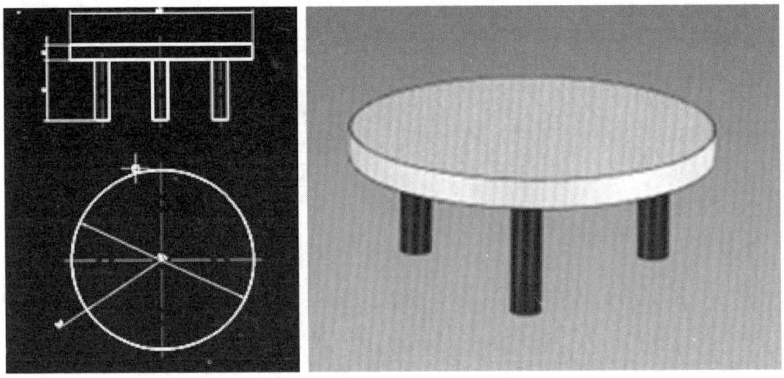

图 3 轮胎沙发和茶几的电脑设计

表 3 人工智能阶段要培养的学科核心素养

学科	美术	劳动技术
核心素养	审美判断、文化理解	图样表达、创新设计
说明	对实验室空间 Logo 进行设计，借助美术学科的构图知识进行草图设计，从设计原理的角度完成 Logo 的图样表达，从文化理解的角度理解 Logo 的价值意义。同时，采用人工智能技术完成设计实施的全过程，学科核心素养贯穿其中	

(3) 课程实施：本单元课程实施过程分为五个步骤。

① 分析实验室的功能性差异，确立各实验室 Logo 的设计需求。

② 掌握设计标志的基本理论。

③ 收集网络信息，了解设计的美学要求、创意要求、环境融合要求、技术要求，并建立一定的创意概念。

④ 绘制并提交草图，进行设计方案对比(表 4)，确立最优方案。

表 4 "实验室 Logo 设计"方案对比

Logo 设计方案	优点	缺点	中标方案
方案一 (设计者：吴布耳)	设计语言简洁统一，设计意图明确，内涵丰富	无	方案一的设计内涵丰富，表达准确，设计语言简洁统一
方案二 (设计者：肖昊天)	设计内涵丰富	设计语言不够统一	
方案三 (设计者：朱瑾)	设计语言统一、图文并茂	设计不够简洁明了	

⑤ 通过 3D 建模，使用激光雕刻机打印，并生成实物(图 4)。

图 4　制作过程与成品实物

四、总结与反思

当所有产品都真实地呈现出来后，组织产品发布会。在发布会上，经由各小组推选的发言人主要围绕设计意图、设计亮点阐述本组作品。设计的核心在于创意，大家聚焦创意，进行及时的学习与反思，逐步建立起了“好的设计”的概念与标准。

根据《课标》中“设计模块”的“学业质量水平”要求，我们为学生设计了包括对学习成果与学习过程等多个维度的评价量表。另外，我们还鼓励小组录制小视频，通过网络传播推广学习成果。

笔者基于课程的设计与实施，进行理论总结与反思，及时对教学生成的聚焦项目化学习、设计思维、创意设计等核心概念的“实验室艺术微改造”进行思考。针对本课程的缘起、项目设计概念与实施做了详细的记录，对涉及的教育理念——跨学科学习下的项目化学习做了细致的总结与反思，如对从驱动问题的形成到任务的实施，再到合力协助完成项目以及成果发布与展示等一系列过程进行总结与完善。同时通过后期反思，尝试对项目化学习进行分类，整理并提炼“设计制作类”项目化学习的方法、步骤与流程，借此给其他项目化学习类型提供参考依据。

在整个系列课程中，学生充分体会到学科知识交融的丰富性，体会到了动手设计与制作的快乐。学生在亲手营造自主学习空间的同时，也尝试用审美意识成就艺术空间。他们在课程进行中学习了设计思维与方法；在项目准备期完成了问卷和驱动问题的确定；在项目实施期间经历了草图设计、方案确立与实施的过程；在项目展示期完成了产品发布、实地检测等活动。整个流程需要学生动脑动手与合力协作，健康科学地引导学生完成提出问题、分析问题、设计方案、实施方案等重要环节。

我们认为，在项目化学习的实践探索中，虽然每个环节都很关键，但对驱动问题的界定尤为重要。具有挑战性的驱动问题是项目化学习的特征之一，它起着“启发学生高阶思维，引领学生持续探究”的重要作用。因此，只有把握项目化学习的核心、任务的实质，才有对驱动问题清晰的界定和准确的表达，才能逐步引导学生进入深度学习的境界。我们深刻体会到，加强学习、更新观念、开拓思路、勇于探索是提升自我的有效途径。

只有在真实的教学情境中，才能以项目化学习的理念与方法促进知识与技能转化为解决问题的能力，发展高阶思维，并将能力迁移运用到实际生活中去。

参考文献

[1] 蔡清田. 核心素养导向下的校本课程开发[M]. 长春：东北师范大学出版社，2020.
[2] 上海市教育委员会研究室. 中学艺术单元教学设计指南[M]. 北京：人民教育出版社，2018.
[3] 钟启泉. 教学设计[M]. 上海：华东师范大学出版社，2022.

“双新”背景下高中美术鉴赏教学的几点探索

——以“从远古走来的青铜艺术”为例

张　蕾

一、问题提出背景

（一）政策背景

《普通高中美术课程标准（2017 年版 2020 年修订）》倡导用问题导向的方式引导鉴赏教学。高中美术鉴赏课有美术学科独特的育人功能，引导学生通过观察、感知、体验、思考、探究、创造和评价等具有美术学科特点的学习活动，形成美术学科核心素养，促进学生的全面发展。

（二）实践背景

“双新”的实施，育人理念的落实，需要教师在教学观念和学科实践上作出新的探索。“双新”强调的核心素养理念与课堂教学实践之间贯通的关键点，是教师在教学行为上的转变，要“看见学生”。教学为学生而教，要反映学生的需要与趣味。在学生原有知识结构的基础上，调整完善课堂教学的运行模式，对学生的不同观察点、不同思维方式和对不同领域知识的交融与建构，进行更多的引导，给予学生一种多角度、多层次、探究式的学习体验。

新课程所使用的教材与以往教材不同，其主题内容、呈现形式更加开阔、多元和灵活，更加具有时代特征和文化气息。高中美术鉴赏课将美术学科素养的五大概念（图像识读、美术表现、审美判断、文化理解、创意实践）进行了案例分解和具体化呈现，将学科知识做了整合汇集，在指导性、操作性方面更强，是在之前教学基础上的优化与重组。

二、要解决的问题

新课程注重基于大观念和基本问题的学科概念和知识点与学生生活经

验的关联，注重在真实的问题情境中，依据问题导向，引发学生主动探究，用美的方式解决自己生活中的问题。教师的“教”，需要服务于学生在整个成长过程中的“学”。学生的全面发展、思维品质和能力的提升是教学的最终目的。

学生是学习的主体。要激发学生的动力，提高学生学习的主动性、积极性，帮助学生有效提升学习效率，需要寻找调动学生的有效手段，采用针对性的激励措施。基于真实情境和问题解决的学科实践、注重项目设计和探究的综合学习、强调实践创新的实验教学等都是可借鉴的模式。如何优化课堂的结构、走向深度学习，如何引导学生对所学知识进行可持续思考与升华，以达成核心素养的培养目标，这是笔者在“从远古走来的青铜艺术”一课中的思考点。

三、解决问题的思路和过程

本案例内容选自高中美术新教材《美术鉴赏》（必修）第二单元第 4 课《青铜时代》。青铜艺术是我国古代美术的重要代表，商周时期的青铜工艺在世界上处于领先地位，因其成就辉煌灿烂，这一时期也被称为“青铜时代”。教材选用了商后母戊鼎、商四羊青铜方尊、西周大克鼎、战国曾侯乙编钟等具有代表性的青铜器。通过鉴赏，学生能够了解中国古代青铜器的简要发展历史、文化特征、种类与功能、制作方法、铭文与纹样装饰等，从而学会鉴赏青铜艺术，理解其文化价值。同时，本课程鼓励学生运用知识与技能解决实际问题，学以促用、学用结合，对古老的青铜艺术进行现代的创意表达。

（一）探究研习、问题导入

通过调查问卷，了解到学生对青铜器普遍有好奇。青铜器不仅是古代的日常用具，而且是一种权力象征，有丰富的内涵和文化价值，体现出古代匠人的智慧和高超的技艺。

课前鼓励学生围绕青铜主题，结合自己的观察点去找寻问题，并提出、描述自己的问题。可以通过查阅书籍、网络资料，或者实地考察、参观等方式来发现问题，并做好文字记录，形成对青铜器初步的理解和观点。教师围绕美术学科的五个核心素养，将学生形形色色的问题进行归纳分类，提炼出什么是青铜器，青铜器是怎么制作的，青铜器的种类、用途及发展历程是什么，古人为什么要将文字刻在青铜器上，青铜器的文化价值有哪些等基本问题（图 1）。围绕基本问题，学生运用探究能力和创新思维能力，梳理思维路径，探究青铜器“密码”。然后以小组的形式在课上讨论和交流，教师适当引导学生对青铜艺术进行关于问题链、问题串的探究性学习。

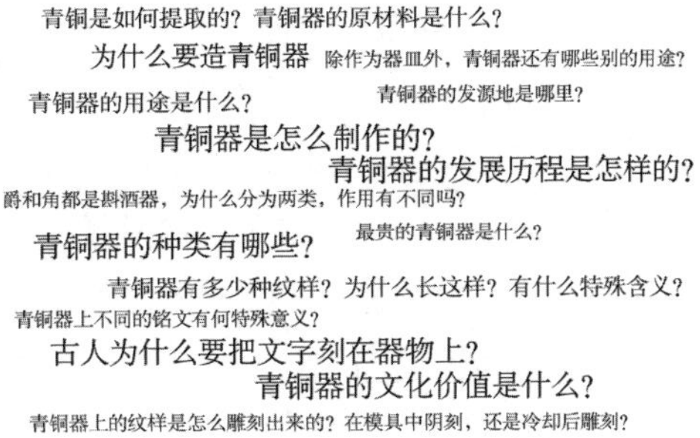

图 1　学生提出的问题

思维起于问题而止于结论，一个好的问题可以打开思绪的阀门，激发探究兴趣。教师应尽量让“问题”来带动学习，以问题情境为导向，引导学生实现探究性学习。这既是对学生个体智慧和能力的尊重，又能有效激发、启发学生，让学生在问题中参与学习，同时在学习中提出思考进而产生新的问题。在这个环节里，我们需要关注“有效问题”——问题的提出是否围绕教学目标，是否为促进学生学习而设计，是否围绕主体的教学路径进行引导。

教学时不能“灌知识”，教师要善于创造虚拟或真实的问题情境，让学生对现存的美术知识进行选择、获取和运用。学生运用习得的美术学科内容解决生活的问题，美术核心素养就在这个过程中逐步升华。

(二) 对比鉴赏、掌握方法

结合学习单，通过对所搜集信息的提炼分析，对商后母戊鼎和西周大克鼎进行对比鉴赏。

后母戊鼎和大克鼎分别是商代和西周青铜鼎的代表，二者体现出不同时期青铜鼎的装饰、造型特点。课上让学生在两件鼎的造型、纹样装饰和审美感受上找不同，再延伸到对青铜文化的理解，并对比思考这些特点与当时时代背景及文化土壤之间的对应关系。学生一点点深入学习，逐步掌握青铜器的鉴赏方法。

新课程要求教师的定位是课堂教学的先行者、学生学习的引导者和服务者。在有限的课堂教学中，教师需要考虑怎样让学生把要掌握的知识学懂学透。可以从学生比较熟悉的一个事物出发，让学生观看视频资料，再根据学习单完成对比鉴赏；掌握一定的规律方法后，再应用于其他鉴赏活动，有利于学科能力的形成和迁移，使学生形成举一反三的能力。

(三) 思维碰撞、激发想象

寻找生活中的青铜元素，完成“青铜创想”思维导图，思考青铜文化对当今社会的价值。

通过鉴赏环节，学生具备一定的图像识读能力，形成审美判断，对青铜文化产生了初步的理解，然后再思考如何将青铜器的纹样、造型、文化含义等知识与生活联系，找寻青铜文化和现代生活的连接，进行创意实践。

创意的关键是思维的多样性。在学生动手实践之前，需要进行发散性思维及其自然表达的练习——完成思维导图。思维导图是一种组织性的思维工具，它运用线条、符号、词汇和图像，遵循简单、自然、容易被大脑接受的原则。思维导图利于培养发散思维，并可以对每种可能性进行深入挖掘。

在完成思维导图的过程中，大脑产生的能量会激发学生寻找处于思维边缘的想法。通过对青铜元素的提炼，找寻、挖掘其与现代生活的结合点。思维的开拓，更易于激发学生的创意和想象，也有利于将思维变为可视的形象，生成有意义的创作主题。

（四）讨论方案、明确主题

在思维导图的基础上，进一步明确活动目标与创意主题，制订创意方案。

在此环节，需要小组成员对创意方案进行充分的讨论，讨论方案的可行性。学生可以去争论、辩论如何改善、怎样进行修改完善、如何进一步优化等。通过这一过程提高学生的思辨能力，调动小组成员的协作配合，为更好地呈现创意效果提供保证。

（五）创想实践、制作完成

准备相关素材，寻找媒介和工具，以小组为单位进行青铜创想实践。

艺术课时间有限，学生所学的知识技能能否成为培养美术核心素养的基础，关乎学生的持续发展。教师要积极为学生营造激发创新精神的学习氛围，设置问题情境，创设宽松的学习环境，引导学生观察、思考、想象，鼓励学生独立、自主思考，形成个性化的思维。在此基础上鼓励学生形成创意，并进行大胆的表现（图 2）。

作品1
（郑蔓蔓、董沁懿、滕佳煜）

作品2
（陈懂彦、盛凯馨）

作品3
（贡乐）

图 2 展示与交流

四、总结与反思

学科核心素养培养强调的是遵循学科核心观念,通过学科实践,提高解决问题的能力,这是贯穿人的毕生发展的能力。"双新"背景下的美术鉴赏需要更多关注学科教学与学生的心灵体验的联系,聚焦于学用结合、学以促用,让学生通过美术学科学习逐步形成一种能力、品格和价值观念,最终促进学科素养的形成。

本案例遵循了教学的基本途径,即在现实情境中引导学生发现问题、明确任务,以自主、合作、研究等方式获取知识技能,并将知识技能加以运用,来解决问题、完成任务、积淀素养。

美术核心素养应渗透在美术教学的具体内容中,备课的时候应结合对教学策略的运用,同时要强化顶层设计意识,关注教学活动的完整过程,以有效的教学策略加强对教学活动的调控;启迪学生的创意思维,保证学生学习的实际收获,提高课堂教学质量,进而促进学科核心素养的发展和提升。

参考文献

[1] 中华人民共和国教育部. 普通高中美术课程标准(2017 年版 2020 年修订)[S]. 北京:人民教育出版社,2020.
[2] 尹少淳. 核心素养下的美术教育大家谈[M]. 长沙:湖南美术出版社,2021.

第二篇

学习方式多元化探索

历史课堂教学中促进学生自主学习的策略研究

杨　帆

一、问题提出背景

（一）政策背景

《普通高中历史课程标准(2017 年版 2020 年修订)》(简称《课标》)指出:“教学理念上要以学生的学习与发展为教学的本位、重点,以调动和发挥学生历史学习的积极性、主动性和创造性为核心,以学生的学习活动为实质性路线,以学生的组织探究活动为中心……教学模式与教学方法的选择与应用、教科书的整合与教学资源的利用等都要围绕着学生来组织……”由此可见,学生自主学习是新一轮课程改革中非常关注的一个环节。

（二）实践背景

受制于传统课堂的束缚,学生习惯了“要我学”,没有“我要学”的意识,最重要的是缺少“我要学”的方法和途径。学生表现出来的状态如下:课前的预习就是把一篇课文从头读到尾,没有圈画,没有标重点,也没有提出任何问题。课堂上,不是带着问题有重点地听,而是过分依赖教师的讲授。课后做作业遇到问题时不愿意回归课本,而是求助于答题软件,平时作业正确率非常高,而到了考试就会“原形毕露”。

二、要解决的问题

新课程改革要求教师眼中要有学生,从学生的终身发展出发,培养和发展学生的历史核心素养。传统课堂中教师是主角,学生常常是被动地接受,缺乏主动探索的过程,重知识而轻能力。如何转变传统课堂中学生被动学习的局面,提高学生自主学习的能力,使学生适应高考改革的新要求,从“要我学”变为“我要学”，是亟待解决的问题。

通过对学生的调查发现，学生课堂上对知识没有反应或者感到茫然，是多种因素综合作用的结果，比如因为没有找到新旧知识的桥梁和没有重点地听讲等。虽然课堂教学不能保证每个学生在课堂上能保持百分之百的精力，但至少要让学生把精力花在自己最薄弱的环节，才可能达到事半功倍的效果。

三、解决问题的思路和过程

(一) 绘制思维导图，抓住核心知识

新课程改革后的历史课本每节课的容量都比较大，一课内容可能是过去几课甚至是几个单元的内容，如果不提前预习，眉毛胡子一把抓，课堂的效果就要大打折扣，因此鼓励学生课前预习非常有必要。思维导图通过提炼学习内容的关键词，梳理逻辑关系，来高度概括和整理核心内容，能够反映学生思维层次的变化。它的重点不是提高文字表达和绘画能力，而主要是厘清逻辑顺序，培养思维习惯。比如小黄同学在梳理法国大革命的时候，运用波浪起伏的折线表现法国大革命曲折发展的历程，运用箭头的朝向表示前后的逻辑关系，并且加以说明。小李同学在梳理古代世界文明时，思维导图不仅体现了对时间的认识，还展现了对空间的认识；不同区域文明之间既有联系，也有区别。一些基础好且认真的学生，作业完成情况相对比较好，而一些对作业重视程度不够的学生或者基础比较弱的学生，作业相对差一些。这样的作业质量差异，也为教师在备课过程中设计更加贴近学生学情的教学环节提供了抓手。我们会定期展示优秀学生的思维导图作业，引导学生了解正确有效的预习，同时利用榜样的力量引导、鞭策后进的学生能够跟上节奏，尽量让每个学生都获得学习的动力，促进他们生成“我要学习”的积极性和主动性。

(二) 创设历史情境，发挥学生的创造力

有些学生上课注意力不够集中，可能一方面是因为教师讲得多，学生做得少，无法调动学生积极性；另一方面，也可能是因为学生对讲的内容不感兴趣，课堂内容与自己的生活和实践相隔太遥远。教师可以将教材化难为易，精讲精练，讲练结合，避免“一言堂”，调动学生来讲课、参与教学。对于因为害羞而怕开口的学生，教师可以多搭设一些“阶梯”，让学生一步一步慢慢“爬”上来。在学生回答正确后，教师及时给予积极的回应，逐步消除学生的畏惧心理，让学生养成积极发言的习惯。

在讲授高中历史教材选择性必修第一册第 1 课《中国古代政治制度的形成与

发展》时，笔者充分利用导言部分，设计了一个小品剧《廷堂之争》，设计三个人物：秦始皇、李斯和淳于越，给学生《史记》原文，请他们根据《史记》原文进行表演。

学生参与热情非常高，笔者从众多参与者中选择演员。学生甲扮演秦始皇，他自制冠冕，设计秦始皇的动作。学生乙扮演李斯，他特意去查了《史记·李斯列传》，揣摩李斯的心态。学生丙扮演淳于越，研究秦朝的礼仪，尽力还原历史原貌，比如廷议的时候大家的坐姿相当于现在的跪姿。

通过这个活动，至少可以锻炼和培养学生三方面的能力：一是古文阅读和翻译的能力；二是剧本的设计和表演能力；三是活跃课堂氛围的能力。这样的剧本设计一方面让历史“活”起来，另一方面，台上的学生非常开心且乐于参与其中，台下的学生也在对表演进行点评时收获历史知识，学生的学习积极性被激发，可谓一举多得。

课本剧的表演受到场地、演员表演功底等限制，呈现的效果并非特别完美，所以笔者在课堂上还精选了一些与历史相关的音频资料。比如讲述五四运动的时候笔者选用了电影《我的1919》中顾维钧据理力争的片段，学生看得义愤填膺，对于当时“弱国无外交”的现实理解得更为深刻；讲述新航路开辟的时候笔者选用了纪录片《大国崛起》的片段，再现了十五六世纪那场改变世界的地理大发现，学生身临其境，便于理解新航路开辟的意义和影响。

（三）写历史小论文，巩固复习所学知识

写作历史小论文可以帮助学生巩固历史知识，提升历史研究能力，包括集证辨据和诠释评价，进而锻炼自己的文笔和表达能力。历史论文的写作方法是根据给出的主题，提出自己的观点，观点一般需要从至少两个不同的角度进行论证，然后从给出的材料中选出与主题有关的有价值的资料进行深入研究，按照一定的论文撰写格式进行写作，注意论点明确，论据充分。

在讲述制度的互鉴时，笔者让学生撰写一篇小论文，题目如下：“依据材料和所学，你如何看待伏尔泰和徐继畬对他国制度的赞誉？”

历史上的东西方国家虽远隔万里，文化与制度迥异，却曾出现过相互仰慕和赞誉者。

材料一　人类肯定想象不出一个比这更好的政府：一切都由一级从属一级的衙门来裁决，官员必须经过好几次严格的考试才录用。在中国，这些衙门就是治理一切的机构。六部属于帝国各官府之首，六部之下有44个常设在北京的下属机构，每个省每个城市的官员都有一个辅佐的衙门。

——伏尔泰，《风俗论（下）》，1756年

材料二　各部之旧，分建为国（州），每国正统领一……各以所推出姓名投匦（箱）中，毕则启匦，视所推独多者之……各国正统领之中，又推一总统领，专主会盟战伐之事，各国皆听命……总统领所居京城，众国设有公会，各选贤十二人。居公会，参决大政……每国设刑官六人，主谳狱，亦以推选充补。……合众国以为国，幅员万里，不设王侯之号，不循世及（世袭）之规，公器付之公论，创古今未有之局，一何奇也！

——徐继畬，《瀛寰志略》，1848 年

学生在写这篇论文之前，首先需要确定观点的主语是什么，要将问题的宾语“伏尔泰和徐继畬对他国制度的赞誉”作为主语来看待，可以从是什么、为什么、怎么样的视角来论述。比如以下高分论文示例：

东西方在不同的社会经济发展基础上形成了不同的国家治理模式，伏尔泰与徐继畬对他国制度的赞誉透视出不同制度文明之间的交融与互鉴往往受制于时代背景与主观动机。

伏尔泰和徐继畬对他国制度的赞誉反映出晚清和美国的国家制度是东西方不同社会经济发展的产物。伏尔泰在其著作《风俗论》中赞赏清朝的中央集权制度和与之相适应的科举制度。此时的清政府正处于康乾盛世时期，这一时期是中国农业文明发展的又一个高峰，自给自足的小农经济发达，大一统中央集权体制运作成熟，“一切都由一级从属一级的衙门来裁决”。科举制度扩大了统治基础，“官员必须经过好几次严格的考试才录用”，官僚队伍素质得到一定程度的保障。而到了 19 世纪中期，美国不仅完成了资产阶级革命，摆脱了英国的殖民统治，而且随着资本主义经济的发展和资产阶级力量的壮大，美国确立了近代的资本主义政治制度，即联邦共和制。此时的美国实行中央集权与地方分权的国家结构，即“分建为国（州）”“各国正统领之中，又推一总统领，专主会盟战伐之事，各国皆听命”。美国总统由选举产生，“不循世及（世袭）之规”，这对于长期生活在农耕文明世界的封建士大夫徐继畬而言，无疑是“古今未有之局”。因此，两人所赞誉的国家制度折射出东西方不同的社会经济发展水平。

伏尔泰和徐继畬对他国制度的赞誉体现了两人在特定时空背景下表达自己政治主张的主观动机。伏尔泰撰写《风俗论》时，法国资本主义急剧发展，然而传统的封建专制严重阻碍资本主义发展，教会神学思想统治使人们长期处于迷信、愚昧的状态中。对此，伏尔泰盛赞中国的开明专制，“人类想象不出一个比这更好的政府”，对中国中央集权制度和科举制度的美化实际蕴含着伏尔泰对法国所处时代的深刻批判，也折射出伏尔泰作为启蒙思想家的个人政治主张。19 世纪中期，鸦片战争后，清政府被迫签订不平等条约，中国开始沦为半殖民地半封建社会，作为清朝统治阶级一员的徐继畬盛赞美国"居公会，参决大政""公器付之公论"的政治制度是前所未有的创举，折射出清朝封建士大夫在战败后面对西方坚船利炮的主张——"师夷长技以制夷"，以此来维护清王朝的统治。由此可见，伏尔泰和徐继畬对他国制度的赞誉，都体现了面对本国封建统治的弊端或严峻形势的深刻反思，他们均试图通过选择性赞扬他国制度以达到表达自己政治主张的主观动机。

综上，伏尔泰和徐继畬对他国制度的赞誉是社会有识之士在面对时代形势变迁之际，在反思本国传统制度与文化的过程中，借鉴不同区域制度文明，以寻求国家治理与发展的新道路，从中亦可看出文明的交融与互鉴往往受到时代背景与主观动机的影响。

学生通过小论文的写作进一步加深对于基础知识的掌握，认识政治制度的选择和国家的历史传承、文化传统、经济社会发展有着密切的关系，从而巩固学习成果。同时，学生也通过小论文的写作锻炼了历史研究的能力，从获取史料到辨别史料性质，再到区分史料价值，最后得出自己的结论，提升了语言组织和表达能力，培养了思维能力。

四、总结与反思

历史教学不应是冷冰冰的说教，历史课堂应是学生发挥潜能的舞台。学生需要多张嘴说、动笔练。教师搭建平台，给学生自由表达的空间，为不同层次的学生提供展示的机会，尽量满足不同层次学生内心的需求。当然在实践的过程中也存在以下一些问题需要继续探索。

首先，要平衡时间与效率。完成一份历史小论文其实并不容易，目前高中生作业较多，如何更好地进行时间的分配、效率的提高仍然需要进一步探索。

其次，要完善评价体系。评价应该是多元的，教师如何能够比较公平公正地评价每一名小组成员在学习过程中所起到的作用还需进一步考虑。

参考文献

[1] 中华人民共和国教育部. 普通历史课程标准(2017 年版 2020 年修订)[S]. 北京：人民教育出版社，2020.

[2] 普通高中历史教材编写组. 普通高中教科书 历史 必修 中外历史纲要(上)[M]. 北京：人民教育出版社，2019.

“双新”背景下物理“真问题”的课堂实践与探究

冯亚辉

一、问题提出背景

（一）政策背景

2020年，中华人民共和国教育部修订了《高中物理课程标准（2017年版2020年修订）》，该标准重视对学生物理核心素养的培养，强调对物理观念的自主建构，特别关注学生科学思维、科学探究能力的培养。2021年，上海市全面启动物理新教材的使用，面对新的教学内容，传统的物理教学方式无法满足学生个性化的物理学习需求，制约了物理学科素养的落实，知识教学与素养生成产生了脱节。

（二）实践背景

传统的物理教学重教不重学，往往容易忽视知识的过程性习得，不能很好地激发学生自主学习的动力。本研究选用真实的物理情境，通过师生之间的讨论、交流，帮助学生形成活动、合作、反思的学习模式，并通过交流答辩等环节，加强学生的阅读、思考和表达能力，让学生在实验探究的过程中，提升物理学科核心素养。

二、要解决的问题

学生在以往物理学科的学习中主要有两个问题。一是对物理的学习停留在纸面上，解决真实问题的能力较弱。这主要是由于在以往的学习经历中，学生习惯了解决高度优化后的物理问题，喜欢研究理想化的物理模型，这种学习习惯不利于物理核心素养的发展。二是现有的课堂学习模式不能满足学生个性化的学习需求。在教学的过程中，我们发现有一批学生对物理有浓厚的兴趣，尤其对物理实验、物理探究型学习兴趣浓厚，而现有的课堂模式不能很好地满足这部分学生的学习需求，需要有更加丰富、多元的学习方式来改进物理课堂教学。

我们通过将真实物理问题引入课堂，引导学生对真实问题进行探究，提炼出了科学探究与交流展示相统一的课堂学习模式。基于该模式下的物理课堂教学，把课堂交还给学生，促进学生主动思考，满足学生个性化的学习需求，帮助学生培养物理核心素养。

三、解决问题的思路和过程

（一）梳理真实问题的特点及解决真实问题的要点

真实问题往往源于生活中的现象，具有真实性、趣味性、开放性和复杂性的特点。对问题的研究需要学生经历建立物理模型、进行理论分析、运用实验验证、分析数据结果得出结论并进行误差分析的过程，能够有效培养学生形成“物”“理”结合分析真实问题的思维模式，该模式恰能弥补传统物理教学中缺乏实际动手操作和真实情境分析的弱点。

对真实问题的研究除依赖于学生的既有学科知识外，还会涉及多学科知识的交叉应用，因此学生学好物理、化学、计算机等基础课程都是顺利开展真实问题研究的重要支撑。为了一个具体可触摸的目标而调用学生的既有知识库，这样的学习过程顺应了人的自然学习过程，使学生在原有的知识基础上萌发出新的知识。这样的问题研究方式有利于促进学生对物理的学习，提高学生解决问题的能力，培养学生全面分析、思考问题、获取信息、解决问题的能力。

学生在解决真实问题的过程中能发展物理观念，锻炼科学思维与科学探究能力，在探究的过程中树立科学态度与责任感。对于真实问题的学习包含“观察现象—提出问题—形成假设—实验探究与理论分析—形成结论—交流与讨论”六个环节，教师作为引导者，带领学生共同经历上述过程，实现了学生对课堂的全身心参与，提高了课堂效率。

真实问题的影响因素十分复杂，需要学生进行分析论证，忽略次要因素，抓住主要因素进行初步建模，这正是新教材特别注重培养的能力之一；在建模的基础上进一步进行“预实验”，将真实问题进行简化，得到初步的猜想，然后“优化实验方案”进行定量探究，之后对实验结果进行分析，归纳总结出自己的结论，最后与同伴分享探究成果。学生经历的对真实问题的探究过程，正是物理核心素养的具体体现，为学生物理核心素养的落地提供了有利的抓手。

（二）改进学习方式，拓展学习时空，促进真实问题的有效解决

“真问题”的研究需要学生的“真学习”，学生的“真学习”必然是学生感兴趣、

以学生为学习主体的学习。在物理"真问题"探究的过程中,我们采用分组探究形式,教师则帮助学生完成课题探究的指导。笔者从高中物理教材中挖掘了适合分组探究学习的章节,包括《共点力的平衡》《牛顿第三定律》《电源电动势和内阻的测量》等。学生要完成自主学习,充足的学习时间是必要条件,因此,笔者对课堂学习形式进行了改革,采用"课前—课中—课后联动"的学习方式,拓展了学生学习的时空。

在该学习模式下,上课前,教师提前将真实问题中蕴含的学习内容进行划分并制成任务单,学生按照学习小组认领任务后进行研究,分工完成理论及实验分析,并形成汇报报告。在课堂中,教师将表达空间更多地留给学生。"真问题"的研究是以抽象建模为基础的,学生在汇报的过程中可以进行相互学习,教师在最后进行总结并提出进一步的改进建议;课后,学生根据课堂上生成的新方案对"真问题"进行进一步的修正建模,之后进行更深入的研究。

例如对于《电源电动势和内阻的测量》一节,课前,教师发布研究课题——"如何测量电源的电动势和内阻?"教师将该任务进一步细化为多个子任务,形成任务单,例如实验的原理是什么;该方案下,哪些影响因素被忽略;需要哪些实验器材;如何设计实验电路;如何测量并记录实验数据;如何处理实验数据;该方案的误差有哪些;电压表、电流表的内阻对测量结果有何影响;等等。教师将一个真实复杂的"真问题"转化为学生可自主探究的小课题。教师引导学生分小组设计出测量电源电动势和内阻的实验方案,学生利用课余时间完成该方案的理论推导及初步实验,完成部分实验报告。课上,小组间就本小组的设计方案、探究结果进行汇报,小组间根据该汇报进行充分讨论,提炼该方案的优势、寻找可以改进的空间;教师在听取各小组汇报与讨论之后,对每个小组的方案进行点评,给出后续改进的建议。课后,学生在本节课讨论的基础上再次完善实验方案,生成完整的实验报告。

为了方便学生进行自主探究,我们将传统实验室进行了改造,在实验室的后部空间,增添了很多智能实验柜,该实验柜配有探究实验指导视频,学生可以根据自己的需要,利用课余时间来到实验室,选取自己需要的实验器材,完成实验探究。

(三)将真实问题引入校本课程,引导学有余力的学生进行课后的探究学习

教师收集更多拓展型的真实问题,选择了跟高中物理学科内容关联、利用高中物理知识可以部分解决的问题让学生自主探究。比如改编国际青年物理学家

竞赛(International Young Physicists' Tournament,简称IYPT)的赛题"纸钳子",引导学生进行自主探究,加深学生对摩擦力、大气压力等内容的理解;利用"磁力小火车",使学生理解真实问题中磁场力的作用;利用"浮沉子"课题,使学生深入理解浮力、气体实验定律等。

针对这类课题,教师鼓励学生运用发散思维,多角度思考问题的解决方法,尽可能还原真实的物理问题。例如对"纸钳子"课题,拿两本相似的平装书然后互相交叉几页,将两本书推在一起,揪住两本书的书脊并尝试将它们分开,研究相关参量对分开书的临界拉力大小的影响。在学生学习了摩擦力的内容后,我们在课堂上将这一课题作为一个演示实验,激发学生的学习兴趣,同时提出疑问:

(1) 如果是摩擦力产生影响,同学们能不能用实验来证实自己的猜想呢?

(2) 如果知道了摩擦系数,是否能准确计算出该拉力的大小?

(3) 是否有大气压的影响? 如何证明你的猜想?

在教师一系列问题的引导下,学生将"观察现象—提出问题—形成假设—实验探究与理论分析"四个环节潜移默化地完成。在学生探究完成,有了初步结论后,教师进一步提供平台,引导学生完成"形成结论—交流与讨论"环节。

除了传统物理实验室,我校还建设了"未来物理学家创新实验室",该实验室配备了示波器、红外探测器、粘度计、风速仪、三维力学平台、微电流传感器等器材。为方便学生使用,该实验室采用教师、学生共同管理的模式,学生可以利用免修课时、晚自修时间来申请实验室完成学习与探究。

(四) 构建学科素养评价量表,教学评一体助力学生核心素养发展

在课程建设的过程中,为更好地指导教师关注对学生核心素养的培养,课题组构建了学生课堂表现评价量表(表1),通过自评、互评和教师评价三个维度的量表数据助力学生学科素养的评价和发展。

表1 学生课堂表现评价量表

评价指标	指标细则	分值	具体要求和评分标准
过程性评价	课堂表现	10分	积极、认真投入课堂,对课堂思考及讨论的问题能够给出科学、规范的分析
	任务实施	30分	对任务主动思考、积极分析和尝试;能建立合理的物理模型;探究过程全面、严谨、科学,能够给出准确的研究结果;善于与组员及教师沟通,乐于分享,具有良好的沟通合作能力

（续表）

评价指标	指标细则	分值	具体要求和评分标准
过程性评价	任务呈现	30分	根据所学物理规律对任务进行正确的理论分析；实验探究过程结构严谨，研究方法合理，数据处理正确可靠，数据呈现方式清晰、合理；正确使用文字、公式、图表等呈现研究结论
结果性评价	单元任务	30分	理论分析准确，实验探究过程结构严谨，研究方法合理；表述清晰、简洁，能使用正确的物理规律和规范的物理语言等呈现研究结果，能对后续研究提出建设性意见

该评价量表增加了对学生学习过程的关注，明确了对科学思维、科学探究能力的评价维度及方法，有利于教师在课堂中的实际应用。

四、总结与反思

本研究促进了我校师生的共同成长。

（一）学生层面

通过多个学期的教学，我们发现学生的物理观念更加完善，能用科学的思维进行合理且完整的科学探究，逻辑思维与表达能力也有显著提升，在课程的学习过程中，也逐渐展现出良好的科学态度与责任感。多名学生在探究的过程中生成了研究论文，在《物理教学》等杂志上发表；多名学生在历届上海市青少年科技创新大赛中荣获一、二、三等奖；多名学生荣获“明日科技之星”称号。

（二）教师层面

通过将真实问题改编并融入课堂，教师们形成了良好的创新意识、实践能力和团队合作精神；在改进物理课堂学习方式之后，教师与学生共同探究物理规律，教师形成了善于激发学生创新意识和思维的能力。我校物理教师近年有多篇论文发表，多个项目结题，在“小荷杯”“百花杯”“上海市见习教师大赛”等各类教育教学评比中获奖颇丰。

回首近八年的教学探索之路，我们有了一定的经验，后续在面向全体学生的分层教学、大单元作业设计等方面，我们还将继续探索。

参考文献

[1] 中华人民共和国教育部. 普通高中物理课程标准(2017 年版 2020 年修订)[S]. 北京:人民教育出版社,2020.

[2] 李春密,梁洁,蔡美洁. 中学生科学探究能力结构模型初探[J]. 课程. 教材. 教法,2004(6):86-96.

[3] 李沐东,冯亚辉,徐正一. 物理“真问题”的研究——IYPT 赛题分析[J]. 中学物理教学参考, 2020,49(11):62-67.

[4] 冯亚辉. 优化实验教学评价 促进科学探究能力发展——以“探究加速度与物体受力、物体质量的关系”为例[J]. 中学物理教学参考,2022,51(34):21-24.

以情境创设推进高中生思辨性写作的策略

——以图尔敏论证模型的学习为例

沈旭栋

一、问题提出背景

（一）政策背景

《普通高中语文课程标准(2017年版2020年修订)》明确了语文课程的育人功能，以培养学生的核心素养为本。其中，根据“思维发展与提升”这一核心素养以及“思辨性阅读与表达”学习任务群的要求，思辨性写作教学始终是一线语文教学中的重点和难点。

（二）实践背景

在一线语文教学中，受限于人生经历、阅读经验以及感知和思维能力，一般情况下绝大部分高中生在有限时间内撰写出的议论文会存在诸多缺陷，这反映出了学生批判性思维与辩证能力的缺乏。为了能够在高中阶段使学生具备写出逻辑自洽、观点鲜明且具有思辨性的议论文的能力，教师需要找到切实可行的教学方法。

二、要解决的问题

为了能够落实对学生思维能力的培养，提升学生的学习效率，为学生搭建可用、易用的框架是教师进行教学设计的重中之重。针对学生目前的学情，教师有必要引导学生搭建起自己的写作框架，以学生的最近发展区为参考，帮助学生完成思辨性写作思维支架的搭建。

“教育即经验的改造或改组。”情境创设能够为学生构建适合主动学习的学习环境，有利于促进学生产生情感反应，以此提高学生的学习积极性和主动性，实现高效学习，体现学生的主体地位。

相较于单纯的习题操练或单向灌输，情境创设能够快速唤起学生的生命体验，并通过教师预设的目标为生命体验赋予理性思考，使学生完成内向的凝聚，提升学生的思维水平。写作框架如果要真正起到实际作用，就需要通过情境创设让学生对所学的知识有自发的探索、发现、认识和应用，如此才能完成对知识的消化吸收。

三、解决问题的思路和过程

（一）设计思路

1. 图尔敏论证模型概述

本次所学的写作框架以图尔敏论证模型为基础，其本质上是一种思维方式，主要由事据、理据、支撑、反驳、限定和结论六个环节构成（图 1）。

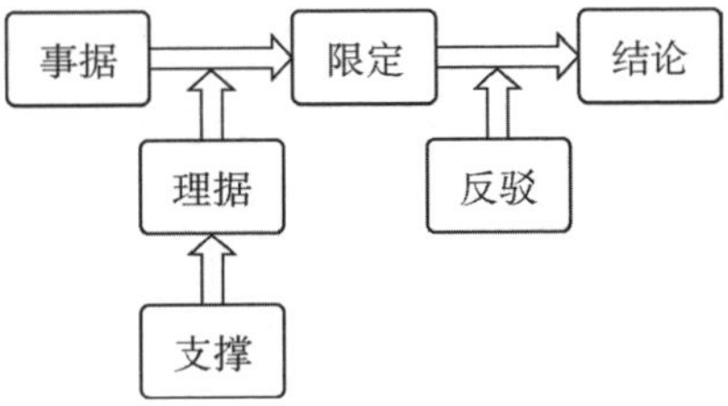

图 1　图尔敏论证模型

事据指事实依据，一般是作文中提到的现象或客观事实。

理据指道理依据，通常是被广泛认可的原则或是观念，也是学生在议论文写作中最容易出现逻辑漏洞的部分。

支撑是对道理依据的进一步证实，用来从正面提升道理依据的可信度。

反驳即对前面论证环节的自我质疑，运用虚拟论敌等手段反思论证过程的合理性，及时发现可能存在的逻辑漏洞并在之后环节加以补足，是思辨性的体现。

限定是针对反驳环节找出的漏洞进行修补的环节，通过对例外情况的考量增加限定条件，使论证更为全面准确。

结论是论证的目的所在，是整篇文章的观点被提出后，通过上述所有环节对观点进行论证、反驳、限定后得到的结果。

图尔敏论证模型的六个环节体现了学生审题、立论、论证、反思、结论的思维全过程，兼具正向推进和反向弥补的过程，帮助学生全面考量自身观点的合理性，激发学生实证、推理、批判与发现的能力，以此提升理性思维水平。

虽然图尔敏论证模型是被广泛认可的思维模型，但其中涉及的概念大都是学生从未接触过的，尤其是支撑、限定和反驳这三个环节。因此，在具体实践中，一方面需要对图尔敏论证模型进行再拆分，形成“三段论—四段论—图尔敏论证模型”的推导过程，提高学习过程的流畅性；另一方面要通过情境创设帮助学生理解各环节的必要性，为学生的学习搭建支架，学生通过理解和尝试，一步步熟悉图尔敏论证模型，并在此基础上逐渐形成自己的写作框架。

2. 情境创设所起的作用

为了更易于学生理解和接受，本课创设的情境选用了电视剧《征服》中的故事片段《华强卖瓜》，该片段讲述主人公华强与水果摊摊主在买卖西瓜过程中的对话。在买卖发生的过程中，摊主屡次保证自己卖的西瓜质量有保障，而华强则有着较强的防御心理。在这样一个环境下，学生很容易代入华强或者摊主的身份思考对方话语中存在的逻辑漏洞，从而不断完善自身的论证模型。

该片段很贴近学生的生活，且因其较广的流传度，成为学生喜闻乐见的材料，既能快速吸引学生的注意力和学习兴趣，也隐藏着适合用来学习图尔敏论证模型的对话逻辑。在情境的推动下，学生思考和构建论证模型的效率与积极性会得到极大提高。

3. 拆分图尔敏论证模型的设计意图

因为图尔敏论证模型包含的环节较多，有许多新概念，而且图尔敏论证模型对思维的拓宽是多向的，所以不易于学生直接学习吸收。考虑到学生实际情况并结合最近发展区的设计理念，本次图尔敏论证模型的教学一方面采取情境创设方法，使得理论模型的学习更为直观，另一方面把图尔敏论证模型拆分成依次推进的简化模型，方便学生一步一个台阶地将完整的图尔敏论证模型逐渐消化吸收。

（二）具体流程

1. 三段论入门

通过三段论入门环节帮助学生掌握论证的基础模型，并增进对事据、理据和结论概念的认识（图 2）。

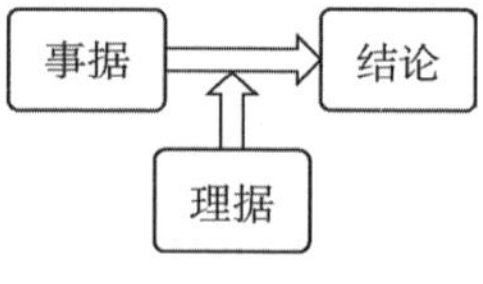

图 2　三段论模型

以下是所运用的具体情境。

华强：哥们儿，这瓜多少钱一斤哪？

摊主：两块钱一斤。

华强：这瓜皮子是金子做的，还是瓜粒子是金子做的？

摊主：这都是大棚的瓜，你嫌贵，我还嫌便宜呢。

华强：这瓜保熟吗？

摊主：我开水果摊的，能卖给你生瓜蛋子啊？

在以上对话中，隐藏着两个三段论模型需要学生梳理。

三段论一

事据：我卖的是大棚的瓜。

理据：大棚的瓜都是贵的。

结论：我卖的瓜是贵的。

三段论二

事据：我是开水果摊的。

理据：开水果摊的不会卖生瓜。

结论：我不会卖给你生瓜。

以上两个三段论构成了水果摊摊主话语的基础论证模型，即通过事实依据和道理依据得出结论，具备一定的论证效果，但对防御心理较强的华强而言显然论证力度欠佳。因此，论证模型需要进一步推导完善，由此可以导入下一环节。

2. 四段论进阶

在完成了三段论的学习后，遵循由浅入深的原则，在三段论原有基础上再增加支撑环节，形成了更进一步的四段论论证模型(图 3)，据此引导学生理解和运用论证模型中的支撑环节，对自身的道理依据进行进一步的强化论证。

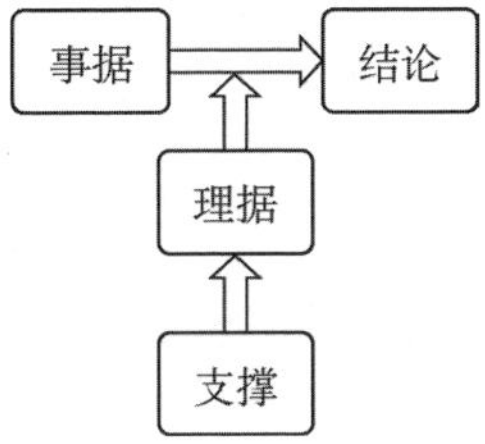

图 3　四段论模型

在这一环节教师对学生提出新的问题：如果你是华强，你是否会放心购买摊主的西瓜？由此学生会转入对道理依据可信度的思考，并得出结论：道理依据说服力不足。

水果摊摊主的道理依据“开水果摊的不会卖生瓜”并不是一个无须论证的真理，没有得到广泛认可。事实上，开水果摊却卖给不懂行的顾客劣质水果的情况也比比皆是，此时摊主需要给自己的道理依据加上支撑，完善对道理依据的论证，以此提升道理依据的可信度。

运用情境营造沉浸感，使学生代入摊主的身份，能够得出许多可用的支撑，诸如“卖生瓜会损害水果摊的名声，此后将不再会有人前来买瓜”“卖生瓜会受到市场监管局的处罚”等，背后的逻辑是因为摊主卖生瓜的代价巨大，所以从长远利益考量摊主贪图这一次的利益是不明智的，因此道理依据“开水果摊的不会卖生瓜”就具有了可信度。如此，学生就理解了支撑环节存在的必要性，并尝试构想支撑环节可以用到的论证文本，其思维模型也同步扩展成了能够对自己的道理依据产生强化作用的四段论模型。

3. 图尔敏论证模型成形

经过了三段论和四段论的铺垫，最后一步便是推导图尔敏论证模型的反驳和限定环节。

在思维模型不断完善的过程中，水果摊摊主的可信度也在不断加强，但如果继续加以思考和追问，其实摊主的论证依然没有达到能够令人放心购买的程度。目前推导出的论证模型还存在例外情况：如果摊主只顾及眼前利益，或者摊主根本没有考虑过长期运营，他完全可以做一锤子买卖，做完这一笔交易就换个地方继续坑害其他顾客，如此便不需要考虑名誉或是监管处罚的问题，卖生瓜造成的损害就变得微乎其微。而对这一情况的假设，就是学生在议论文写作中需要考虑的反驳环节。

为了能够补足对这一特殊情况的考量，摊主的结论就需要增加一个限定情况来应对可能出现的反驳，比如：当地的市场监管是严格规范的，水果摊如果不顾长远利益作出坑害顾客的行为，他的处罚必定会被落实，此项处罚不会因为摊主更换运营场所而发生变化。如此一来，在论证模型所涉及的环节内，摊主的语言就具有了较强的可信度，华强对买瓜的顾虑能够得到基本消除。于是，针对华强买瓜的图尔敏论证模型就成形了（图 4）。

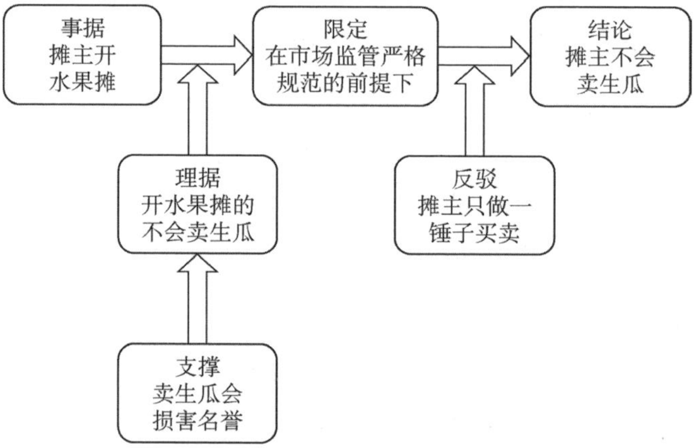

图 4 华强买瓜的图尔敏论证模型

在情境支架的帮助下，学生学习图尔敏论证模型的难度将大大降低，从而提高对图尔敏论证模型的理解和掌握程度，由此获得对论证逻辑有效性的评估和改进能力。尤其是学生在对论据可信度的考量和提高以及对例外情况的设想与补救两方面的能力获得了显著提升，其批判性思维能力也得到了培养。

四、总结与反思

为弥补学生在人生阅历、感知能力、思维能力上的不足，提升学生的思辨性写作能力，图尔敏论证模型的引入是必要且有效的。支架式教学和情境创设帮助学生降低了学习图尔敏论证模型的门槛，提高了学生在学习过程中的主动性和有效性，较为顺畅地实现了高中生思辨性写作的入门。该模型的运用有利于学生思辨性写作能力的培养，更可以帮助学生在日常生活中建立起独立思考和判断的能力，体现了学科育人的功能和价值。

然而，图尔敏论证模型虽然得到广泛认可，能为学生提供基础的思辨性写作思维模型，加强学生写作构思的全面性和目的性，但其在高中生议论文写作中的运用和落实仍需大量的实践操练和本土化改良。而且，图尔敏论证模型虽为学生的思考提供了方向，但学生在正确的方向中能够得出怎样的思维成果还是仰赖于学生的积累和素养。

参考文献

[1] 中华人民共和国教育部. 普通高中语文课程标准(2017 年版 2020 年修订)[S]. 北京：人民教育出版社，2020.
[2] 杜威. 民主主义与教育[M]. 王承绪，译. 北京：人民教育出版社，1990.
[3] 斯蒂芬·图尔敏. 论证的使用[M]. 谢小庆，王丽，译. 北京：北京语言大学出版社，2016.

学为中心视域下学习共同体课堂创建的实践与思考

——以“正确行使诉讼权利”为例

顾　明

一、问题提出背景

（一）政策背景

新一轮课程教学改革以立德树人为根本任务，以发展学生核心素养为育人目标，聚焦育人方式变革。育人方式的变革，关键在于课堂教与学方式的变革。课堂教与学方式的变革，主要体现在如何实现以教学为中心转向以学习为中心，如何从知识本位走向素养本位。

（二）实践背景

针对基础教育中广泛存在的“教师机械地教、学生被动地学”的客观问题，“双新”课改鲜明地提出：要打破传统教学方式，以学习为中心。以学习为中心就是要围绕学生学习的内在规律展开课堂教与学活动，从情境到问题，从解决问题到评价，从学习中的归纳到迁移应用，在课堂里让学生的学习真实、深刻、完整地发生，使教学过程真正成为学生的学习过程，成为学生的核心素养不断提升的过程。

二、要解决的问题

如何在学习方式上由机械式学习走向活动性学习，从习得、记忆、巩固学习转向探究、反思、表达学习，在教学方式上由传递、讲解、评价转向触发、交流、分享，这应该是“双新”课改实践中需要加以思考和改进的。

三、解决问题的思路和过程

(一) 解决问题的思路

为了实现教学方式和学习方式的转变,笔者在课堂教学中引入"学习共同体"理念。"学习共同体"主张学习是与新的世界的相遇与对话,是通过与客体、他人、自我的对话不断重新编织学习意义与关系,基于对话与协同合作才得以实现的学习模式。课堂的关键是学生之间的协同学习。协同学习的重点是学生间的"互相学",即不懂的学生向懂的学生请教,这是一种双方都获益的互惠关系。要做到"互相学"就要培育学生之间的相互倾听关系,倾听是一种重要的学习方式,是与自身的独立思考同等重要的学习方式,课堂中善于倾听的学生往往是获益最多的。

(二) 解决问题的过程

1. 把课堂还给学生,教师要转变角色,学会倾听

传统课堂中,教师往往扮演着传授者、主宰者的角色,"师讲生听"还是目前日常课堂的常态。就算有小组讨论、公开表达环节,许多学习结论也常常不是学生探究得出的。这背后的思想根源就是许多老师不够相信:只要创造适合学生学习的安全的学习环境,学生是会自己开展学习的,在自主探究和与同伴协同学习中,学生可以通过不断探索,借助自己的力量获得相关的结论。在学习共同体课堂创建的过程中,教师的首要任务就是要把课堂还给学生,要相信学生,学生能够自己学习,而且能学会。教师要学会在课堂中扮演倾听者、学习者和串联者的角色。

本文以部编教材选择性必修二《法律与生活》第四单元第十课"正确行使诉讼权利"为例。笔者以赵老太的诉讼活动为主要情节进行连续的情境设计,从中引出三大诉讼权利、我国的诉讼制度以及如何正确行使诉讼权利等问题。依据学习内容的难易度,创设三大诉讼权利的相关情境和任务,让学生独立思考、自主探究;将深刻理解我国的两审终审制度和正确行使诉讼权利作为任务目标,设计挑战性任务,由学生在小组内协同学习,在班级中公开发表观点。现举例分析学生完成挑战性任务环节的情况。

挑战性任务一:

赵老太最终选择上诉,二审法院判决结果依然是维持原判。赵老太还是不服,但是律师告诉她我国实行两审终审制。赵老太愤愤不平地说:"什么两审终

审，为什么不可以三审四审，这不是剥夺公民的选择权吗？要么干脆一审终局，大家都没话说。”

你会如何说服赵老太？两审之后还是不服判决结果就真的没办法了吗？

小组内真实学习情况(节选)如下。

戴：如果一审终局的话，可能也会有不服判决的情况，那么权利可能受到侵犯，这样不能很好地保护自己的权利吧？

陆：(一直不说话，在看书，这时抬起头，加入了谈话)这个问题应该分两层，一层是为什么要二审，不只一审；还有一层就是为什么二审之后不能三审四审。

戴：再三审四审的话，就没有效率，(审判过程)会一直拖下去，拖很久很久。诉讼要花一定时间，诉讼花的钱应该也很多，而且一直上诉……

陆：(插进来)会浪费资源。

卞：(接上话头)其实也会让本该履行义务的被告，拖延时间而不去履行义务了。

戴、陆：对，对。

陆：(扳着手指总结道)就会浪费社会资源，不利于维护双方的权利义务，还造成了不守法、不和谐的社会氛围，更会造成审判业务冗长，其他审判活动被拖延。

陆：(开始问第 2 个问题)两审之后不服判决真的没办法了吗？

卞：(大声地说)嗯，(然后自己也笑了，看着对面两位同学)我反正觉得是这样(有些不好意思，也有些无奈)。

戴：(附和着说)我也想不出什么办法。

卞：如果还有办法，再三审四审，就和前面矛盾了呀。

艾：(附和着)对，诉讼具有终局性。

卞：所以二审终审就不能再上诉了。

戴：诉讼是解决纠纷的最后途径。

陆：(一手指着教材第 94 页，一边开口问大家)审判监督程序有没有用？

(大家嘴里念着这个新词，一边看着陆指的页码，一边翻着教材。)

陆：(继续补充)在第二个框里，审判监督程序是用于纠正生效裁判的错误。

卞：这个裁判没有错误啊，虽然证据不足够，但审判没有问题的，两审之后不服判决就是没有办法的。

戴、艾：(也在点头)我也觉得，应该就是没办法了。

小组之间的相互学习情况如下。

陈：两审之后还是不服判决，我们认为真的没办法了，因为书上说的是两审终审制。

王：可以向人民法院提起行政诉讼。具体问题具体分析，两审终审制指对同样的问题不能提起诉讼，但是可以换一个理由，换一个诉讼的方面继续诉讼，以达到目的。

师：还有不同意见吗？

邓：我们可以翻到第94页的第一段“法律还规定了审判监督程序用来纠正生效裁判的错误”，是不是可以用在赵老太的身上？

师：（追问）有没有人来解释一下审判监督程序？

贡：这是上一级人民法院对下级人民法院审判过程的监督，假如生效裁判有错误的话，上级人民法院就会让下级法院重新审理。所以当事人可以对认为有错误的裁判向上一级人民法院申请再审。

师：（补充）除再审外，还可以向法律监督机关人民检察院申请监督以及向对司法机关有监督权的当地人民代表大会请求救济。

在挑战性任务一中，学生在小组内通过自己的力量解决了第一个问题，也明白对问题进行分层思考，先解决为何不能一审终局，再解决为何不可以三审四审。假如回答不够完善，就是学生的结论还不够完整、全面，这时教师的作用就可以发挥了。可以告诉学生之所以不能一审终局，是为了维护公平正义，保护当事人的合法权益；而不能三审四审，不仅有利于节约司法资源，维护司法秩序，而且是保护当事人合法权益（一方无休止地诉讼会损害另一方的时间、精力），降低社会运行的成本。对于第二个问题，戴嘉妍小组已经提到了“审判监督程序”，就差“临门一脚”即可回答完整。作为教师，笔者当时感觉非常惋惜，但是没有直接告诉学生答案，而是在组际交流阶段，让几个小组合力将这个问题解决了。所以教师的“等一等”“缓一缓”在学习共同体课堂是有效的、合适的。一方面，让通过自己的力量探究出结论的学生更有成就感，增强自信心，同时培养锻炼了思维能力；另一方面，也让摸到结论门槛的学生不断反思为何自己没有进一步思考，或者为何没有勇气和自信坚持自己的观点，这些思考对学生下一次的学习产生影响，有利于培养学生的学科核心素养。

2. 要基于情感、认知、人际关系三个领域不断促使深度学习

什么是学习？学习是从未知走向已知的旅程，是以问题解决为导向的复杂的思维过程和互动过程。深度学习从情感上来说，是一种全身心的投入，是令人身心愉悦、充实的学习状态；从认知的角度上看，是思维不断深化，向高阶思维阶段（分析、评价、创造）发展的过程；从人际关系的角度来看，进入深度学习者对自己的学习充满信心，而且能够与他人有效沟通合作，共同克服困难，解决问题。

学习共同体课堂是有利于促进学生深度学习的。深度学习要指向深度理解和问题解决，而不是单纯的记忆和肤浅的理解，挑战性任务能够促使学生进入高阶思维，综合运用知识来解决相应问题。深度学习要求学生自主探索，以和学生自身相关的问题为基础的学习任务能够激发学生的探究欲，形成不断深化的学习历程。深度学习要求学生之间有效沟通，小组内的协作学习使学生之间形成一种平等互动的氛围，在相互倾听、合作交流中收获超乎自身原有认知能力的学习成果。

挑战性任务二：

赵老太的儿子小李曾向原告王二购买价值25万元的煤矸石，小李在支付货款5万元后，欠下20万货款，并写下书面欠条一份。原告多次向小李催要钱款，小李拒绝给付原告，无奈王二起诉，后当地人民法院判决小李给付煤矸石款20万元，并承担案件诉讼费。

宣判后小李不服一审判决，提起上诉，主审法官与小李交谈，小李说："我欠原告的钱是事实，法院的判决也是对的，我之所以上诉，是因为如果我不上诉我得尽快按判决书履行义务。如上诉，诉讼至少需要半年时间，我欠原告的20万元如按同期信用社贷款利率计算，半年利息为1万元，而在本地民间借贷利息至少要25 000元。上诉费只花2 000元，不用马上还钱，且上诉期间我欠原告的煤矸石款又不产生利息。我上诉比我在社会上贷款还便宜，我为何不上诉？何乐而不为？"

有同学认为赵老太儿子小李的做法没有什么不对，这是合理利用规则。你同意这个观点吗？为什么？

小组内的真实学习情况(节选)如下。

陆：(又带着大家进入后一个问题)你同意这个观点吗？为什么？

陆：这不是钻法律的空子吗？

戴：是啊，我也是这样想的。

卞：(笑着说)从法律上说好像没什么问题，就是……

戴：就是有点违背公序良俗。

陆：他说，在上诉中，我不需要还利息，所以拖得越久越好。

陆：只能说，小李的做法并没有违背法规法律。

卞：(提出疑问)他侵害了原告的权利呀。

……

戴：挺无赖的，就是钻法律空子。

卞：他就是利用时间差去赚更多的钱。

陆：这样的话，另外一方可以在一审之后要求他先偿付这笔钱，免得给他空子钻。

师：时间到了，我们进行小组交流吧。

小组间的相互学习情况如下。

沈：小李的做法确实是合理利用规则，但是他的做法是有错误的，因为他违反了《中华人民共和国民法典》（简称《民法典》）规定的公序良俗的原则。教材第6页上说公序良俗是公共秩序和善良习俗，他投机取巧的办法妨碍了社会公共利益。假如大家都模仿他，社会秩序就会变得混乱，还有投机取巧的行为就是没有道德。

王：（提问）怎么鉴定违反公序良俗和行使自己权利之间的界限？违反公序良俗的事情是指法律规定可行的事吗？小李上诉是法律赋予他的权利。

沈：但是书上也说了民事主体从事民事活动不得违反公序良俗。

师：（追问）公序良俗和具体的法律规定之间冲突了会怎么样？一边是法律赋予的权利，一边是公序良俗原则。假如这两边冲突了，会怎么样？

邹：当具体的法律条文违背了《民法典》的基本原则时，以基本原则为大。

师：其他小组还有不同看法吗？

盛：关于合理利用规则，我们小组认为，民事主体在行使民事权利时不能超过正当的界限，并且不能滥用权利，损害国家利益、社会公共利益以及他人的合法权益。小李为了拖着不还钱，就继续打官司，就是滥用权利，而且损害了国家、社会和他人的合法权益。

在挑战性任务二针对小李的做法是否正确的观点辨析中，戴嘉妍小组既看到了其违背《民法典》规定的公序良俗的基本原则，又陷入小李的上诉是法定权利因而没有什么不妥的两难困境中。尽管卞子煊提到因小李的行为让王二的利益受到损害，但是这个关键信息未引起众人关注，该小组最后在规定的时间内无法完成学习任务。

为什么走不出思维困境？从直接的原因来看，一是对情境案例的解读不够深入准确，未能弄清小李因诉讼期间无须支付20万元的利息，而故意通过上诉方式继续占用欠款，进而获得额外收益的事实，并概括出小李滥用权利的本质；二是学生未综合运用之前所学知识，特别是《民法典》基本原则和具体法条产生冲突时的处理方法，以及行使民事权利受到的限制等相关知识。从更深一层的原因来看，学生尚未具备从具体上升到一般、从特殊提炼出普遍的抽象概括能力，因而无法从现象中提炼出“当个体在行使权利时侵害他人（国家或集体）权利是不合理的”这一普遍判断。

学生缺乏正确解读材料、综合运用知识以及对现象作进一步概括的能力。传统课堂长期以机械记忆和反复操练为主，缺少深度思维加工，学习成果多以复制为主，难以迁移和深化。学生要深度学习，就需要学生在课堂上通过依托学习共同体，在自主探究和协同学习中，不断深化思维，实现从低阶思维（记忆、理解）向高阶思维（分析、评价、创造）发展，能够不断自我反思与调节，最终通往自发的创造。

3. 设计真实的挑战性学习任务，让深度学习真实发生

以学习为中心的学习共同体课堂中，学生是课堂的主体，课堂学习的绝大部分时间都是学生自主或协同学习，教师在其中扮演引领者、组织者、倾听者的角色，从课堂前台退居到幕后。推动学生自主、互动学习的载体是学习单。学习单主要由情境、学习任务或问题以及活动构成，学习任务分为基础性任务和挑战性任务，其中挑战性任务设计至关重要。挑战性任务的设计不但要求教师对学科知识深刻理解，而且要求教师不断研究和发现学生在学习过程中存在的真正疑难。凝结了学生疑难的真实挑战性任务能够体现学生的认知困境，激发学生的认知冲突，从而使学生在协同解决任务时能进行更加深刻的剖析和认识，形成深刻的见解。

如何了解学生的真正疑难？预习单的作用就突显出来了。通过预习单可以了解学生在即将学习的内容上存在的困惑和需求，在将全体学生的困惑与需求进行分类整合的基础上，选取共性内容进行任务设计。如挑战性任务一中的第二个问题"两审之后还是不服判决就真的没办法了吗"就是源自预习单上许多学生的共同困惑，这样的挑战性任务具有真实性，必然会激发大家协同攻坚的斗志，也更能体现学习共同体互相倾听、互相学习的优势，真实的深度学习必然发生。

挑战性任务二中"合理利用规则"的说法，也来自学生日常交流中透露出来的对过度使用权利的不当认识，借助案例情境可以让学生进行辨析。学生容易误解之处，正是挑战性任务设计的重点。深挖学生的观念和误解，在设计学习任务时对它们加以重视是促进深度学习真实发生，获得更好学习效果的关键。

四、总结与反思

学习共同体的创建确实推动了课堂教学方式和学习方式的转变，特别是协同学习确立以学生为中心，改变了课堂。学生从一开始不情愿，不习惯，到慢慢进入状态，发现与他人观点和思路的差异，体悟因倾听而被启发、因表达而被激

励的成就感和效能感。在倾听和表达中，体验自己成为课堂主人的掌控感，体会同学关系越来越融洽的幸福感。

对教师来讲，要把课堂的主角让位给学生，将自己从课堂中解放出来，进而有机会研究学生究竟是如何学习，学生的真实学习是怎样发生的。笔者常常在一个小组边上，认真地倾听各个组员的发言，听着他们围绕问题或任务发表的种种观点。这样的旁听让笔者观察到了不少学生学习的真实状态，观察到学生学习的开始、深化、受阻、突破或者中止，理解到了真实学习的展开是缓慢的，且很容易受到学生个体的知识积淀、审题能力、探究热情、学伴关系等各种因素的制约。

当然，在学习共同体创建中也面临着教学时间有限和真实学习时间长的矛盾。解决这个问题需要教师在设计学习任务时突出重点，抓住主要矛盾，要时不时地追问自己：这个任务非设计不可吗？非设计不可的任务是怎样的？学习任务应是教材的重点，与学生在预习单上提出的问题紧密结合，是学生普遍觉得困惑或者希望进一步了解的内容。而且这样的任务应尽可能具有综合性、挑战性，需要学生综合运用知识和能力。要设计好这样的真实挑战性任务，需要教师不断探索和学习。

参考文献

[1] 陈静静. 学习共同体：走向深度学习[M]. 上海：华东师范大学出版社，2020.
[2] 陈静静，谈杨. 课堂的困境与变革：从浅表学习到深度学习——基于对中小学生真实学习历程的长期考察[J]. 教育发展研究，2018，38(22)：90-96.

深度学习导向下的高中信息技术作业设计思路

赵　怡

一、问题提出背景

（一）政策背景

《普通高中信息技术课程标准（2017 年版 2020 年修订）》（简称《课标》）明确提出，普通高中信息技术课程的目的是全面提升学生的信息素养，帮助学生掌握相关技能，让学生参与到信息技术的合作与交流中，培养学生的信息意识，促进学生的个性发展。《教育部关于印发〈教育信息化 2.0 行动计划〉的通知》指出，要推进信息技术与教育教学的深度融合，实现教育信息化从融合应用向创新发展的转变。《中国教育现代化 2035》提出，要推进教育信息化和智能化，加强学生信息素养和创新能力培养，促进学科交叉融合和跨界创新。高中信息技术作业设计需要结合学生的实际需求和发展目标，注重培养学生的高阶思维能力、问题解决能力和团队协作能力，以适应时代发展的需要。同时，需要结合学科特点和学生实际情况，设计符合学生认知规律和兴趣爱好的作业形式和内容，以激发学生的学习热情和创新精神。

（二）实践背景

当前，高中信息技术的课堂更多采用“一言堂”的灌输式教学模式，教师按照教学内容进行演示，学生按照教师的讲授跟着练习。在教学过程中学生缺乏思考和探索，往往是教师教什么，学生就学什么，学生很难形成信息意识。高中信息技术作业更多采用“一刀切”的方式，学生按照既定要求按顺序完成。教师给予全班学生完成作业的时间相同，作业内容一致，难以达到因材施教的目的。高中信息技术的作业往往是教师个人或者备课组共同设计的作业，没有学生的参与，没有创设适当的情境，就不能真正激发学生的兴趣。

二、要解决的问题

深度学习导向下的高中信息技术作业设计要解决的问题有三个。

第一，提高作业的挑战性，促进协作学习。深度学习导向下的作业设计应该提高作业的难度和深度，设计出更加复杂、有挑战性的任务，以激发学生的探究精神和创新能力。同时，应注重学生的协作学习和交流，通过设计出需要团队合作和交流的任务，让学生在学习过程中互相帮助、互相学习，培养团队协作精神和沟通能力。

第二，增强作业的实际应用性和趣味性。高中信息技术作业应该与实际生活紧密联系，通过设计出具有实际应用性的任务，学生将所学知识应用于实际生活中，提高应用能力和实践能力。通过设计出生动有趣的作业内容，激发学生的学习兴趣和学习动力，引导学生自主学习。

第三，培养学生的高阶思维能力。高中信息技术教学应该注重培养学生的高阶思维能力，如批判性思维、创造性思维、问题解决能力等。深度学习导向下的作业设计应该与学科紧密联系，通过设计出具有思考性、探究性和创造性的任务，培养学生的高阶思维能力。

三、解决问题的思路和过程

教师要积极思考什么样的作业设计更有意义，什么样的作业内容更有价值，什么样的作业形式更有利于教学目标的实现，什么样的作业评价能更好地促进学生学习。

2014 年，教育部基础教育课程教材发展中心在全国多个实验区开展了"'深度学习'教学改进"项目研究，进一步明确了符合我国国情的深度学习内涵，"所谓深度学习，就是指在教师的引领下，学生围绕着具有挑战性的学习主题，全身心积极参与、体验成功、获得发展的有意义的学习过程"。由此可见，深度学习是落实学科核心素养的必由之路。《课标》中也提到"鼓励学生在不同的问题情境中，运用计算思维形成解决问题的方案，体验信息技术行业实践者真实的工作模式和思考方式等"。在落实培养核心素养时，作业的设计与实施可以为学生的深度学习提供有效支撑。

（一）整体观

深度学习要在学科大的知识结构下展开。教师应分析学科知识、思想方法、育人价值等，并形成与之相适应的符合学生、学科、学习特点的教学内容体系；利用复习、总结、反思等方法促进学生所学知识与已有知识之间的联系，使学生积极主动地自主建构合理的认知结构；还需要整合自主、合作、探究、项目式等学习方式实施思维型教学，而不是运用某种单一的学习方式，最终要发挥每种学习方式的最大价值。

【情境】经过一段时间的学校生活后，有学生发现，有时天晴也不能进行户外活动。学生咨询了相关教师，教师给出了关于 AQI（Air Quality Index，空气质量指数）的图片（图 1），并告诉学生，教师都是根据实时 AQI 判定当天是否能够进行户外活动。

图 1 AQI

【阅读材料】空气指数又称空气质量指数或空气污染指数，简称 AQI，即根据环境空气质量标准和各项污染物对人体健康、生态、环境的影响，将常规监测的几种空气污染物浓度简化为单一的概念性指数。

【作业】

（1）根据图中信息，能够开展户外运动的 AQI 最大值为________。

（2）请用自然语言描述判断能否开展户外活动的功能是如何通过计算机编程实现的。

（3）输入 AQI，判断能否开展户外活动，输出“可进行户外活动”或“不建议户外活动”。请将流程图（图 2）填写完整。

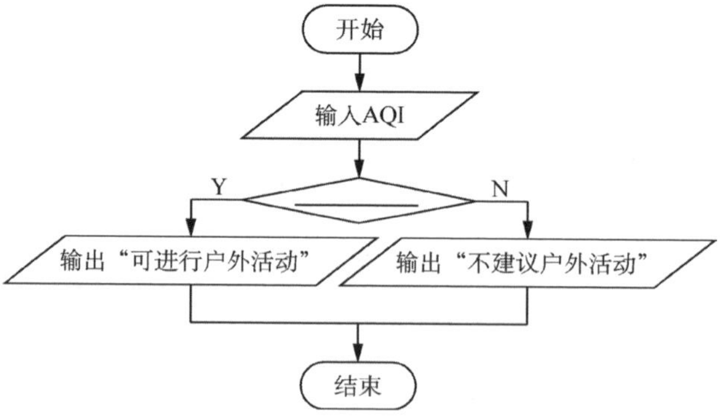

图 2 流程图 1

（4）有学生设计的算法如图 3 所示，请比较分析两种算法。

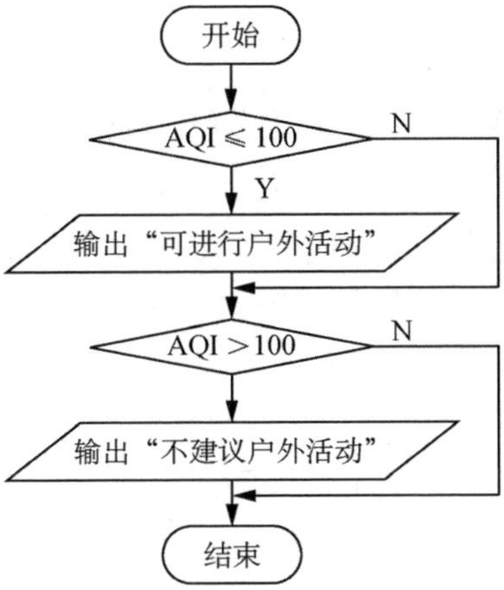

图 3　流程图 2

（5）输入 AQI，判断能否开展户外活动，输出“可进行户外活动”或“不建议户外活动”。用 Python 语言编写程序，并运行调试。

（6）根据 AQI，将表 1 填写完整。

表 1　AQI 等级

AQI	表示	AQI	表示
[____,50]	优	[151,____]	中度
[51,100]	良	[201,300]	重度
[101,150]	________	[301,500]	严重

（7）用 Python 程序语言实现 AQI 查询功能。

（8）在运行调试自己小组编写的程序过程中，是否有错误提示？记录错误提示，分析产生错误的原因，并修正（表 2）。

表 2　程序运行记录表

错误提示	产生的原因	修正

（9）AQI 查询的功能是否完整？请简述产生问题的原因，并给出修正意见。

（二）情境观

最基本的知识是概念和规律，深层的学习要理解概念，掌握规律。从概念的学习角度来讲，学生形成概念的机制需要经历感性认识、思维加工、理解应用、形成结构四个阶段。形成感性认识需要教师创设能够反映一类事物共同属性和本质特征的真实情境，没有情境就不可能形成概念。从规律的学习角度来讲，规律反映事物之间内在的必然联系，实际上反映着概念之间的关系，决定事物发展的必然趋势。学习规律需要教师创设良好的学习情境，使学生获得丰富的感性认识，再进行基于问题的深度探究和思维层面的积极加工。从深度学习的过程来讲，激发学习动机，激活已有知识，引导学生自主探究和合作交流，促进学生深度思考，应用知识和方法解决问题，这都需要以情境和问题为前提。

【作业 1】

甲骨文是中国古代的一种文字，距今已有三千多年的历史。小慧想将文档中的“春”字显示成如图 4 所示的甲骨文字体，但是无法实现，原因是系统中没有该字的（　　）。

图 4　“春”的甲骨文写法

A. 内码　　B. 字形码

C. 输入码　　D. ASCII 码

【作业 2】

小文录制了一首歌曲，录制的音频信息如图 5 所示，录制时长 512 秒，保存为 Wave 格式。该歌曲的数据量是________ KB。

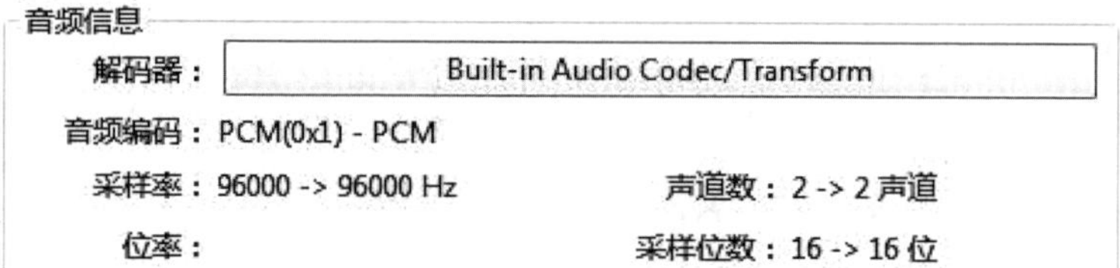

图 5　音频信息

（三）思维观

深度学习的本质是深度思维，在真实的情境中基于问题主动探究、积极合作、不断反思，实现深度思维的发展，是实施深度学习的一个重要策略。需要掌握思维方法，比如分析、综合、抽象、概括、比较、分类、演绎、类比等，又比如创造性思维方法里的重组思维法、发散思维法、突破定义、突破定势、迁移等。掌握这些思维方法，不仅是形成思维能力的前提，还是进行深度学习和发展深度思维的条件。要在知识教学和学习活动中渗透这些方法，让学生掌握这些方法。另外，可通过合作和互动促进学生互相激发，培养深度思维。在创设真实的教学情境和设计富有挑战性的教学任务的基础上，组织学生进行深度的合作互动，实现学生之间思维的互相激发，促进学生形成深度思维。

【作业 1】

小黄在单位附近租了一间房，房间里只提供了有线电视线路。虽没有固定电话线路，但可以使用个人智能手机通信。如果不对房间的线路作任何改造，他可选择的因特网接入方式是（　　）。

①有线通接入　②ADSL 接入　③无线接入

A. ①②③　　B. ②③　　C. ①③　　D. ①②

同时，深度学习是个体将学习的知识从一种情境迁移运用到另一种情境的过程。从结果上来讲，深度学习和浅层学习之间的差别之一就是，深度学习能迁移且能迁移得比较远，而浅层学习不能迁移。迁移要以深度理解为基础。深度学习中迁移的内容包括知识、方法和态度，要将这些内容迁移到其他的领域，应用于真实的情境。

基于对深度学习概念、内涵以及本质的解读，提出如何在教学活动当中更好地实施深度学习，是实现思维型教学的本质。

【作业 2】

小黄家的网络连接如图 6 所示，台式电脑、智能手机、手提电脑等设备都能通过设备 X 正常访问因特网。以下叙述正确的是（　　）。

A. 设备 X 可以是无线路由器

B. 智能手机访问因特网不需要 IP 地址

C. 手提电脑联网不需要网卡

D. 台式电脑与设备 X 的连接线应该用光纤

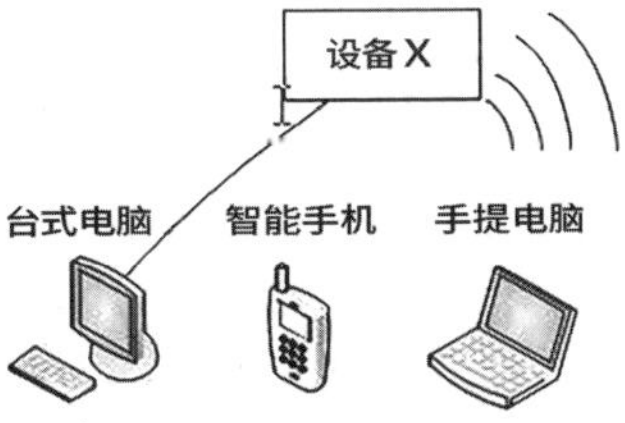

图 6　小黄家的网络连接

四、总结与反思

在实践过程中，笔者遇到了一些问题和挑战。例如，部分学生的信息素养和技能水平较低，需要加强基础技能的培养；学生对新技术的接受程度不同，学生信息素养和技能水平的差异较大，教师需要关注学生的个体差异，提供个性化的辅导和支持；深度学习导向下的作业设计强调学科整合，需要教师掌握跨学科的知识和技能，同时还需要考虑不同学科之间的联系和融合。总的来说，面向学科核心素养的信息技术课程实施不仅要求教师深刻理解核心素养，而且要深入课堂。

笔者相信，只要坚持改进育人方式，不断提高作业的设计质量，必将逐步改变"一言堂"的上课方式、"一刀切"的作业方式和"我以为"的作业设计，不断落实立德树人的教育理念，培养面向未来的青年学子。

参考文献

[1] 中华人民共和国教育部. 普通高中信息技术课程标准(2017 年版 2020 年修订)[S]. 北京：人民教育出版社，2020.
[2] 任友群，黄荣怀. 普通高中信息技术课程标准解读(2017 年版 2020 年修订)[M]. 北京：高等教育出版社，2020.
[3] 胡卫平：深度学习究竟是什么，又该如何有效落实？
https://www.sohu.com/a/489515833_100194097
[4] 王月芬. 重构作业：课程视域下的单元作业[M]. 北京：教育科学出版社，2021.

指向区域认知的地理学习活动设计
——以沪教版地理教材“植被”单元为例

郑福林

一、问题提出背景

（一）政策背景

《普通高中地理课程标准(2017 年版 2020 年修订(简称《课标》)》提出了地理学科核心素养的概念。学科核心素养的确定是新修订《课标》的重点和亮点，创新了地理学习方式，是学科育人价值的集中体现。《课标》对区域认知的定义为：区域认知是指人们运用空间-区域的观点认识地理环境的思维方式和能力。区域地理素养就是一个人能够从区域地理的角度观察事物，并且能运用区域地理的有关技能解决问题的内在涵养。《课标》要求学生具有从区域的视角认知地理现象的意识与习惯。区域视角的构建是培养学生区域认知能力的基础，将其融入中学地理教育体系是培养地理认知方法的重要内容。2021 年秋季学期开始，上海市高中开始使用地理新教材，由此，上海高中地理教育进入新的教学时代。“双新”背景下的“新教学”就是指向核心素养培育的教学。地理学科的突出特点是综合性和区域性，由此形成的区域认知，是学生分析和理解地理过程、地理规律、人地关系系统的重要思维方式和能力。因此，地理教学应充分体现地理学科的本质属性——区域性，侧重培养学生从区域的角度研究地理现象和地理事物的思维方法。

（二）实践背景

虽然在日常生活中能看到多种植物，但学生很少去细致地观察植物，较少思考植物与其生活环境之间的关联。课前调查显示，尽管香樟树在校园中随处可见，但将其叶片作为观察标本时，大部分学生都辨识不出来。而且受到客观条件的限制，学生不可能去其他区域认识植被，这使得“区域认知”有了一定的挑战。

二、要解决的问题

当前的高中生在区域认知方面存在一些困难，包括对区域尺度、位置、特征和发展等方面的理解存在不足，有的学生对这些知识的理解程度不够深入甚至错误，导致整体的区域认知能力有待提高。因此，教师需要思考如何有针对性地培养学生的区域认知能力。《课标》对沪教版教材中的“植被”一课的要求是：“通过野外观察或运用视频、图像，识别主要植被，说明其与自然环境的关系。”因此，本节课带领学生通过对植物叶片和图片的识别观察，引导学生掌握植物所属的植被类型及其适应的环境，提升学生的区域认知能力。

三、解决问题的思路和过程

为了让学生能够通过野外观察更好地认识植被，本节课设计了野外小组调查环节，通过让学生野外合作调查，建立学生对植被的感性知识，为课堂学习打下基础。小组的野外调查结果毕竟是有限的，因此，在课堂上，需要小组之间交流学习，交流的内容应该基于学生的调查结果而定。如本节课学生的调查结果突显出了上海地区的典型植被类型——常绿阔叶林，可以选出代表介绍小组对某一常绿阔叶林的调查方法、调查结果等，以此落实对真实问题探究的过程，并通过更加细化的问题完成对植被类型的学习。本节课不但要求学生识别植被，还要学生能够说出该植被的主要分布地区，因此可以通过气候资料图、地图等相关材料，让学生形成区域认知。最后，通过“巧克力山”这一拓展案例，学生明确植被是在气候、地形等综合因素作用下形成的，并通过小组合作探究，全面掌握植被与其他因素之间的关系。图1为本节课教学设计思路。

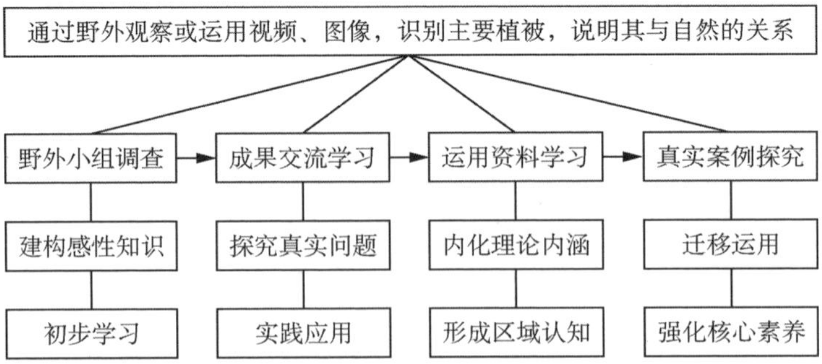

图1　本节课教学设计思路

教师需准备的材料包括：香樟、银杏（黄、绿）、松树、菩提树、油橄榄五种树的叶片若干，世界气候分布图，气候资料图，叶片生长习性表和磁铁。其中，香樟、银杏、松树在校园随处可见，叶片方便获取，菩提树、油橄榄叶片可在网上购买。

1. 学习活动一：小组植被调查（课前）

《课标》要求通过野外观察识别植被，虽然学校不具备统一组织学生开展植被调查的条件，但可以通过课前的小组植被调查活动，让学生从熟悉的周边环境——校园、小区等入手，借助相关手机软件，去了解上海的植被类型，加深学生对生活中常见植被的认识，培养其地理实践力和区域认知。在此过程中，学生不但能够从中获得对植被，特别是上海地方性植被的感性认识，还能够通过上网搜集资料，初步了解植被的概念、特征、分布等知识，为课堂学习打下良好的知识基础，也为学生发展区域认知打下了基础。

课前让学生以小组合作的形式开展调查活动：利用“花伴侣”手机 APP（Application，应用软件）或“形色识花”微信小程序，调查校园、家附近或者旅游途中看到的植物，以小组为单位，查阅资料，填写下方的表格（表 1）。授课时，利用学生课前形成的调查报告作为教学素材，表 1 为教师在开展植被调查前提供给学生的调查表，表 2 为部分学生完成的植被调查表示例。

表 1　植被调查表

植被调查					
植物名称	植被类型	植被特征		主要分布地区气候类型	主要分布地区气候特征
		种类数量、结构、景观季节变化特征	根、茎、叶、花、果等特征（局部）		
望天树	热带雨林	植物种类丰富， 垂直结构复杂， 全年旺盛生长， 森林呈深绿色	植被高大茂密， 有粗壮的藤本，大量附生蕨类植物， 各月都有花开， 叶片大，有滴水叶尖； 常见茎花、板状根等现象	热带雨林气候	全年高温多雨

表 2　某小组学生完成的植被调查表

<table>
<tr><th colspan="6">植被调查</th></tr>
<tr><th rowspan="2">植物名称</th><th rowspan="2">植被类型</th><th colspan="2">植被特征</th><th rowspan="2">主要分布地区气候类型</th><th rowspan="2">主要分布地区气候特征</th></tr>
<tr><th>种类数量、结构、景观季节变化特征</th><th>根、茎、叶、花、果等特征(局部)</th></tr>
<tr><td>望天树</td><td>热带雨林</td><td>植物种类丰富，垂直结构复杂，全年旺盛生长，森林呈深绿色</td><td>植被高大茂密，有粗壮的藤本，大量附生蕨类植物，各月都有花开，叶片大，有滴水叶尖；常见茎花、板状根等现象</td><td>热带雨林气候</td><td>全年高温多雨</td></tr>
<tr><td>孔雀竹芋</td><td>常绿阔叶林</td><td>植物种类丰富，呈卵状椭圆形，四季常绿</td><td>基部具块茎，株高 30～50 厘米，叶柄紫红色，从根状茎长出，叶片薄革质，呈卵状椭圆形，黄绿色</td><td>热带雨林和热带草原气候</td><td>温暖湿润</td></tr>
<tr><td>天门冬</td><td>常绿阔叶林</td><td>种类丰富，上部披散簇生，四季常绿，属于攀缘类植物</td><td>茎呈拱形下垂生长；根节膨大，呈纺锤形，白色半透明，内含大量水分；叶退化呈鳞片状或刺状，着生在茎节处；花通常每 2 朵腋生，淡绿色；果期在 8、9 月</td><td>亚热带季风气候</td><td>夏季凉爽，冬季温暖</td></tr>
<tr><td>香樟树</td><td>落叶阔叶林</td><td>树干为黄绿色，全株具有樟脑般的气味，花期为 4 至 5 月，果期为 8 至 11 月</td><td>叶互生，卵形，叶片上面光亮，背面呈灰白；花小，黄绿色，呈圆锥形；核果小，呈球形，紫黑色，基部有杯状果托</td><td>温带季风气候</td><td>温暖，湿润，光照充足</td></tr>
</table>

2. 学习活动二：识别植被

本节课不仅要了解、学习上海的典型植被，还要从上海的典型植被出发，去探究世界上其他植被的分布、特征。虽然学生不太可能去其他地方探究学习，但可以通过观看视频，让学生了解到不同的区域生长着不同的植被，初步建立植被区域差异的认知。不过视频仅能传达感性的认识，要想真的做到"识别"，还是要切身体验。因为课前已经让学生切身体验过了，所以可以通过对学生植被调查结果的展示与统计，激发学生在课堂上解决问题的兴趣，进一步强化学生的区域认知。在学生展示过程中，可以向其他学生提供叶片，通过触摸叶片，可以对叶片的形状、大小、厚度、光泽度、硬度有更加真实的感受，也更能理解所谓的"阔叶""硬叶""针叶"；通过对叶片与植被类型名称进行匹配，能够更好地认识植被类型。这样就可以从局部到整体、从细节到全面，让学生了解植被的特征。植被本就是一个比较宏观的概念，学生很难从整体上去感知，因此可以从容易获得的叶片出发，让学生通过真实的感受去理解叶片对环境的适应，进而理解植被对环境的适应，由此理解不同区域的环境会造就不同的植被，强化学生从区域的角度理解植被特征形成的原因。

为此，本节课设计了以下两项任务。

情境导入：播放世界植被类型介绍视频，了解植被类型，建立体现植被区域差异的学习情境。

教师活动分为三个步骤。

① 视频播放结束后，完成植被类型的板书。

② 总结全体学生的调查结果。综合所有学生的调查结果，去除相同的部分，调查植物共计 26 种，其中常绿树 14 种，落叶树 9 种，针叶树 3 种。提出问题：由此可见，上海最常见的植被类型是常绿树，这是为什么呢？请某小组上台介绍本小组的调查过程及调查结果。

③ 将材料包分发给学生，叶片如图 2 所示，要求学生仔细观察叶片特征，完成任务一。

任务一：仔细观察植被叶片，将叶片与下方的特征进行匹配。

叶片较硬、较小，表面有蜡层、茸毛　　针状、较硬　　表面光亮、叶片宽阔　　常见滴水叶尖，叶片很大　　秋季变色，冬季掉落，叶片宽阔

图 2　叶片材料

学生活动分为两个步骤。

① 通过触摸不同植物的叶片，完成任务一，对叶片的描述有感性认识。

② 小组派代表将叶片贴到对应植被类型名称旁边。

教师提问：为什么叶片会具有不同的特征呢？

学生活动：观察材料包中的世界气候资料统计图，完成任务二，并根据气候特征来说明叶片是如何适应环境的。

任务二：叶片为何具有不同的特征？请结合沪教版地理教材选择性必修第一册中的气候统计图进行说明，并在气候统计图下方写出对应的植被类型。

教师提问：植被特征又是怎样的呢？请同学们根据叶片对气候的适应情况

推测植被的群落特征，从数量、形态、垂直结构、种类等方面描述。

学生活动：从数量、形态、垂直结构、种类等方面描述植被特征。

3. 学习活动三：判读世界植被分布

学生对植被分布的认知是模糊的，通过前两个学习活动，他们知道了世界上不同的区域具有不同的气候，所以植被为了生存，就形成了不同的特征。这些不同的植被到底分布在哪里？通过让学生自己去寻找植被在世界上的分布，可以让他们真切地感受到区域的差异、植被的差异。这一活动一方面培养了学生阅读地图的能力，另一方面也拓宽了学生的认知，加深了其区域认知能力。在大尺度的空间格局中，随着纬度、海陆位置的变化，热量、水分条件随之发生变化，这也导致植被类型发生了变化，这种变化也引导着学生树立更深层次的区域认知观念。为此，本节课设计了以下活动。

教师提问：了解了森林植被与气候的关系，那么森林都分布在哪里呢？草原和荒漠又在哪里？

向学生展示世界气候类型图的局部，并在地图上以序号的方式标出热带稀树草原气候、热带雨林气候、亚热带季风气候、温带季风气候、温带大陆性气候和亚寒带针叶林气候的位置。请同学们根据前面所学的内容，结合教材第114页的世界植被类型分布图，以及材料包中的世界气候类型图，写出序号对应的植被名称。

学生活动分为两个步骤。

① 在图上写出序号代表的植被类型。

② 指出世界植被空间分布的影响因素。

4. 学习活动四：探究保和岛巧克力山不长树的原因

气候并不是影响植被分布的唯一因素，学生在分析问题的过程中，能够感受到影响植被的环境因素除了气候，还有地形和土壤，这些因素同样受到区域差异的影响，也可能导致植被类型的改变。整个分析过程既要锻炼学生解决真实情境问题的能力以及从综合的角度分析问题的能力，又要使得学生从空间差异的角度看待问题，强化学生的区域认知能力。为此，本节课设计以下活动。

图3 巧克力山

材料：保和岛位于菲律宾中部，深受热带季风气候的影响，当地森林茂密。但是，岛上1 000多座高度在40～120米的石灰岩小山丘却只长草不长树，形似草堆。每年干季，“草堆”干枯，转为褐色，犹如一排排巧克力摆放在大地上，“巧克力山”的称谓由此而来(图3)。

教师提问：

（1）保和岛的典型植被类型是什么？

（2）巧克力山为什么只长草不长树？

学生活动：读图并结合材料分析问题。

四、总结与反思

本节课的设计充分体现了培育学生区域认知素养的理念。本课以学生的植被调查导入，立足真实情境，让所有学生参与探究活动，运用区域认知的方法，结合已有知识和生活经验，分析与解决地理问题，促进区域认知能力的习得和观念的树立。学生不仅对地理课堂越来越喜爱，而且学习地理的积极性也不断提高，教师引导被动学习向主动学习转变。设置的学习活动逻辑性、关联性、层次性较强，引导学生逐层深入地获取知识与能力，养成区域认知素养。

但在教学实施的过程中，也遇到了一些问题，如调查过程中没有按照教师的要求进行资料查询、过程记录等。因此，在进行小组课前活动时，教师要掌握主动权，及时获取学生的动态，必要时给予指导，不可放任学生。在课堂上，由于活动较多，安排得比较紧凑，导致部分学生没有跟上，教师应该明确任务要求，安排负责的小组长及时提醒组员。只有学生真正参与到课堂中来积极思考，才是一堂有效的地理课，因此教师在课堂中仍然要引导学生的学习。

参考文献

[1] 庞玲，高俊昌. 区域认知素养的培养体系探究[J]. 地理教学，2022(2)：4-9.

[2] 袁孝亭. 区域认知及其育人价值和目标要求[J]. 地理教学，2022(17)：14-16.

[3] 中华人民共和国教育部. 普通高中地理课程标准(2017 年版 2020 年修订)[S]. 北京：人民教育出版社，2020.

在最合适的位置做最闪亮的自己

——学生发展指导案例

朱晓蕾

一、问题提出背景

（一）政策背景

2019 年发布的《国务院办公厅关于新时代推进普通高中育人方式改革的指导意见》（简称《意见》），明确提出要加强学生发展指导，促进学生全面发展，提高学生综合素质。《意见》要求各级教育行政部门和学校要高度重视学生发展指导工作，注重指导实效，加强对学生理想、心理、学习、生活、生涯规划等方面指导，帮助学生树立正确理想信念、正确认识自我，更好适应高中学习生活，处理好个人兴趣特长与国家和社会需要的关系，提高对选修课程、选考科目、报考专业和未来发展方向的自主选择能力。《意见》还要求健全指导机制，各地要制定学生发展指导意见，指导学校建立学生发展指导制度，加强指导教师培训。普通高中学校要明确指导机构，建立专兼结合的指导教师队伍，通过学科教学渗透、开设指导课程、举办专题讲座、开展职业体验等对学生进行指导；注重利用高校、科研机构、企业等各种社会资源，构建学校、家庭、社会协同指导机制。

（二）实践背景

高中阶段的学生正处于身心发展的第二个高峰期，即个体自我同一性整合的关键期，每个学生在这个阶段都会面临同样的困扰：“我是什么样的人”“我想成为什么样的人”“我应该怎样成为那样的人”。这些困扰与学生成长中内心的需要密切相关。在同济大学第一附属中学，这些问题得到高度重视。学校在“双新”背景下开展的学生发展指导工作也已经过几年实践，旨在帮助学生进行自我同一性的整合，激发学生的心理能量，明确未来的专业方向，确定自己的职业取向，更积极主动地体验高中生活之美。

二、要解决的问题

高中阶段是学生个体发展的关键时期，面临着众多的挑战和选择。然而，许多学生在这个阶段往往对自己的优缺点缺乏清晰的认识。每个高中学生在自身发展过程中都有过思考或烦恼，包括对自己性格特征的不了解、对自己职业兴趣的不确定、对高考选科的迷茫、对大学专业的陌生等，在教育教学实践中，时常有学生向教师提问自己适合选什么科目，报什么大学，学什么专业。对未来的学业和职业发展缺乏明确的规划不仅会影响学生的学习效果，还会影响其未来的职业发展，因此，教育工作者就迫切需要解决这个问题。

这个时候，学校的发展指导就发挥了重要作用。学校通过各种课程和活动，力求在自我认知、目标设定、规划与执行、反馈与调整和资源整合等方面对学生提供指导。帮助学生找到自己的位置，发挥自己的优势，实现自己的目标。第一，学校运用测评软件来帮助学生正确认知自我，工具包括性格测试、兴趣测试、能力测试等，帮助学生了解自己的性格特点、兴趣爱好、优势和弱点，从而为他们提供更符合自我认知的职业方向。第二，学校通过职业认知课程和研究性课题帮助学生深入了解意向中的专业，包括邀请行业专家、职业规划师等来讲解专业知识、分享职业经验，帮助学生了解各个专业的工作内容、就业前景、发展空间等，从而帮助学生作出更科学理性的职业选择。第三，学校通过个性化的指导和服务，比如提供相关的社团活动、实践项目等帮助学生自主发展。在教育教学中，学校这三个方面的工作能否为学生提供切实有效的帮助，上述问题能否被解决，还需要在实践中进一步验证。

三、解决问题的思路和过程

历经多年探索，学校的学生发展指导工作以发展指导系统为载体，设计为三个发展阶段：生涯探索、生涯抉择和生涯行动。三个阶段贯穿学生的高中三年，实施内容为：学校开设发展指导系统，为全体学生提供个性化的测评与指导，每个学生都拥有自己的用户名和密码；以系统为载体，学校首先通过职业兴趣测评等工具帮助学生正确认识自我，确定未来职业的大体方向，确认意向专业；之后通过职业认知课程和研究性课题帮助学生深入了解意向专业，包括招生情况、教学内容和就业前景等内容；再通过政策分析来给予每个学生精准的升学定位，锚定升学目标。最终目标是让每个学生都找到最适合自己的位置，做到“自主发展、优势发展”。三个阶段的模型如图 1 所示。

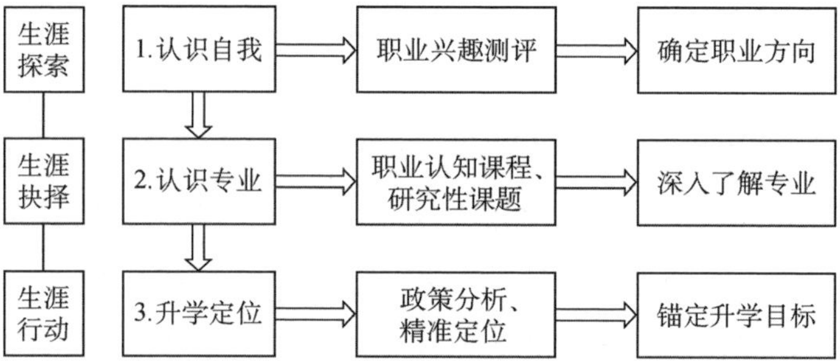

图 1　三个阶段示意图

(一) 第一阶段：生涯探索

以认识自我为起点，通过职业兴趣测评，帮助学生确定大致的职业方向。学生在高一年级登录学校的发展指导系统，完成职业兴趣测评，可得到如图 2 所示的测评结果。

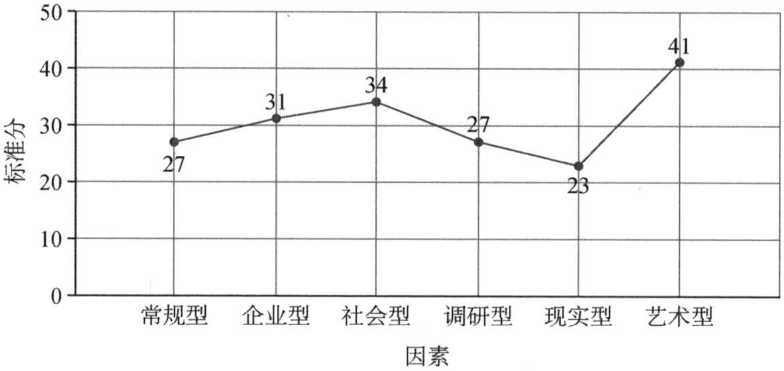

图 2　测评结果

测评结果显示：该生的高分职业类型依次为艺术型、社会型、企业型，提示其职业兴趣集中在具有艺术性和创造性的工作、帮助他人的社会性工作或领导性的工作；该生的最低分职业类型为现实型，提示其职业兴趣不是有规则的具体劳动和需要操作技能的工作。测评结果完全符合该生的性格：有想象力和创造力、团结友善、擅于交际、自信心强、有雄心壮志。测评结果为该生设想未来职业提供了明确的指引方向。该生可以在十几门选修课中自由选择。例如劳动技术教师的“低碳”、政治教师的“西方哲学探新”、心理教师的“趣味心世界”、艺术教师的“视频制作”、计算机教师的“教你做出美美的 PPT”等。各科教师各展所长，全方位、高层次、多视角地向学生提供丰富的选修课，学校充分尊重每一名学生的选择权，发展每一名学生的兴趣，最终为实现他们的职业兴趣服务。作为一名辩论爱好者，该生最终根据自己的测评结果和兴趣爱好选择了语文教师开设的“辩论实战”，并作为学校辩论队的主力队员舌战群儒。

(二) 第二阶段：生涯抉择

以认识专业为起点，通过职业认知课程和研究性课题，帮助学生深入了解意向专业。学生在高二年级登录发展指导系统，观看自己的意向专业的详细介绍，包括历年招生情况、大学课堂教学内容与就业方向等信息，进一步加深对意向专业的认识。同时参考自己的职业兴趣取向和多元智能发展优势，结合自己的具体学习情况，从两个层面进行分层走班学习：第一个层面是常规课层面，该生可以根据自己的“＋3”小学科选择“等级班”进行学习；第二个层面是STEAM课层面，学生在高一全面学习的基础上对其最感兴趣的部分开展研究性学习，实现从学习到研究的深化。

(三) 第三阶段：生涯行动

以升学定位为起点，通过政策分析和精准定位，帮助学生锚定升学目标。学生在高三年级登录发展指导系统平台，观看研究性课题指导与自主招生面试指导，学习撰写课题的方法和参与面试的技巧。为更好地指导学生的研究性课题，学校将研究能力较强的各科教师组合成跨学科组，为学生自由选择课题指导教师提供了良好的资源。此外，学校还设有专门的论文答辩辅导课，帮助学生在自主招生环节更好地展示自己的高中学习与研究成果，助力学生迈入理想大学。

四、总结与反思

在“双新”背景之下，我们必须重新审视高中学生发展指导工作的目标、任务和实施思路，既要着眼当下，培养学生的人生规划能力，也要放眼未来，为使学生适应将来社会与职业的变化，培养学生相应的技能与品格。在今后的学生发展指导工作中，学校还需要进一步谋划与设计，着重体现以下三个特点。

(1) 指导课程化。要配合学校发展指导系统的线上指导，同步开展线下指导，如开展研究性课题、心理教育与主题班会、专业人士的生涯讲座和更多的社会实践与志愿服务等。

(2) 教师专业化。全体教师利用学科教学、主题教育、主题班会等途径对学生进行发展指导，并通过学业数据分析来指导学生扬长避短。全体导师从思想、生活、学习和心理等方面全方位地关心指导学生，为学生进行理性的生涯抉择奠定良好的基础。

（3）资料系列化。资料的汇总分析有助于了解学生的专业意向，掌握发展指导工作的实际效果。随着分析数据的逐年累加，用好这些数据将有助于学生发展指导工作的进一步开展。

有意义的人生是可以定义和规划的，本文所提到的案例印证了学校的发展指导工作可以帮助学生尽早做好自己的生涯规划，让学生更加明确自己的奋斗目标和实现目标的策略，把主动权掌控在自己的手上，使自己的未来朝着目标方向前行。期待每一名学生都在学校发展指导工作的引领下认识自己、找准方向、明确目标、达成目标，祝愿所有学生都找到最适合自己的位置，实现自己的理想与信念，努力做最闪亮的自己。

参考文献

[1] 刘增兰. 高中生职业生涯规划教育课程体系构建研究[J]. 新课程研究（上旬刊），2019（1）：84-85.

[2] 张朝晖. 关于“建立学生发展指导制度”的思考与实践[J]. 现代教学，2010（Z2）：149-150.

第三篇

学科教材整合式应用

架构东西方时空桥梁，把握历史发展大势

——整合教材，从世界视野看繁荣与危机并存下的明清历史

陈建玲

一、问题提出背景

(一) 政策背景

《普通高中历史课程标准解读(2017 年版 2020 年修订)》对高中历史教材必修模块《中外历史纲要》有这样的解读，“新的高中历史课程标准不仅进一步强调时序性，注重对点、线的梳理和归纳，而且还增加了‘面’的知识建构，力图通过涵盖一定时间段的大专题形式体现历史发展的基础性和多维性”。各专题之间以时序相连接，反映出中国历史和世界历史发展的系统性，同时在时序的大框架下，各专题之间也具有空间联系，如《中外历史纲要(上)》第四单元《明清中国版图的奠定与面临的挑战》所讲的 500 多年明清历史特点和发展走向与这一时期世界的变化是同步的，前者是后者的组成部分，两者不能割裂开来。

(二) 实践背景

《中外历史纲要(上)》第四单元《明清中国版图的奠定与面临的挑战》所讲述的是中国古代最后两个王朝，即明清时期的历史，从第五单元开始就进入中国近代历史的学习，因此第四单元在教材中处于承上启下的重要地位。上承的是中国古代历史发展的主线——统一多民族封建国家的建立、巩固和发展。教材从第一单元到第四单元都在围绕这条主线进行内容的铺陈和展开。下启的是近代中国被殖民被侵略的屈辱史。本单元有两个学习重点：一是认识明清时期统一多民族国家版图奠定的意义，二是认识明清时期中国社会的变化和面临的危机。

受教材编写的体例所限，我们在教学中发现围绕本单元第二个重点的教材编排出现了三个方面的问题。

其一，关于“来自西方的挑战”。对于这一时期(14～18 世纪)西方的历史发

展，《中外历史纲要（上）》没有铺垫，缺乏综合性介绍，教材仅在讲到明朝中后期沿海形势时很模糊地写了这么一句："随着新航路的开辟，欧洲殖民者在中国沿海的活动日益频繁。"这句话很难使学生在脑海中形成对西方历史发展的全面认识，导致学生在理解上极易出现只知其表不知其里的情况，难以做到正确理解明清时期遭遇的西方挑战。

其二，教材中所涉及的与挑战相关的史实分散在本单元的3篇课文中，非常零碎，如"葡萄牙人占领澳门"这个知识点出现在教材第13课"海上交通与沿海形势"这一子目录中，"闭关锁国的外交政策"出现在第14课"统治危机的初显"中，诸如此类。学生掌握起来比较困难，难以形成全面的完整的认识。

其三，如果没有西方同时期（17～18世纪）历史知识的铺垫，很难让学生形成对"康乾盛世"全面又客观的评价，学生无法深刻感受到盛世中蕴含的隐忧，无法体会中国历史从古代转折到近代的那种"山雨欲来风满楼"的威胁。以至学生接下来学习第五单元中国近代史时就会有跳脱、突兀的感觉，历史学习就发生了断层。

二、要解决的问题

历史学科区别于其他学科最主要的一个特点，就是其突出的时空意识，时间和空间的二维性，让历史鲜活起来，也让历史学习更为直观和宏大。以学生的学习为主体、以全面把握明清历史这个目标为导向，成为笔者设计本课的主要考量。因此，以目标为导向，整合教材，架构14～18世纪的东西方时空桥梁，通过时间和空间的纵横对比来全面认识明清历史成为本课主要解决的问题。

三、解决问题的思路和过程

（一）解决问题的思路

首先，整合教材。一是将本单元的"面临的挑战"这部分内容进行整合，二是将《中外历史纲要（下）》第三单元《走向整体的世界》和第四单元《资本主义制度的确立》的内容整合进来，补充所学内容，搭建东西方历史交汇的时空舞台。

其次，运用历史比较学习法。通过绘制14～16世纪和17～18世纪东西方历史发展的表格，从政治、经济、思想、外交等方面入手对东西方历史进行全面梳理，让学生将明清时期置于东西方时空交汇的大环境之下，以大视野宏观了解明清历史。

最后，组织讨论，研究历史。以“你眼中的明清历史”为讨论主题，通过横向和纵向两个维度将明清 500 多年的历史置于时间和空间背景下，全面把握明清时期的历史特征和发展态势。

（二）解决问题的过程

1. 以表格透视明清发展态势

教师在整合教材后将补充的内容打印下来，发给学生阅读。绘制两个时段（14～16 世纪和 17～18 世纪）的表格（表 1），引导学生从疆域、政治、经济、思想、外交等方面入手对东西方历史进行全面梳理和把握。

表 1　14～18 世纪东西方历史发展（教师绘制）

时间	要素	东方	西方
14～16 世纪	疆域		
	政治		
	经济		
	思想		
	外交		
	总趋势		
17～18 世纪	疆域		
	政治		
	经济		
	思想		
	外交		
	总趋势		

学生在阅读教材和资料的基础上完成表格内容的填写，呈现 14～18 世纪时空交汇下的东西方文明（表 2）。

表 2　14～18 世纪东西方历史发展（学生填写）

时间	要素	东方	西方
14～16 世纪	疆域	大一统多民族封建国家疆域得以巩固，但海洋疆域受到威胁	民族国家形成
	政治	君主专制空前强化（废丞相，设内阁），实行重农抑商政策	等级君主制演变为君主专制制度（英法），颁布重商主义政策

（续表）

时间	要素	东方	西方
14～16 世纪	经济	自给自足小农经济占据主导地位，出现资本主义萌芽（机户机工），但遭到扼杀	商品经济高度发展，资本主义萌芽，新航路开辟，早期殖民扩张提供资本原始积累
	思想	反专制、崇尚自由的新思想出现；程朱理学依然占据统治地位，维护封建等级秩序，八股取士禁锢思想	文艺复兴、宗教改革，解放思想
	外交	朝贡贸易达到顶峰； 海禁	对外贸易，殖民扩张
	总趋势	浸淫在封建社会中，并且封建社会走向衰落	走出封建社会，走向资本主义
17～18 世纪	疆域	现代中国版图奠定	民族国家
	政治	君主专制达到顶峰（军机处、奏折制度）	资本主义民主政治制度建立
	经济	自给自足小农经济占据主导地位	资本主义经济快速发展，工业革命于 18 世纪下半叶率先在英国爆发
	思想	反对专制思想，文艺、科技等领域硕果累累，但多为总结性著作，无科技创新； 出现“文字狱”	启蒙运动
	外交	闭关锁国	殖民扩张
	总趋势	封建社会最后的辉煌	进入资本主义工业文明

2. 以课堂讨论认识历史的纵横发展

充分运用上述两张表格，学生分为两大组，以“你眼中的明清历史”为讨论的主题，一组从地理空间（横向）的维度，比较明清时期和同时期西方国家历史；另一组则将明清置于历史的时间长河（纵向）中进行考量。最后要求学生以文字写出对明清 500 多年历史的感悟。

学生（甲）：从纵向看，明清时期是中国封建社会的最后一个时期。这一时期统一的多民族封建国家在疆域、政治、经济、思想、外交等方面继续向前发展，直至清朝康乾时期，奠定现代中国版图，君主专制达到顶峰，自给自足的小农经济达到顶点，商品经济繁盛，人口增长迅速，思想文化领域也是硕果累累，因此从纵向看，康雍乾时期确实是盛世，它是封建社会的最后一段繁盛时期。但凡事都有两面，在盛世的背后，我们会发现达到顶峰的高度集权的君主专制，以重农抑商为支撑的自给自足的小农经济体制，为了维护封建专制统治在思想上实行的禁锢政策，以及在乾隆后期实行的对外闭关锁国政策，这些都成为中国社会转型的严重阻碍，成为拖垮中国社会发展的沉疴。所以盛世之中有隐忧，康乾盛世只是落日前的辉煌罢了。

学生（乙）：从横向看，对比东西方发展态势，当中国还浸淫在封建社会之时，西方国家已经率先走向资本主义时代。特别是17～18世纪，当中国创造出封建社会最后的辉煌时，西方已经以思想变革为先导，通过资产阶级革命或改革等方式确立了资本主义制度，进入资本主义发展的快速通道，18世纪下半叶开始的工业革命更是将西方带入先进的工业文明时代。反观此时还深陷在传统农业文明时期的中国，遭受来自西方的冲击和挑战是必然的。

教师总结：康乾盛世的“盛”是中国封建社会传统农业文明的盛世，较之前朝，其盛世只是量变的结果。从历史发展的进程看，当时古老的中国已落后于世界发展的潮流，受到冲击和挑战不可避免。一言以蔽之，从世界视野看繁荣与危机并存下的明清历史，其实质是逐渐衰退的农业文明遭遇西方兴盛发展的工业文明的冲击与挑战。

3. 以基于教学评一体的练习来巩固所学

不同视野下的康乾盛世

康雍乾三朝在我国历史上是颇具争议的一个时期，学界对“康乾盛世”是否真的存在尚存争议。

材料一：不管是在舟山还是在去京城的三天里，没有看到任何人民丰衣足食、农村富饶繁荣的证明……房屋通常都是泥墙平房，茅草盖顶……不管是房屋还是河道，都不能跟雷德里夫和瓦平（英国泰晤士河边的两个城镇）两岸的相提并论。事实上，触目所及无非是贫困落后的景象。

——马戛尔尼使团成员约翰·巴罗，《我看乾隆盛世》

材料二：乾隆时代，关于民众吃糠咽菜的记载比比皆是。据介绍，普通英国农户消费一年后，可剩余11镑，约合33～44两白银。一个中等中国农户一年全部收入不过32两，而年支出为35两，也就是说，辛苦一年，还要负债3两，才能过活。所以一旦遇到饥荒，普通人家会立刻破产，卖儿卖女的情况十分普遍。

——张宏杰，《饥饿的盛世：乾隆时代的得与失》

材料三：国内外经济学家采用不同方法，对18、19世纪的经济数据进行了估算，结果见表3。

表3　中国与英国(欧洲)18、19世纪人均国民收入对比

学者(基准价格指数)	年份	中国	英国
贝洛赫(1960年美元价格)	1800	228	324
	1840	206	447
刘瑞中(1700年银两价格)	1700	13.2	19.91
	1800	13.4	61.47
麦迪森(1990年美元价格)	1700	600	923(欧洲)
	1820	600	923(欧洲)
刘逖(1990年美元价格)	1700	378	采用麦迪森数据
	1800	311	采用麦迪森数据

——李强，徐康宁，魏巍，《“康乾盛世”真的存在吗？——基于经济数据测算的分析》

根据所学知识，请回答如下问题。

(1) 上述材料分别是从什么视角看“康乾盛世”的？

(2) 从材料三的经济数据中，你可以从18世纪的中、英两国经济对此得出什么结论？

(3) 国内外经济学家对18世纪的经济数据估算为何会产生不同的结果？

(4) 你如何认识上述材料对“康乾盛世”的不同解读？

四、总结与反思

教材是教学的根本，是工具。人教版历史教材的编写按照通史体例分编为中国史和世界史两册。随着历史的发展，特别是新航路的开辟(对应中国古代史中的明清时期)，世界连为一体，此时再单纯地按照教材的体例进行教学，就会发现世界史这一板块内容明显缺失，不利于学生对历史的理解和把握。作为教师，有必要将新航路开辟以来的世界历史的内容(也就是《中外历史纲要(下)》的内容)按照时间阶段整合到《中外历史纲要(上)》的相关内容的教学中，作为分析某一历史事件或历史现象的历史背景、历史影响的有机补充，让历史的学习建立在东西方时空交汇这一大视野下，便于学生从宏观上把握历史。通过历史的比较学习法让学生进行纵横向对比，形成历史认知，有利于学生对历史问题产生更深刻更全面的把握，提升了历史学习的广度和深度，进而让学生在现实生活中逐渐养成关心时代、关心国运、关心大社会直至小我的人文情怀，最终实现学习历史

的真正意义。

在具体的教学实践中，要真正地架构起东西方时空的桥梁，就必须要让学生了解从中世纪末期到资本主义发展初期的世界史，这必将花费很多时间和精力。因此，为了节约时间和精力，教师通常通过绘制表格对东西方历史发展进行对比，让学生从中找出差异。但这种粗略的比较很难让学生真正实现对这段时期东西方历史的理解和掌握，产生真正的共鸣，这点值得在今后的教学中进一步思考和改进。

参考文献

[1] 约翰·巴罗. 我看乾隆盛世[M]. 李国庆，欧阳少春，译. 北京：北京图书馆出版社，2007.

[2] 张宏杰. 饥饿的盛世：乾隆时代的得与失[M]. 长沙：湖南人民出版社，2012.

[3] 李强，徐康宁，魏巍. “康乾盛世”真的存在吗？——基于经济数据测算的分析[J]. 北京社会科学，2013(1)：2-71.

[4] 徐蓝，朱汉国. 普通高中历史课程标准解读(2017 年版 2020 年修订)[M]. 北京：高等教育出版社，2020.

聚焦课堂　定格唯物

——以选择性必修一第16课“中国赋税制度的演变”为例浅谈唯物史观核心素养的落实

陈晶灿

一、问题提出背景

（一）政策背景

《普通高中历史课程标准(2017年版2020年修订)》(简称《课标》)指出,“历史课程要将培养和提高学生的历史学科核心素养作为目标,使学生通过历史课程的学习逐步形成具有历史学科特征的正确价值观、必备品格与关键能力”。作为历史学科核心素养的灵魂和理论基础,唯物史观阐释和描述历史学的方向和路标,贯穿于历史教学的全过程。有效运用唯物史观来指导学生开展历史学习具有深刻价值。

（二）实践背景

历史选择性必修是学生依据个人兴趣、高考需求完成选科后学习的课程,笔者选择的课例来自选择性必修一《国家制度与社会治理》模块,是学生在完成必修教材学习和分科后需要完成的学习内容。一线教师要在明确自己教学理念的基础上,以唯物史观为指导,从历史发展的角度引导学生认识历史上的国家制度和社会治理的措施,以确保学生可以在完成历史知识学习任务的基础上,也可以实现对正确历史观念的构建。

二、要解决的问题

唯物史观作为解释人类社会历史客观基础及发展规律的科学的历史观和方法论,有助于学生透过历史纷杂的表象认识历史的本质,尝试对现实问题以及历史问题作出回答。但由于传统教学模式的影响,部分教师并没有及时掌握教学中唯物史观的运用范式，仅停留在表层实践，因此，需要对唯物史观加深认识与实践。笔者以选择性必修一第16课“中国赋税制度的演变”为例，通过凝练主旨、创设情境、任务驱动，提供唯物史观素养在课堂教学中落实的范式，为历史教师在日常教学实践中融入唯物史观核心素养提供思考与借鉴。

三、解决问题的思路和过程

（一）解决问题的思路

选择性必修课程设计高度浓缩、教材行文简明概括。第16课“中国赋税制度的演变”就分别选择了赋役、关税、个人所得税三个具有代表性的税种，这与不同时代的特征和经济发展有密切关系。中国古代的经济以自给自足的小农经济为主，推行重农抑商政策，所以赋税的征收对象以农民为主，以此维持封建官僚体系的运转和社会治理。而进入近现代以后，中国的经济结构发生变动，关税和个人所得税成为中国最具代表性的税种。故而笔者立足教材，引导学生从唯物史观的经济基础决定上层建筑的视角理解中国赋税制度的演变趋势，概括其特征，并对赋税制度演变的原因进行解释；同时从内外因的综合作用这一角度对中国近代关税制度演变进行剖析。学生在学习过程中充分认识到适应经济发展水平和人民负担能力的赋税制度对国家治理和社会稳定发挥的积极作用，进而从关税自主权的丧失与收回、个人所得税的确立层面，理解中国共产党领导中国人民赢得民族独立、实现国家富强的意义。基于以上分析，创设问题情境，优化教学结构，引导学生开展深度探究。

（二）解决问题的过程

在导入环节，教师展示教材所提供的《元朝纳粮彩绘壁画》，引导学生想象壁画所描绘的场景，进一步展示马克思关于赋税的论述，“赋税是政府机器的经济基础，而不是其他任何东西”；引导学生从唯物史观的经济基础决定上层建筑的角度出发，为其理解赋税对于政府、国家的重要意义埋下伏笔；在接下来的教学过程中运用史料设计三个大任务，落实唯物史观。

1. 古代赋役——国之柱，民之艰

在环节一中展示《汉书·食货志》中所记录的秦朝赋役制度相关史料并提出相关问题：董仲舒为什么作出这样的判断？本则材料是否可以证明秦朝的赋税繁重？继续追问秦汉赋役制度的不同及影响。

材料一：至于始皇，遂并天下，内兴功作，外攘夷狄，收泰半之赋，发闾左之戍……力役三十倍于古，田租口赋，盐铁之利，二十倍于古。

——《汉书·食货志》

材料二：汉兴，接秦之敝，诸侯并起，民失作业而大饥馑，凡米石五千，人相食，死者过半……上（高祖）于是约法省禁，轻田租，十五而税一。

——《汉书·食货志》

学生依据《汉书·食货志》中的记载进行分析，在分析过程中，提高史料实证的核心素养，并对中国古代赋役制度以及秦汉赋役制度演变的原因有了初步的认知。

接着在环节二中创设情境。学校要举行人文艺术节活动，需要以“中国古代赋役制度演变”为主题制作展板。请学生完成展板内容，在完成过程中对预习单内容进行检测，实现教学评一致性，并从宏观把握中国古代赋役制度的内容、标准、形式的演变。

环节三是本节课的重点，教师展示史料并提出问题：隋唐至明清的赋役制度有何共性与差异？请对造成差异的因素分析。在唯物史观的引领下，学生结合时代背景理解赋税制度演变的原因，如两税法的背景是均田制瓦解、土地兼并之风盛行；“一条鞭法”则是基于商品经济的发展和白银流通量的增加。学生提取关键信息、分析矛盾、综合判断并进行历史解释，学科核心素养提高。深刻理解经济发展水平是决定赋税制度的前提，本课以秦的短命而亡与汉初“文景之治”为例，说明只有符合经济发展水平与人民负担能力的赋税制度才能对国家治理和社会稳定发挥积极作用。最后以黄宗羲定律作为总结，提炼出古代赋役是国家经济治理的主要支柱，但始终是封建国家剥削农民的沉重枷锁这一重要结论。

材料三：百姓及客等，约丁产，定等第，均率作，年支两税。其应税斛斗，据大历十四年见佃青苗地额均税……其旧租庸及诸色名目，一切并停。

——《通典·卷六》

材料四：一条鞭法者，总括一州县之赋役，量地计丁，丁粮毕输于官。一岁之役，官为佥募（征收）……凡额办、派办、京库岁需与存留、供亿诸费，以及土贡方物，悉并为一条，皆计亩征银，折办于官，故谓之一条鞭。

——《明史·食货志》

材料五：今海宇承平已久，户口日繁，若按现在人丁加征钱粮，实有不可。人丁虽增，地亩并未加广，应令各省督抚，将现今钱粮州内有名丁数，勿增勿减，永为定额。其自后所生人丁，不必征收钱粮。

——《清圣祖实录》

材料六：斯民之苦暴税久矣，有积累莫返之害，有所税非所出之害，有田土无等第之害。

——黄宗羲，《明夷待访录·田制三》

2. 近代关税——国之权，民之生

环节一主要是了解近现代的时代特征，以及作为国家主权象征的关税。教师运用史料引导学生从唯物史观的经济基础决定上层建筑的视角理解赋税的演变，并从国家主权的角度理解近代关税自主权的丧失与收回。

在环节二中教师利用典型人物赫德的个人经历以及郑观应的论述增加历史的细节，引导学生辩证地评价关税自主权丧失所带来的影响。

继而教师呈现 1930 年签订的《中日关税协定》以及中华人民共和国建立后所实行的税收制度，引导学生思考 1950 年中国海关税率调整的特征和意义。对比两个时期的关税制度，使学生进一步理解国家制度、社会治理与赋税的关系，概括出近现代关税是国家主权的象征，收回关税促进了国计民生的恢复与发展，进一步落实唯物史观的素养要求。

3. 个人所得税——国之义，民之利

个人所得税，也是中华人民共和国的代表税种。教师在教学活动中展示《中华人民共和国个人所得税法》（简称《个人所得税法》）并提出问题：为什么直到 1980 年中国才颁布《个人所得税法》？请学生运用唯物史观中经济基础决定上层建筑的理论理解个人所得税从不征收到征收的重要原因。《个人所得税法》依据中国国情的发展、变化，经过数次修订，呈现了与时俱进的特征。同时，与其相配套的法律制度不断完善，更加符合中国社会发展实际，对调节个人收入、维护社会稳定发挥了积极作用。通过对中国古代和现代税收制度的对比，强调赋税服务的对象有本质区别，从用之于君到用之于民的转变，体现了中华人民共和国赋税的征收是真正的取之于民，用之于民。最后再次展示马克思所言，“赋税是政府机器的经济基础，而不是其他任何东西”，引导学生从唯物史观出发，宏观地认识中国赋税制度的演变。

通过以上分析，学生在历史课堂上根据“经济基础与上层建筑”的辩证关系清晰地把握历史发展的本质，了解历史发展的前因后果，从而客观地看待历史发展与演进。

四、总结与反思

唯物史观统领下的高中历史教学，对建立科学的历史教学模式、开展深度学习具有重要意义。笔者基于《课标》、教材本体、学情，立足唯物史观核心素养培育开展了一节区级公开课。在实践过程中，创设问题情境，采用任务驱动，围绕中国赋税制度的演变与认识这一大问题逐步分解，学生不仅能够真正理解赋税制度与本册教科书主题“国家制度与社会治理”之间的关系，而且对唯物史观，尤其是对唯物史观中经济基础与上层建筑的辩证关系有所了解和认识。作为高中历史教师，须不断深入学习和研究唯物史观，并在实践过程中不断探索唯物史观在课堂教学中的新路径、新方法，从而提升教学水平和能力。

参考文献

[1] 中华人民共和国教育部. 普通高中历史课程标准（2017 年版 2020 年修订）[S]. 北京：人民教育出版社，2020.
[2] 班固. 汉书（卷二十四）[M]. 北京：中华书局，1962.
[3] 杜佑. 通典（卷六）[M]. 北京：中华书局，1962.
[4] 张廷玉. 明史（卷五十四）[M]. 北京：中华书局，1980.
[5] 人民教育出版社，课程教材研究所，历史课程教材研究开发中心. 普通高中教科书 教师教学用书 历史 选择性必修 1 国家制度与社会治理[M]. 北京：人民教育出版社，2020.
[6] 黄宗羲. 明夷待访录[M]. 长沙：岳麓书社，2021.

基于“双新”背景的高中历史实物史料应用策略例谈

陈文婷

一、问题提出背景

（一）政策背景

在新课程、新教材改革持续推进的现实背景下，如何更有效地开展历史教学，打造指向深度学习的历史课堂，促进学生历史核心素养的培养等问题对历史教学提出了前所未有的挑战。

（二）实践背景

实物史料作为史料的重要分支，是学生认识历史的主要载体，在高中历史教学中起着不可或缺的作用。目前部编教材已使用了一定数量的实物史料，基本呈现方式为配有简短说明的文物图片，大多围绕某一篇目的具体知识点展开，一个课时的文物图片大多在 2 至 4 幅，相较课时的容量来说内容覆盖面较为狭窄。因此，在实际教学中补充适量实物史料以充实教学成了不少教师的共识。在各类公开教学活动中，虽然实物史料补充数量较多，但单一史料应用场景狭窄的问题却比较突出。如何更精练、更有效地使用实物史料成了亟待教师探索的现实问题。

二、要解决的问题

基于上述政策背景和实践现状，笔者拟就“双新”背景下的高中历史实物史料应用策略展开探究。

梳理部编高中历史教科书可以发现，其时间跨度大，涉及内容多，相应的实物史料浩如烟海。探讨应用策略的前提是选取恰当合适的对象，因此首先需要对实物史料的选取策略进行探讨，以期找到恰当的实物史料进行探究。

三、解决问题的思路和过程

(一) 解决问题的思路

在选取恰当实物史料的基础上，针对现阶段教学实践中存在的实物史料应用方式随意、应用数量过多、应用内涵不深等问题，进行教学实践探究。以《普通高中历史课程标准(2017 年版 2020 年修订)》(简称《课标》)"重视以学科大概念为核心，使课程内容结构化，以主题为引领，使课程内容情境化，促进学科核心素养的落实"的要求为指导，探索运用实物史料充实历史认识、构建历史场景、落实核心素养的具体策略。

(二) 实物史料选取策略

1. 典型性原则

实物史料的选取首先应遵循典型性原则。典型性是指教学用的实物史料应尽量选取同类型文物中最具代表性的精品文物。这类文物不仅修复完好，品相佳，易于引起学生兴趣，而且相关研究较多，其内涵和价值已受到广泛认可，便于教师在备课时掌握足够的信息。

2. 适切性原则

适切性是指在符合《课标》的前提下，围绕核心概念，基于内容主旨，找寻切合教材内容的实物史料。基于不同时代、不同视角、不同立场，对同一实物史料的解读可能存在较大差异，甚至可能随着新材料的发掘而对史料的解读发生根本性的变化。因此，选取时须对照《课标》要求和教材文本，关注实物史料的适切性，避免过多延伸教材以外的知识，造成教学内容的冗余。

3. 包容性原则

包容性指实物史料的内涵应较为丰富，可供知识延伸的角度较多，便于进行跨主题、跨单元的授课。基于新教材的编制特点，教材中选取的典型文物已经能够满足学生掌握单个知识点的需求，补充的文物史料应服务于学生较高层次的核心素养提升，以能构建多课联系、多册关联的内容为佳。

正是基于上述原则，笔者在"古代不同文明之间的早期联系"这一主题的教学中，找到了"鎏金银壶"这一实物史料作为教学补充。

1983 年，"鎏金银壶"出土于宁夏固原北周柱国大将军李贤的墓葬中，据考证，"在全世界现存的萨珊系统的金银器中，无论就其工艺水准，还是表现内容而言，都是独一无二的"。它也曾作为从 3 856 268 件文物中精选的 100 件国宝之一，在中宣部指导，国家文物局、中央电视台共同出品的纪录片《如果国宝会说话》中有专题介绍。可以说，作为同类文物中的精品，其典型性具有官方背书；其涉及的时代和内容与《中外历史纲要（下）》的内容高度契合，且跨越多个时间段，也具有较高的包容性。

（三）实物史料应用策略

1. 借助史料背景构建历史情境

根据《课标》要求，历史情境的构建是当下教学的主流方向之一，而情境的构建需要一定的细节作为支撑。实物史料有丰富的文物背景研究提供大量细节，教师利用它们能使学生深入历史。教师通过可观察的具体文物构建起相对生动、有血有肉的历史情境，从而将抽象概念转化成具体场景，帮助学生更好地进入课程的学习。

以鎏金银壶为例，制作精美的鎏金银壶是波斯萨珊王朝金银器的代表之作，却出土于宁夏固原北周柱国大将军李贤的墓葬中，其背后就蕴含着古代不同文明的早期联系。

基于上述文物背景，笔者设计了如下导入环节：教师出示鎏金银壶文物照片，介绍其发掘背景和文物价值，随后抛出问题“制作精美的鎏金银壶为何会出现在万里外的中国宁夏固原”。这个问题启发学生与已有知识储备联系，导入《中外历史纲要（下）》第2课第3目“文明的交流”的学习。

2. 深挖史料内涵，丰富历史认识

现阶段许多教师使用实物史料开展教学，存在“蜻蜓点水”的现象，即出现一则实物史料，却仅服务于单独的具体史实。但实际上许多实物史料内涵丰富，如果教师在备课时能够查找相关资料，对文物的历史内涵进行深入挖掘，往往能有更多收获。

仍以鎏金银壶为例，在课堂导入环节，鎏金银壶的流转经历可以对应古代文明的重要交流通道——丝绸之路的学习。除此之外，银壶的装饰、整体造型、壶身内容、人物形象等均有丰富的内涵可供挖掘使用。

从银壶的装饰来看，顶部有一人头装饰，人头面朝壶口，望向壶身，这一装饰实际上来自古希腊习俗。“瓶上装饰人头的习惯由来已久，古希腊制造的瓶上常常饰人面或兽面，据说其目的是保护瓶里的水不受恶灵玷污。”而底部的连珠纹装饰则是波斯萨珊的典型风格。银壶的整体造型同时兼具古希腊和古罗马的古典式特征，“从外观上看，极似希腊建筑上的廊柱，整个银壶可以看作一个变化了的爱奥尼亚式圆柱”。壶身浮雕有三组人物，均来自古希腊神话中著名的特洛伊战争的故事，但三组人物的形象却与古希腊雕塑年轻健美或优雅妩媚的审美风格不同，而是带有了东方的审美色彩。

在充分挖掘文物内涵的基础上，笔者拆解了鎏金银壶的各个部分，结合PPT展示，分别运用讲授法、图示比较法进行教学。学生通过教师引导展开思考，一方面激活了《中外历史纲要（下）》第1课所学的古希腊文化相关知识，另一方面也能对《中外历史纲要（下）》第2课涉及的古代文明的扩展知识进行回顾。鎏金银壶上众多文明符号汇聚，以形象生动的实例展现了“在人类文明发展过程中，不同地区之间始终存在着一定程度的联系和影响。文明之间交往的总趋势不断加强，相互的影响也不断扩大”。

通过挖掘文物的内涵，实物史料在教学中的应用空间得到了较大的拓展，同时学生在教师的悉心引领和精心设计下也能更好地对教学主题形成立体认知。

3. 运用问题设计培育核心素养

运用考古实物进行史料教学是教师在历史教学中的高频教学方法，这一方法应尽量突破“教师出示文物以加深学生对某一知识点认知”的知识导向教学模式。在素养导向的视角下，实物史料的应用需要服务于能力的提升，尤其对史料实证素养的培育，实物史料有其独特的优势。在借助实物史料构建历史情境、深挖实物史料内涵的基础上，教师可以运用已获得的众多素材，精心设计教学环节，通过问题引领，启发学生以合作学习的方式，完成进阶问题，提升学生的核心素养。

笔者以史料实证素养培育为目标，围绕鎏金银壶设计了如下教学环节。

出示如下所示的阅读材料，抛出问题：制作精美的鎏金银壶为何会出现在万里外的中国宁夏固原？李贤为什么能拥有汇聚世界文明的鎏金银壶？请学生以小组为单位，有理有据地展开推理活动。

【阅读材料】

材料一：（李贤）作为北周西北边境十州的最高行政军事长官，他所管辖的州郡无一不是在中西交通线上……特别在原州、瓜州、河州任内，总揽丝路沿线关防，直接管理贸易进出，获得有关艺术品的机会就更多。

——吴焯，《北周李贤墓出土鎏金银壶考》

材料二：西魏统治者宇文泰、北周武帝宇文邕多次出巡原州，都到李贤宅第“让齿而坐，行乡饮酒礼……欢宴终日”。他（李贤）是当时很有影响的人物，死后“帝亲临，哀动左右”，并追赠官职，谥为桓公。

——韩兆民，《宁夏固原北周李贤夫妇墓发掘简报》

材料三：《旧唐书·李大亮传》载李大亮任凉州（今甘肃武威）都督时，治地有方，唐太宗下诏褒扬“今赐卿胡瓶一枚，虽无千镒之重，是朕自用之物”。

——沈立君，《中西文化交流的见证——北周李贤墓鎏金银壶》

材料四：公元569年，李贤死于长安城，享年66岁……陕西省的长安城是“丝绸之路”东部终点站，也是西方丝绸嗜好者进行丝绸贸易的货物集散地，拥有大量西域货品。

——亚历山大德拉·卡皮诺等，《也谈李贤墓鎏金银壶》

在阅读材料的基础上，学生通过合作学习提出三种可能：第一种，李贤执掌的固原是丝绸之路的重要节点，他利用职务之便获取了鎏金银壶；第二种，李贤受到统治者的重视，鎏金银壶是当时的君主赏赐给他的；第三种，鎏金银壶是李贤生前于长安城购得的，长安城拥有大量的西域货品。学生在运用材料推断分析的过程中，自然而然地运用了史料实证的思维方法，将导入时模糊的知识点复述转化为有理有据的史学推断。

接着，教师抛出进阶问题：如要进一步确定李贤获取鎏金银壶的方式，当前的材料是否足够？如不够，还可以寻找哪些史料？以开放性的问题培养学生对史学基本方法的认识和运用，进一步提升史料实证核心素养。

四、总结与反思

本文主要以鎏金银壶为例，探究《中外历史纲要（下）》第2课第3目“文明的交流”中实物史料的应用策略。实物史料在历史教学中的使用范围并不拘泥于单一分册，教师在使用时可以突破课时限制、分册限制，甚至选修与必修的限制，对实物史料的使用进行梳理、整合和重构。选择性必修教材作为对必修内容的专题式概括和补充，内容更细致、层次更深入，提供了较为丰富的实物史料，这些史料大多可以为必修教材的学习提供有益借鉴。

在教育改革持续推进的当下，教学模式也要及时更新优化，传统课堂中流于形式的“无效”实物史料应用需要教师反思和修正。为了更精准、高效、科学地在教学中使用实物史料，服务核心素养培育，还需要每一位历史教育工作者共同努力。

参考文献

[1] 中华人民共和国教育部. 普通高中历史课程标准（2017年版2020年修订）[S]. 北京：人民教育出版社，2020.

[2] 普通高中教科书 历史 必修 中外历史纲要（下）[M]. 北京：人民教育出版

社，2019.
[3] 吴焯. 北周李贤墓出土鎏金银壶考[J]. 文物，1987(5)：66-76.
[4] 沈立君. 中西文化交流的见证——北周李贤墓鎏金银壶[J]. 文物天地，2017(9)：25-28.
[5] 韩兆民. 宁夏固原北周李贤夫妇墓发掘简报[J]. 文物，1985(11)：1-20.
[6] 亚历山大德拉·卡皮诺，琼·M. 詹姆斯，苏银梅. 也谈李贤墓鎏金银壶[J]. 固原师专学报，1999(5)：75-77.
[7] 罗丰. 北周李贤墓出土的中亚风格鎏金银瓶——以巴克特里亚金属制品为中心[J]. 考古学报，2000(3)：311-330.

基于"大航海时代"主题的课程内容整合

陈新幻

一、问题提出背景

（一）政策背景

《普通高中历史课程标准（2017 年版 2020 年修订）》（简称《课标》）指出，要实现基于历史学科核心素养的教学，教师必须确立新的认知观、教学观和评价观，从知识本位转变为素养本位，努力将学生对知识的学习过程转化为发展核心素养的过程。因此，不同类型的课程内容应成为核心素养培育的载体，教师要将历史学科核心素养培养目标以进阶的方式分解到不同的课程内容之中，就必须深入分析课程结构，合理整合教学内容。

（二）实践背景

在第一轮高中历史部编教材应用的过程中，教师们普遍认为部编教材的大多数章节时间跨度大、所涉史事多，历史概念和结论难，课时教学压力非常重。教师只有从整体梳理教学内容，把握重要史事和核心问题，才能解决课时与教学内容之间的矛盾。此外，从近两年的高中历史学业等级性考试来看，试卷"立足全球视野，融贯古今中外，以鲜明的主题整合不同性质的课程，以此引导考生从纵向发展、横向联系中解读历史，丰富学史路径"。这种命题趋势启示教师在教学过程中必须要关注教材内容的贯通、整合和关联。

二、要解决的问题

普通高中历史课程由必修、选择性必修、选修三类课程构成，采用通史与专题史相结合的方式，三类课程在内容上各有侧重，相互关联，其中必修课程是基础，选择性必修课程与选修课程是进阶与拓展。教师要思考如何将不同类型的课程、课程内的不同模块以及同一模块的不同单元和章节有跨度、有深度地进行整合，提炼学习主题，建构历史大概念，以核心问题驱动学生主动学习，引领学生建构有意义的知识结构，避免学习碎片化，促进学生掌握探究历史的方法和路径，拓宽学生认识历史的视野。

三、解决问题的思路和过程

（一）聚焦时代主题，梳理教材内容

历史语境中的“大时代”是指重要历史事件产生重大和深远历史影响的时代。纵观人类历史的发展，大航海时代就是人类历史发展中的大时代之一，它是指从葡萄牙的亨利王子开拓西非航线开始（1410 年），西欧各国向海外扩张的时期。这一时期全球航路的开辟是人类历史从分散走向整体过程中的重要节点。《普通高中历史课程标准解读（2017 年版 2020 年修订）》指出，这一专题的学习要求为：“理解全球海路大通的历史影响，不仅要尽可能全面地、立体地挖掘和阐释其具体影响，更要理解大航海时代到来的重要性。”大航海时代无论是在必修课程，还是在选择性必修课程中，都是浓墨重彩的一笔（表 1）。

表 1　高中历史课程中关于大航海时代的内容描述

所在课程与所处单元	教材相关内容表述
《中外历史纲要（上）》 第四单元　《明清中国版图的奠定与面临的挑战》 第 14 课　清朝前中期的鼎盛与危机 第 15 课　明至清中叶的经济与文化	明朝中后期，随着新航路的开辟，欧洲殖民者在中国沿海的活动日益频繁； 随着新航路的开辟，明朝后期，一些新的农作物品种输入中国； 从明朝后期起，一些欧洲天主教传教士前来中国传教，代表人物有意大利利玛窦等
《中外历史纲要（下）》 第三单元　《走向整体的世界》 第 6 课　全球航路的开辟 第 7 课　全球联系的初步建立与世界格局的演变	新航路开辟的动因和条件； 新航路的开辟、其他航路的开辟； 人口迁移与物种交换、商品的世界性流动与早期殖民扩张
选择性必修二　《经济与社会生活》 第一单元　《食物生产与社会生活》 第 2 课　新航路开辟后的食物物种交流	新航路开辟后，美洲的物种陆续传播到欧洲、亚洲、非洲等地； 新航路开辟后，小麦、水稻等农作物和鸡、牛、羊等牲畜传入美洲
选择性必修二　《经济与社会生活》 第三单元　《商业贸易与日常生活》 第 8 课　世界市场与商业贸易	15 世纪以前，世界各地处于相对孤立的发展状态，亚、欧、非等洲之间的直接交往和了解不多。 新航路开辟后，葡萄牙和西班牙开始大规模殖民掠夺

（续表）

所在课程与所处单元	教材相关内容表述
选择性必修二 《经济与社会生活》 第三单元 《商业贸易与日常生活》 第 8 课 世界市场与商业贸易	新航路开辟后，贸易中心转移、商业经营方式和国际贸易格局也发生了相应的变化
选择性必修二 《经济与社会生活》 第五单元 《交通与社会变迁》 第 12 课 水陆交通的变迁	新航路的开辟让全球海路大通，世界主要的大洋和大陆之间，通过海上航线建立了直接联系，环球交通网络逐步形成
选择性必修二 《经济与社会生活》 第六单元 《医疗与公共卫生》 第 14 课 历史上的疫病与医学成就	明末清初，西医传入中国，但影响有限（澳门白马行医院——中国第一家西式医院）
选择性必修三 《文化交流与传播》 第三单元 《人口迁徙、文化交融与认同》 第 7 课 近代殖民活动和人口的跨地域转移	1492 年，哥伦布到达美洲，此后西班牙、葡萄牙、英国、法国等欧洲国家开始在美洲进行疯狂的殖民扩张和掠夺； 殖民者的入侵改变了美洲的人口结构，形成了新的族群
选择性必修三 《文化交流与传播》 第四单元 《商路、贸易与文化交流》 第 10 课 近代以来的世界贸易与文化交流的扩展	15 世纪之前的世界贸易，主要局限于各洲内部和亚欧大陆之间。近代以来，随着新航路的开辟和西欧各国的殖民扩张，各洲之间的贸易随之扩展
选择性必修三 《文化交流与传播》 第五单元 《战争与文化交锋》 第 12 课 近代战争与西方文化的扩张	西班牙和葡萄牙通过残酷的殖民战争与掠夺，在美洲建立起殖民统治。随着大量西、葡移民的到来，拉丁美洲的民族与文化发生了巨大变化

（二）打通中外关联，多元视角审视

1. 必修课程之间的整合：打通中外关联

必修课程包括《中外历史纲要（上）》和《中外历史纲要（下）》，两者以通史的叙事框架，分别展示中国历史和世界历史发展的基本脉络，密不可分。在教学的过程中，教师要有意识地引导学生从世界的角度观察中国，从中国的角度观察世界，将同一历史时期的中外史事整合在一起，使学生以更为广阔的历史视野进行认识。譬如，聚焦大航海时代，教师可以借助时间轴的方式来呈现大航海时代的中国与世界（图 1）。

借助时间轴，教师在教授《中外历史纲要（上）》第四单元时，要引导学生理解：一方面，新航路开辟后，西方列强开始殖民扩张，明清统治者不得不关注海疆边防问题，也正是出于对西方殖民势力的戒备，清朝走上了闭关锁国的道路；另一方面，随着全球航路的开辟，美洲的高产作物得以传入中国，缓解了中国当时

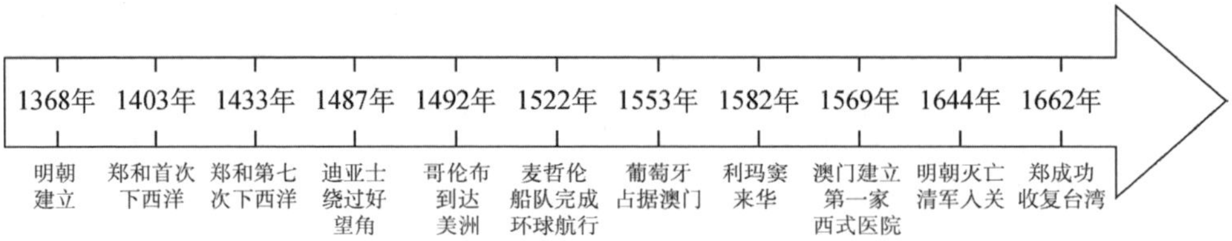

图 1　大航海时代的中国与世界

的人地矛盾，促进了人口增长。此外，随着全球贸易网的建立，中国得以参与最初的世界贸易，大量白银流入中国，刺激了商业资本的集聚，推动了中国商品经济的发展，促使市民阶级兴起。经济领域的新变化以及新航路开辟后传教士所带来的西学又推动了这一时期科技与文化的发展。教授《中外历史纲要（下）》第三单元时，教师要引导学生理解：西方人开辟新航路时，部分航线是中国人、印度人和阿拉伯人已经开辟的航线，以突出新航路开辟是长期历史发展的结果，强调中国等东方国家的航海家对新航路开辟的影响。

2. 选择性必修课程之间的关联：多元视角审视

必修课程呈现历史发展的大势，选择性必修课程则立足于不同视角来形成对历史事件的多元化认识。全球航路的开辟是人类历史从分散走向整体的重要节点，而人类历史的活动是多方面的，因而大航海时代的到来也就意味着人类活动各领域之间的交流与联系建立。教师要通过分类的思想引导学生全方位地认识这种交流与联系。首先，从政治视角来看，全球航路开辟后，西方资本主义不断发展，推动了资产阶级力量的兴起，同时使封建贵族遭到打击，带来的是西方社会制度的嬗变。资本主义国家通过殖民扩张建立了资本主义世界政治体系。从经济的视角来看，全球航路的开辟带来了全球交通网络和贸易网络的建立，不仅扩大了商业贸易的范围，丰富了商品种类，而且刺激了新的商业经营方式的产生。从文化的视角来看，伴随着殖民扩张而来的是人口的迁移，而在殖民战争、人口迁移和商业贸易的过程中必然带来不同区域文化的交锋、碰撞与交流。从社会生活的视角来看，大航海时代的开辟虽然带来了疫病的全球传播，但同时也推动了东西方医学的交流互鉴。

（三）聚焦核心素养，整合栏目资源

1. 确定素养本位下的学习目标

课程内容的整合不能仅仅停留于让学生形成结构化的知识，更重要的是要培养和发展学生的历史学科核心素养。因此，教师要通过研读《课标》和精准分析学情，确定素养本位下的学习目标。以“大航海时代”为例，通过梳理相关的课程内容，教师可抛出引领性的主题：大航海时代究竟是一个怎样的时代？围绕这一主题，教师可设计层级化的学习目标。譬如，聚焦时空观念，层次1是能够辨识15世纪前后人类开辟的主要航线，能够比较并发现全球航路开辟后世界地图的异同；层次2是能够利用历史地图以及历史方位示意图表达全球航路开辟后物种交流与科技文化交流现象；层次3是能够将哥伦布发现美洲与郑和下西洋置于当时特定的时空框架下进行分析和比较，并解释东西方航海事业的不同走向。再如，聚焦历史解释，层次1是能够辨别教科书中对大航海时代的历史解释；层次2是能够对"全球航路的开辟是人类从分散走向整体的重要节点"加以分析；层次3是能够解释不同时期不同地区的人对哥伦布等航海家的不同评价。

2. 充分挖掘应用教材栏目资源

部编高中历史教材提供了丰富多元的资源，这些资源也可以基于学习目标进行整合应用。譬如，教师可整合《中外历史纲要(上)》第四单元第15课中的清朝前期玉米、甘薯推广种植图，《中外历史纲要(下)》第三单元第7课介绍玉米、甘薯传入中国的"历史纵横"栏目，选择性必修二第2课"学习之窗"中关于甘薯传入中国的两则史料，再补充一则明清时期因种植甘薯而破坏生态植被的史料。设置问题：甘薯是如何传入中国的？(两则史料的记载有何不同?)甘薯的传入对中国社会的发展有何影响？引导学生从不同类型的史料中提取历史信息，在辨析史料的异同中培养史料实证意识，并全面认识到全球航路开辟后物种交流所带来的深远影响。

四、总结与反思

整合历史课程内容不仅能解决课时少与内容多的矛盾，而且有助于学生把握历史大概念，建构有意义的历史知识图谱，开阔历史视野，形成大时空观，培养多视角分析事件的历史思维。但从教学实践来看，历史课程内容的整合也需要进一步迭代升级。首先，历史课程内容整合实施的空间还不够。目前历史课程内容的整合、关联以及贯通更多的是出现在历史复习课堂中，新授课堂中相对较少。其次，历史课程内容整合的深度有待加强。课程内容的整合不能仅着眼于解决知识的碎片化，不能停留于知识层面的整合，而是要上升到历史理解、历史思维与史学思想方法应用层面，需要教师以核心素养导向的学习目标来统领内容的整合，需要对整个高中阶段的历史教学进行系统的规划。无论是整合的空间，还是整合的深度，都需要切合学生的实际学情，而在学生层次差异大的授课背景下要整合课程内容与教材资源，精准地设计出有梯度的学习任务与问题，这就非常考验教师的专业素养。最后，历史课程内容的整合还需要教师合理地把握历史纵向“通感”的长度与历史横向“切面”的宽度，实现历史时空尺度与历史专题领域的有机结合。

参考文献

[1] 中华人民共和国教育部. 普通高中历史课程标准(2017 年版 2020 年修订)[S]. 北京：人民教育出版社，2020.
[2] 徐蓝，朱汉国. 普通高中历史课程标准解读(2017 年版 2020 年修订)[M]. 北京：人民教育出版社，2020.

深度学习导向的历史大概念教学策略研究

——以历史变迁中的“长城”为例

王康茜

一、问题提出背景

(一) 政策背景

《普通高中课程方案(2017 年版 2020 年修订)》明确指出要“重视以学科大概念为核心,使课程内容结构化,以主题为引领,使课程内容情境化,推动学科核心素养落实”。部编版教材在编排上采取纲要式,历史概念丰富,单元间时间跨度较大,采取大概念教学不仅能将不同单元间零散的历史概念与史事进行有效串联,而且适应学生的历史认知规律,有助于学生建构时空脉络,形成知识图谱。

(二) 实践背景

概念是思维的表现层面,而大概念较于概念而言,蕴含着更加丰富的思维内涵与方法论,并在教学中逐步发展为学科思想的搭建中枢。对历史学科而言,大概念反映的是历史学科的本质及思想方法,能统摄或包含大量的学科知识,突出历史不同阶段演进主线,具有普遍性和解释力。因而运用大概念教学,更能够带领学生将看似复杂而散乱的内容进行有机整合,从而从宏观上把握整体结构,让学生更加深刻地理解学习任务,实施有效探究。

二、要解决的问题

一是要回应“双新”课程改革对教师变革课堂教学方式提出的明确要求。当前新教材的编写为纲要式,教材文本中涉及的概念非常丰富,如果不能将丰富的概念进行有机统整,就无法形成对学科大概念的理解。如何在有限的课时中将教材文本中丰富的概念进行整合?从教学的角度看,需要教师明确大概念的本质特征,建构大概念教学的理论框架,明晰每一个层级的内涵,让课程内容实现

"结构化"。

二是要解决在传统历史课堂学习中存在的现实问题，提高"双新"课堂的学习成效。作为一门基础性学科，历史课要充分发挥育人功能，就必须以培养党和国家需要的、面向未来的复合型人才为宗旨，突破原先传统课堂中的"重知识"而"轻能力"、"重记忆"而"轻思考"，让学生的历史学习成为一个能够训练思维、提高能力、培育素养的过程。从学生学习的角度看，学生需要通过完成学习探究任务，解决基于大概念的关键问题，实现概念性理解的逐步生成。

三、解决问题的思路和过程

所谓深度学习，就是指在教师引领下，学生围绕着具有挑战性的学习主题，全身心积极参与、体验成功、获得发展的有意义的学习过程。通过大概念教学引导学生进行历史的深度学习，其实也就是通过大概念教学引导学生一步步生成大观点，继而深化概念性理解。因为深度学习的过程是学生自主学习探究的过程，所以教师主要起到指导的作用。简单来说，就是教师要建构大概念教学的模型，通过大概念教学，为学生提供自主探究的"脚手架"。但如何才能通过大概念教学帮助学生生成大观点，深化概念性理解呢？笔者认为，在指导学生开展深度学习的过程中，教师应当运用恰当的策略，以问题链为抓手，引导学生通过解决"是什么—为什么—怎么样"这三个层面的问题，达成概念性理解的深化。

（一）分解核心概念，明确内容主旨

由于大概念教学通常是围绕一个主题展开，内容涉及诸多单元，包含许多历史史实与概念，如果不能定"魂"，课堂容易流于形式，有形无神。而所谓"魂"，即是指整堂课重点探究的单元子概念。确定子概念后，需以此为线索，基于课程架构图进行逆向设计，进一步明确探究主题，厘清整堂课的学习目标，完善教学主旨，如此才能有计划、有方向地带领学生开展跨学科主题的深度探究。

本课例选择"长城"作为单元子概念，不仅因为长城在中国历史发展中的重要作用，更因为从古至今，长城的历史功能伴随时代变迁也在不断变化。其实与长城相关的历史事件学生在《中外历史纲要（上）》中均有所学习，但是这些历史事件是相对分散在各个单元中的，如果能将分散在不同单元的史实在大概念下以同一条线索进行串联，从跨单元的视角来认识长城在不同历史时期的功能演变，继而理解其时代内涵的变化，将对学生充分认识中国历史文化的变迁发挥重要作用。

经过整体思考与对教材内容的分析，笔者进一步将探究主题明确为：探究不同历史时期长城时代内涵的变化，并将之具体化为可操作的基础性问题与综合性问题。定“魂”之后，笔者依据对教材和学情的分析，确定内容主旨：长城功能与内涵的变迁是政治形势变动、经济水平变化、思想观念变革等多个因素共同作用的结果。长城中蕴含的“和文化”，是代际传递中中华儿女形成的文化共识，对中国和世界都有着重要价值。保护与传承长城文化，功在当代、利在千秋。

在内容主旨的统领下，大概念的学习探究可以在教师的引导下有的放矢地进行，并最终带领学生深刻认识文化传承与保护的重要性，为长城文化的传承与保护提供可行方案，让学生在解决现实的真问题中提高核心素养能力。

（二）聚焦大概念，设计问题链

笔者主要通过“问题链”的设计引导学生开展深度探究。

历史变迁中的“长城”在不同历史时期的时代内涵是不同的。在古代，长城主要作为“抵御外敌的坚实屏障”，近代则逐渐演变为“共克时艰的精神支柱”，而在当代则成了“和平外交的重要象征”。通过问题链将古代、近代与当代进行串联，可以达到打通时空壁垒的效果。横跨如此漫长的时空，历史教学对教师精选历史材料与设计探究问题的能力提出了较高的要求。需要紧密围绕大概念，紧扣教学主旨，对教材与史料进行认真分析，从而挑选出最精简且符合探究主题的材料进行问题链的设计。本课的问题链设计见表 1。

表 1　关于长城时代内涵的问题链

概念层级	是什么	为什么	怎么样
历史大观点	历史变迁中长城逐渐从有形走向无形，成为中华优秀传统文化中的文化符号。以长城为代表的文化符号，是中华文化传承与传播的重要载体	政治、经济、军事、文化等不同因素影响着历代长城的修建，长城也推动了社会进步。“和”成为长城历史变迁中不变的内涵精髓	长城所代表的和平共存的文化为人类的和平发展提供了中国智慧与中国方案。传承与保护长城中的“和文化”是文明互鉴的体现，也是构建人类命运共同体的实践
问题链设计	长城是怎样成为中华优秀传统文化的符号的？	“和”为何成了长城在时代变迁中不变的文化内涵精髓？	如何从“和文化”的内涵中理解传承与保护长城文化“功在当代，利在千秋”？

其实与长城相关的大部分史实学生在初中已有所学习，但是初高中历史教学在素养的培育要求、理解的思维层次和评价的视角维度等方面均有所不同。《普通高中历史课程标准（2017 年版 2020 年修订）》明确指出了高中与初中历史

课程是既有“衔接与贯通”，又有“区别和不同”的。从整个初高中贯通的角度来说，学生生成概念性理解的过程应该是一个“螺旋上升”的过程。如果说初中阶段主要让学生从“是什么”这个层次来生成概念性理解的话，高中阶段就要在“是什么”的基础上，让学生能够从“为什么”和“怎么样”这两个层次来生成概念性理解，也就是说最后生成的概念性理解应该是“指向现实”的。

比如第一阶段，学生要能够生成“历史变迁中长城逐渐从有形走向无形，成为中华优秀传统文化中的文化符号。以长城为代表的文化符号，是中华文化传承与传播的重要载体”的大观点，这从历时性中体现了长城的动态发展，从“是什么”的层面来理解文化符号，认识到文化符号的特征。第二阶段中学生则要生成“政治、经济、军事、文化等不同因素影响着历代长城的修建，长城也推动了社会进步。‘和’成为长城历史变迁中不变的内涵精髓”的大观点，这从“为什么”层面来理解文化传承与保护，即从因果关系视角来探究“人类社会的变迁”与“文化传承与保护”之间的关系。最终指向认识文化传承与保护背后的因革及推动主力。最终达到概念性理解的第三阶段，生成“长城所代表的和平共存的文化为人类的和平发展提供了中国智慧与中国方案。传承与保护长城中的‘和文化’是文明互鉴的体现，也是构建人类命运共同体的实践”的大观点。这就从“怎么样”维度看待文化传承和保护的意义，不仅不能脱离特定社会政治条件和历史文化传统来评判和认识长城的变迁，而且要认识到长城文化的传承与保护是“功在当代，利在千秋”的。学生通过大问题的探究，逐步达到概念性理解的不断深化，提高在真实情境中解决现实问题的思维和能力。另外，还可以通过综合实践作业来深化大概念教学的成效。教师通过指导学生对核心问题展开学习探究，帮助学生逐步形成了“是什么—为什么—怎么样”这三层的概念性理解。

（三）升华大概念，渗透思政教育

感受长城背后体现出的中国精神，树立文化自信，涵养家国情怀是本堂课最终希望达成的目标。历史教育的价值在于为党育人、为国育才，立德树人是义不容辞的使命。在课堂中渗透思政教育，必须让学生产生共情，才能最大限度达到增进家国情怀的效果。

譬如在学习探究近代史中的长城时，笔者就通过一组材料让学生在深入分析中体会中华民族众志成城的爱国情怀与中国守望和平、开放包容的时代精神。在讲述近代长城历史变迁时，笔者出示了 1935 年毛泽东所作《清平乐·六盘山》与电影《风云儿女》主题曲《义勇军进行曲》歌词，抛出问题：毛泽东是在怎样的情况下写下了“不到长城非好汉”的著名诗句？为何歌词说此时“中华民族到了最危险的时候”？歌词中“把我们的血肉筑成我们新的长城”中的“长城”又被赋予了怎样的新内涵？通过这三个围绕“长城”展开的问题，贯通时空，引导学生结合抗日战争下长征、华北事变等事件开展探究。结合历史背景分析长城新的内涵，感受中华儿女坚定抵御日军侵华的决心，树立中华民族自强不息的奋斗精神与众志成城的爱国情怀。

当然，学习历史是为了将历史与当下相联系，唤醒学生的时代担当。长城作为中华民族的代表性符号和中华文明的重要象征，学习其历史变迁，正是为了从中汲取精神文化的力量。因而课堂最后，笔者出示了2019年习近平总书记考察嘉峪关时作出的指示：“长城、长江、黄河等都是中华民族的重要象征，是中华民族精神的重要标志。我们一定要重视历史文化保护传承，保护好中华民族精神生生不息的根脉。”然后抛出了最终探讨的问题：作为新时代的青年学子，我们又能够为保护传承中华优秀历史文化做些什么？引导学生将历史学习与现实生活相联系，在锻炼学生解决问题的能力和历史思维的同时，提高学生的社会责任担当，通过历史学习厚植家国情怀，践行立德树人的神圣使命。

四、总结与反思

通过大概念教学，学生逐步建构了“单元子概念—学科核心概念—学科大概念”的学习模型，在学习任务驱动的自主探究中落实学科核心素养培养，逐步提高分析与解决问题的能力。当然，大概念教学在当前“双新”的教学实践中还是比较全新的尝试，过程中也确实存在一些困难，譬如：大概念与各个层次概念的定义缺乏统一的标准、大概念教学的实践成效缺少评价体系、大概念教学的学习评价量表不够完善等，但是笔者相信，通过实践，在这些具体问题的突破中，大概念教学必定能够充分落实学生的核心素养培养。

总而言之，大概念下的历史教学务必要做到定“魂”、深“究”与共“情”，并通过问题链的步步引导，带领学生在课堂最后完成水到渠成的能力提升、思维训练与情感共鸣，于潜移默化中落实核心素养的培育，真正体现历史大概念教学的育人功能和价值引领。

参考文献

[1] 陈玉銮. 深度学习视角下高中历史大概念单元授课策略[J]. 天津教育，2022(28):102-104.

[2] 张强东. 以历史大概念为核心优化课程内容结构[J]. 中学历史教学参考，

2022(9):68-70.

[3] 张乐青.高中历史大概念教学研究[D].南昌:江西师范大学,2021.

[4] 中华人民共和国教育部.普通高中历史课程标准(2017 年版 2020 年修订)[S].北京:人民教育出版社,2020.

基于文本解读的历史必修课与选择性必修课贯通教学探索

——以“工业革命与工厂制度”为例

王伦立

一、问题提出背景

（一）政策背景

新一轮高中课程改革将课程类别调整为必修课程、选择性必修课程与选修课程。在教学实践中，出现了必修课程讲不完、选择性必修课程讲不透的现象。选择性必修课是必修课程的递进与拓展，因此探索高中必修与选择性必修课程的教学贯通十分必要。

（二）实践背景

上海市历史教研员於以传老师把上海中学历史课程的近三十年课改成果概括为：关注课标与教科书的文本解读，把握课程内容主旨、彰显史学思想方法、完善历史学习方式。教师要在教学有中心、学史重方法的基础上，引导学生认识到历史是讲证据、重逻辑、见理性的，重在引导学生把握认识历史、展望未来的思维方法。

二、要解决的问题

目前，有关部编历史教材的教学探讨多集中于社会治理、医疗史等新增内容，对工业革命、资本主义制度的建立等经典内容的探讨较少。经典内容有了新的叙述与解释逻辑，且这些内容在必修与选择性必修课程中多次出现，可见，把握经典内容在必修、选择性必修课程的教学中至关重要，对探索两类课程的教学贯通也十分必要。

三、解决问题的思路和过程

本文以高中历史选择性必修二《经济与社会生活》第二单元第5课“工业革命与工厂制度”（以下简称选必二第5课）的教学设计片段为例，从宏观的课程认识、中观的单元架构、微观的教学设计三个视角，借助《普通高中历史课程标准（2017年版2020年修订）课标》（简称《课标》）与教科书的文本解读，对比不同教科书中对同一经典内容的叙事结构与所提出的重难点，谈谈笔者对实现必修与选择性必修课程贯通的初步思考。

（一）宏观：把握课程特点，关注分段衔接

部编高中历史教科书容量大，单课涉及的课时长、史事多但叙述精简。借助对《课标》的文本解读，可以从宏观上了解历史学科的特点与作用，再结合《课标》对不同课程模块内容的概述，把握必修与选择性必修课程的异同。

《课标》开宗明义，指出高中历史课程重在通过展现历史演进的基本过程、文明成果、基本规律与发展大势，引导学生树立正确的价值观念。因此，教科书中单课包含的史事众多，其目的是展现历史演进的发展大势，但考虑到字数限制，故叙述精简。

必修与选择性必修课程都关注对历史大势与规律的认识，二者的侧重点有区别。高中的必修课程以初中课程为基础，关注中外历史的纵向发展与横向联系，重在把握整体认识。选择性必修课程观照各专题与课程的关系，重在提高学习兴趣，让学生从多角度认识历史的发展与变迁。

以与课例相关的两本教科书为例，《中外历史纲要（下）》既要梳理发展大势，又要关注中外联系；选必二第5课从不同角度介绍“经济与社会、经济与生活的互动关系”。

（二）中观：厘清单元架构，突出主题重点

既然部编高中历史教科书旨在呈现历史的“延续、变迁与发展”，重在培养正确的价值观念，因此在探讨具体教学设计之前，通过文本解读，通览教科书的总体结构，把握教科书的单元标题、课程标题、单元导言与“学习聚焦”栏目之间的关系成为重要途径。

具体来说，主要分为以下两步。

第一步，通过对照阅读必修与选择性必修教科书的单元结构及其与课程的

关系，确定相关阶段或专题的教学主题。

第二步，以教科书的单元学习目标为导引，通过研读教科书的单元标题、导言、课程标题，通览教科书的文本与图文栏目，梳理内在逻辑，确定教学重难点。其中，重点聚焦于历史认识的逻辑梳理，难点则是关注历史解释背后的价值观引领。

高中必修课程以大时序、小专题为编写特点，因此在确定教学主题时首先要关注相邻单元的联系，把握阶段特征。依据单元与课程的编排，第 10 课“影响世界的工业革命”的教学应关注与第 11 课“马克思主义的诞生与传播”及与第五单元《工业革命与马克思主义的诞生》的关系；更应关注同“资本主义制度的确立”“世界殖民体系与亚非拉民族独立运动”的联系。因此，世界近代史的教学主题应为“资本主义制度的确立与扩张”，具体到工业革命的教学，关注点应该为影响世界，即关注工业革命与资本主义制度的确立、扩张及社会主义运动、民族解放运动兴起之间的关系。

据此，本课重点应该是运用唯物史观，了解工业革命对生产力、生产关系的深刻改变，难点为初步认识工业革命对资本主义世界体系的形成及人类社会生活的深远影响。这既为之后学习马克思主义的产生、世界殖民体系的形成提供背景知识，也为将来学习选择性必修课程提供关于时代特征与历史大势的基本认识。

高中选择性必修课程以大专题、小时序为编写特点，因此首先要把握单课与单元的关系。选必二第 5 课位于第二单元《生产工具与劳作方式》，重在以生产工具与劳作方式的发展历程揭示经济与社会生活的互动关系。因此，在教学中需要思考工业革命在生产工具与劳作方式变迁中的地位以及“工业革命与工厂制度”在经济与社会生活的变迁和互动中起到的影响。

本课的两个子题目分别从劳作方式、生活方式两个方面呈现了工业革命对人类社会的革命性意义，即从近代生产工具、劳作方式变迁的角度，认识大机器生产与工厂制度给经济与社会生活方式带来的变化。据此，可将本课的教学重点确定为认识大机器生产、工厂制度对人类劳作方式及生活方式的影响，难点为理解大机器生产、工厂制度带来的经济与社会生活的互动。

可见，《中外历史纲要(下)》第 10 课重在从影响世界的角度，认识工业革命对改变世界的重大作用，即工业革命使资产阶级力量增强，一方面促进世界愈加紧密地连成一体，另一方面加剧了资产阶级和无产阶级之间的矛盾、加强了欧洲列强的海外殖民活动。而选必二第 5 课的话题重在从经济与社会生活互动的角度，理解工业革命对人类社会带来的革命性意义。

通过对高中历史课程的宏观与中观把握，明确了必修课程是以时序为核心，对历史大势形成基本认识，选择性必修课程是从不同角度、更深入地认识历史大势。两种课程都是通过对历史大势的把握，更全面地认识历史，从而树立正确的价值观，为将来的生活打下基础。

（三）微观：挖掘图文栏目，精心选材设问

在宏观把握课程特点、中观提炼教学重难点后，微观的教学设计就有了灵魂与主轴，接下来要思考如何精心选材设问，从而培养学生的历史思维，开拓历史认知视野。

对教科书的文本解读，包括对正文与图文栏目的挖掘，有助于把握教学设计的选材与设问，开展结构化的教学设计，培养学生的历史思维。具体来说，主要有以下六条路径：

（1）立足单元，情境导入，统摄全课；（2）材料成组，提炼视角，建构逻辑；（3）挖掘图片，问题贯通，以小见大；（4）扩大视野，中外联系，把握大势；（5）回归主题，辩证分析，以史为鉴；（6）利用板书，呈现认识，引领史观。

首先，要立足单元以确定教学环节，创设情境以导入新课，聚焦关键问题，培养学生的结构化思维。

选必二第5课的教学，以“工业革命”为核心概念，体现选必二以唯物史观为核心素养。将本课重组为两个标题，分别为工业革命后生产方式的变化、工业革命后生活方式的变化。

教科书的导入部分皆为“图片＋文字”的情境，而且直接关联第一子目的标题。第5课的导入图片与文字内容为“用来锻造大型锻件的蒸汽锤”，经查阅有关资料得知，发明者为詹姆斯·内史密斯(James Nasmyth)，他是英国著名的发明家。蒸汽锤极大地提高了生产效率，为工业革命的代表性发明成就之一。内史密斯认为自己所处的时代是工程师的“光辉时代”。教师可以设问：如何理解内史密斯的这一观点？工业革命时期是不是每个人的“光辉时代”？为本课认识工业革命对人类经济、社会生活的关系提供核心问题。

在具体的教学设计上可采用两种方式。从宏观上，可以将教科书的文本、史事、史料分组呈现，重在归纳问题的视角，提炼核心观点。例如，将本课中第一子目的文本重组，引导学生从机器、工人、生产与原料四个视角概括工业革命的特点。在介绍工业革命对城市化的影响时，教材提供了恩格斯的一段话，教师可以补充相关的数据表格，引导学生从城市人口增长、工商业迅速发展的视角更好地理解工业革命对城市化的推动作用，进而更深入地认识人类社会从农业文明向

工业文明演进的重要意义。从微观上，可以挖掘教科书图片、文字史料及其体现的史事，按图索骥，设计问题链。本课有一幅名为《英国伦敦哥伦比亚路市场》的插图，据此，教师可将“哥伦比亚路的变迁”作为切口，设计问题链。这有助于引导学生进一步理解工业革命对工商业发展的影响，即工业革命改变了人们的生活环境，生活环境的改善进一步推动了工商业发展，从而更深入地认识经济与社会生活的互动关系。

部编教材的学习一定要建构整体视野，从而进一步把握中外联系。如结合教科书导入图中的蒸汽锤，呈现天津大沽船坞的蒸汽锤图片，体现工业革命对近代中国的影响。

在课程即将结束时，可以设计以史为鉴的开放性问题，培养学生运用所学知识与方法探究问题的能力，之后呈现结构化板书，以体现历史的延续、变迁。必修课程重在时序性，因此板书设计要立足单元，呈现史事演进的逻辑与重要认识。而选择性必修课程重在专题性，故设计板书要立足模块名称，呈现不同专题与模块标题内部之间的互动关系及重要认识。可以请学生谈谈如何理解内史密斯眼中的“光辉时代”，然后借助查尔斯・狄更斯(Charles John Huffam Dickens)关于“最好的时代”与“最坏的时代”的论断，对工业革命进行辩证分析，之后呈现结构化板书，引导学生辩证认识工业革命对经济发展与社会生活的影响(图 1)。

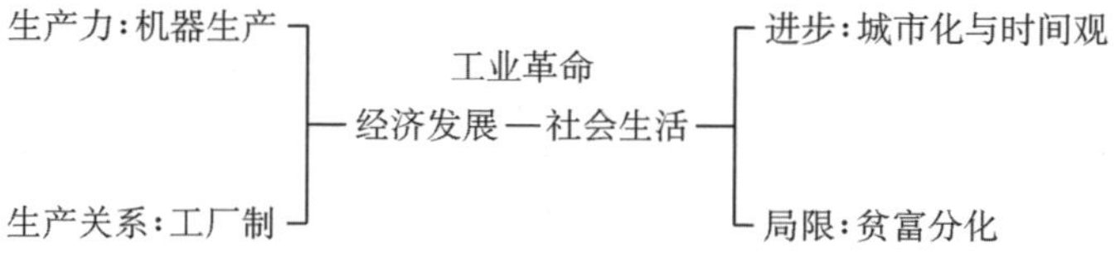

图 1　结构化板书

四、总结与反思

部编历史教科书与其他学科的新版教科书一样，根本目标在于实现立德树人的根本任务。因此，在备课与上课时，要增强课标意识与课程意识，通过对《课标》与教科书的文本解读，把握同一史事在不同类型课程中的内容主旨，精心选材与设问。在课程主题与单元主旨的统摄下，聚焦核心概念，借助材料群、问题链、时间轴与表格等多种形式，贯通必修与选择性必修课程，引导学生发展历史思维，把握历史大势，树立正确的价值观，以史为鉴，为将来的生活打下基础。

但是，本案例对如何将教学设计与作业评价还有考试命题有机结合起来，形成教学评一体化，以及如何根据高中必修与选择性必修课程的核心素养水平要求设计进阶式问题未作讨论，这些问题有待进一步探索。

参考文献

[1] 中华人民共和国教育部. 普通高中历史课程标准（2017 年版 2020 年修订）[S]. 北京：人民教育出版社，2020.
[2] 武寅. 简明世界历史读本[M]. 北京：中国社会科学出版社，2014.
[3] 王斯德. 世界通史第二编 工业文明的兴盛：16—19 世纪的世界史[M]. 3 版. 上海：华东师范大学出版社，2020.

高中美术山水主题结构化教学设计与实践

李冬青

一、问题提出背景

（一）政策背景

中华人民共和国教育部颁布的《普通高中美术课程标准（2017 年版 2020 年修订）》（简称《课标》）指出："重视以学科大概念为核心，使课程内容结构化，以主题为引领，使课程内容情境化，促进学科核心素养的落实。"在新理念指导下，高中美术学科更新了教学内容，精选了学科内容，推出多种课程类型的教材。对新教材的使用，也要求改变以往"知识本位"的美术教学观，强调要基于核心素养、深度学习、真实情境、表现性评价以及大单元教学理念，特别关注学生在学习之后逐步形成的关键能力、必备品格与价值观念。

（二）实践背景

《中国书画》是高二年级美术学科选择性必修课程新教材，共有三个单元。本课例所引用的单元出自教材第三单元《中国画》，教材内容是介绍中国画的三类题材——山水、花鸟、人物的相关知识与技能。

笔者在对高二年级学生实施问卷调查后发现，学生对中国画的学习虽有较强意愿，但学生的知识基础、能力基础都较为薄弱，特别是对知识点之间建立联系的意识不强，对所学内容缺乏深入思考，动手体验往往浅尝辄止，难以实现素养育人的目标。因此，教师要能够围绕主题进行内容结构化的设计，将零散的知识点建立内在联系，帮助学生建构知识体系。

二、要解决的问题

如何对课程内容做结构化设计？如何通过教学来落实学科育人的思想？

课程内容包括教材、学习活动、学习经验，这三者相互作用，其中教材体现学科知识体系。如今，知识不只是收纳于教材中的客观事实，还有学生在自主、合作、探究活动中获得的。学生要能在解决问题的情境中运用知识。因此，对课程内容的组织设计需要考虑学科知识、学生特点以及学习方法。本文要解决的问题就是探究如何从上述三个方面进行课程内容结构化设计。

第一，从学科知识角度出发。要以美术学科核心素养培养为导向来统整学科知识，以主题为引领，对教材中不同单元，以及同一单元不同课时中的相关内容进行梳理，重新建构主题单元的学习内容，形成具有一定梯度进阶的知识内容。

第二，从学生角度出发。要联系社会生活情境，关注学生的需求、兴趣和能力，让学生学习学科的基础性知识与技能，并通过美术学科典型的学习活动方式，探索"像艺术家一样创作"的学习过程，激发兴趣，知行合一。

第三，从学习方法角度出发。要以真实性任务为驱动，引导学生开展自主、合作、探究学习，以动态的方式获取知识与技能，形成创意和见解，用美术学科的方式来解决学习中的问题。

三、解决问题的思路和过程

本课例从美术学科核心素养出发，围绕山水主题，对不同单元以及同一单元不同课时中的山水画的理论、知识、方法进行梳理与统整，建构山水主题单元学习内容，形成以笔墨为核心的山水画基础知识和基本技法；以大概念、基本问题为引领，用大单元的思想和方法来设计山水画笔墨基础知识、基本技法的教学；在"学—做—思"的学习模式中循环往复，让学生深化对知识、技能背后的思维、方法、情感、观念的感悟。

（一）整体设计，确定大单元主题

1. 研究教材

研究教材，梳理教材单元的内容关系和知识逻辑。

教材中涉及山水画的内容出现在第三单元第 8 课"林木虬曲——山水画之树法"、第 9 课"山石嶙峋——山水画之石法"和第 10 课"经营三远——山水画之章法"。三课内容分别是树法、石法、章法，侧重笔墨技法，其内容呈现并列关系。

教材第一单元《文化意识》分为两课。第 1 课为"形神兼备——书画之表现形式"，教材写道"中国书画艺术更倾向和关注'精神表达'的功能"，该课主旨是认识中国书画的功能作用，即对笔墨精神的追求。第2课为"曲尽其妙——书画之表现形式"，围绕材料工具、使用方法、落款装裱等展开对书画审美的学习。

2. 研究《课标》

研究《课标》，依据《课标》的内容提示和教学提示，确立核心知识。

《课标》对中国书画教学的内容要求有："通过山水画……临摹和创作练习，学习中国画的笔法（如中锋、侧锋、顺锋、逆锋、点厾、皴擦等）、墨法（如渲染、积墨、破墨等）和布局等，加深对中国画特有的艺术语言的理解。"教学提示有："中国书画是以动手实践为主的学习模块……但不能限于单纯的技法训练，必须以美术学科核心素养为导向，既要关注知识与技能……更要关注情感、态度与价值观。"

笔法、墨法是中国书画的要点，学会用笔用墨是学习山水画技法的核心内容。笔法、墨法最终表达人的修养与格调，体现笔墨精神。

3. 确定大单元主题内容

以"山水"为主题，提炼山水主题的大概念，统整山水主题单元学习内容，组成教学内容系列，形成具有梯度的三阶段学习内容。

第一阶段：笔墨审美，包括山水画的材料、工具、使用方法、落款装裱等基础知识；

第二阶段：笔墨技法，包括笔法、墨法、章法等具体技巧中的基础技法；

第三阶段：笔墨精神，包括对外在技法以及内在修养的理解以及对山水画功能作用的反思。

（二）围绕主题，设置情境任务

创设与学生学习生活相同或接近的情境，以为布置校园艺术角而征集山水画作品为驱动任务，要求学生完成一幅表达自我情感的山水画作品，并以此考查学生对山水画知识与技能的理解和运用。

（三）结合学情，确定单元目标

对学生开展问卷调查，了解学情，明确学生在单元学习中，学什么、怎么学、学到什么程度、获得什么成果。以学情为基础，确定单元目标。

例如，山水主题单元的学习目标如下。

① 能辨识山水画的艺术风格；能理解石分三面的山石结构，并学习用线条、皴法、墨色、中锋与侧锋等手法表现山石的阴阳结构；能理解树有四枝的生长结构，并学习用双勾、点厾、晕染等手法表现树木，能画出树枝前后左右的结构；能

理解山水空间的表现方法，掌握“一江两岸”的表现方法。

② 经历“像艺术家一样创作”的学习过程，体验山水画艺术家创作时的思维发展变化，逐步理解中国山水的文化内涵以及中国画的意境与主题、情感、笔墨之间的联系。

③ 能运用中国画的材料工具，利用扇面、册页等载体，临摹、改编或创作一幅山水小景，参与学校艺术角布展活动。

(四) 基于核心素养，体验学科典型的学习方式

美术学科核心素养是“依据艺术家的工作和思维特点提炼出来的”“学生经历‘像艺术家一样创作’的过程，能全面发展五大核心素养”。

“像艺术家一样创作”是美术学科典型的学习方式，其过程表现为六个学习阶段：主题—欣赏—技巧—构思—创作—展评。

例如：在“技巧”学习阶段，学习勾、皴、染、点的基本画法，学习山水画的经典程式法则，以“石分三面”画出山石；以“树有四枝”画出树木；以“三矾九染”画出山水的青绿；以“一江两岸”呈现山水的空间布局(图 1 至图 3)。

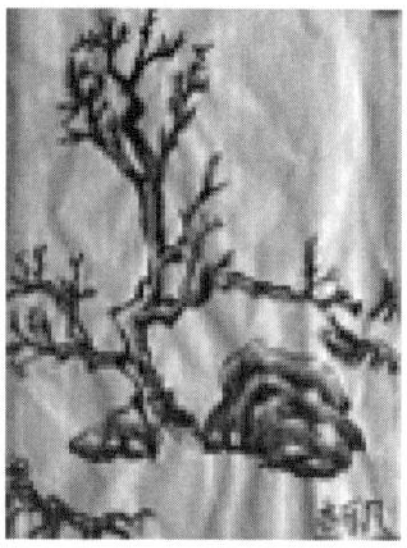

图 1 学生画山石树木组合

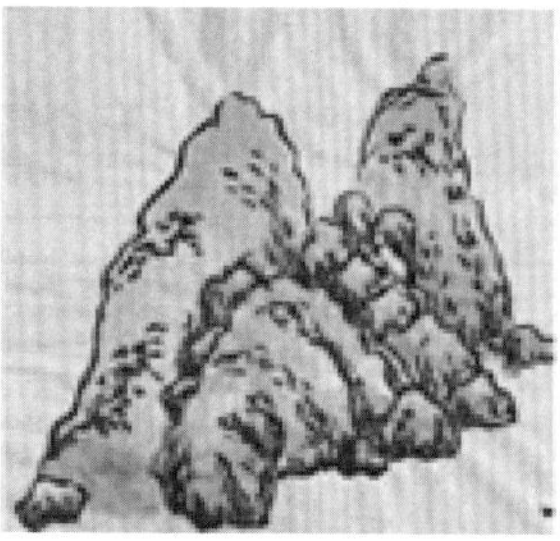

图 2 学生画青绿山石

图 3 学生摹仿“一江两岸”构图布局

(五) 方法多元，实施真实的学习评价

针对知识、技能、任务或表现，采用即时观察与反馈、表单填写、学习手册记录、量表设计、展示交流等不同的方法进行评价。

1. 基础知识的学习评价

设计多样化的学习工具，如学习表单、欣赏报告、创作草图等，体现“学知识”的经历，留下“学知识”的痕迹。

2. 基本技法的学习评价

参考《课标》对《中国书画》学业质量水平的要求，对应具体的学习目标，设计

五个等级的评价标准，每一等级用行为描述和分值来加以区分，聚焦技法学习目标，量化学习效果。例如，对技法学习的评价量表见表1。

表1 技法学习评价量表

得分	技法环节评价标准(最高水平:10)		
1	只是简单了解了中国书画的各种工具材料，没有动手实践		
2～4	了解了中国书画的各种工具材料，简单摹仿了山石或树木的画法和步骤		
5～6	基本熟悉中国书画的各种工具材料，简单摹仿了山石与树木的画法和步骤；基本知道了中国画笔墨语言的规律以及艺术表现的特点；基本完成了摹仿练习的作业		
7～8	熟悉了中国书画的各种工具材料，初步掌握了山石与树木的画法和步骤；知道中国画的笔墨语言与人的思想情感的关系；完成了摹仿练习的作业		
9～10	熟悉了中国书画的各种工具材料，掌握了山石与树木的画法和步骤；能理解中国画笔墨语言的规律以及艺术表现；感受到山水画意境与人的思想情感密不可分；出色地完成了摹仿练习的作业		
评语	自我反思	同学评价	教师评价

3. 课堂表现的评价

(1) 重视课堂中的即时性评价。

即时性评价是对教学活动中出现的转瞬即逝的学习表现进行评价，具有生成性的特点。在跨班的即时性评价案例中，不同班级的学生给自认为最好的山水画作品粘贴便利贴，学生在评价他人的过程中重新审视了自己，发现他人的长处，也反思自己的不足。

(2) 采用学习手册记录。

在山水主题单元学习中，针对不同学习阶段的任务，设计学习表单、欣赏报告、技法临摹作品、创作构思草图、最终完成的作品等，形成一系列体现学习的过程性资料，放入学习手册。

将这些体现不同学习阶段、不同学习任务的工具表单装订成册，每当翻开学习手册，就能看到学生一步一步留下“像艺术家一样创作”的思考过程和学习痕迹。

(3) 布置艺术角。

临近学期末，学习成果逐步呈现。学生在学习山水画之后，结合艺术家徐冰近年来在浦东美术馆的展品《背后的故事》，从中受到启发后提取传统山水画中的山形结构、空间表现等艺术语言，创新山水画的表现媒介和表现手法，完成了千里江山图——山水意象空间的艺术装置，吸引了师生观展和评论(图 4、图 5)。

图 4　学生的作品

图 5　山水意象空间作品

四、总结与反思

结构化的课程内容与大单元教学设计相得益彰，学生经历“像艺术家一样创作”的学习过程，学习了山水画的基础性知识和技法，完成了山水画作品，渐渐能感悟到中国书画中的精神文化，基本完成了“笔墨审美—笔墨技法—笔墨精神”的三阶段学习。

教学实践也暴露出不少问题，例如从学习结果看，学生的作品还显得笔墨稚嫩。中国传统书画的艺术形式并非只经过一个学期就能够学好的，因此，如何在有限的课堂教学时间内提升学生笔墨运用的熟练度，是笔者下一步关注的重点。

此外，如何从更多的学习细节表现中获得信息数据，建立起指向素养水平的评价指标？例如在构思草图阶段，学生借鉴了经典绘画作品中的构图形式，学生所呈现的草图与经典作品的关联性、摹仿的程度、创新的内容，以及最终作品中的独创性等，这些表现如何与素养水平评价形成关联？这也是笔者下一步研究面临的难点。

总之，在“双新”背景和大单元理念下的山水主题教学实践取得了一些进展。笔者也将总结经验，反思不足，进一步优化教学内容结构，利用信息化技术，如微课等，进行技法教学。学生可以反复观看微课视频，将课堂内有限的学习时间延伸到课堂之外；在学习评价中进一步探索学习手册的作用，使学习手册不只用于记录和保存，同时也能用于建立指向素养目标的、更为准确的评价标准。

参考文献

[1] 中华人民共和国教育部. 普通高中美术课程标准(2017 年版 2020 年修订)[S]. 北京:人民教育出版社,2020.
[2] 王大根. 中小学美术教学论[M]. 2 版. 南京:南京师范大学出版社,2021.
[3] 奚传绩,尹少淳. 普通高中美术课程标准解读(2017 年版 2020 年修订)[M]. 北京:高等教育出版社,2020.
[4] 格兰特·威金斯,杰伊·麦克泰格. 追求理解的教学设计[M]. 2 版. 上海:华东师范大学出版社,2017.
[5] 张华. 让学生创造着长大:2022 年版义务教育课程方案和课程标准核心理念解析[M]. 北京:教育科学出版社,2022.